EXAMPRESS®

建築士試験学習書

建築士
教科書®

学びなおしの

1級建築士

Road to
architect

建築士

学科試験

人気ブログ
「一級建築士への道」管理人

菊地重信（きくりん）

SE
SHOEISHA

JN073045

本書内容に関するお問い合わせについて

このたびは翔泳社の書籍をお買い上げいただき、誠にありがとうございます。弊社では、読者の皆様からのお問い合わせに適切に対応させていただくため、以下のガイドラインへのご協力をお願い致しております。下記項目をお読みいただき、手順に従ってお問い合わせください。

●ご質問される前に

弊社Webサイトの「正誤表」をご参照ください。これまでに判明した正誤や追加情報を掲載しています。

正誤表　https://www.shoeisha.co.jp/book/errata/

●ご質問方法

弊社Webサイトの「書籍に関するお問い合わせ」をご利用ください。

書籍に関するお問い合わせ　https://www.shoeisha.co.jp/book/qa/

インターネットをご利用でない場合は、FAXまたは郵便にて、下記"翔泳社 愛読者サービスセンター"までお問い合わせください。
電話でのご質問は、お受けしておりません。

●回答について

回答は、ご質問いただいた手段によってご返事申し上げます。ご質問の内容によっては、回答に数日ないしはそれ以上の期間を要する場合があります。

●ご質問に際してのご注意

本書の対象を超えるもの、記述個所を特定されないもの、また読者固有の環境に起因するご質問等にはお答えできませんので、予めご了承ください。

●郵便物送付先およびFAX番号

送付先住所　〒160-0006　東京都新宿区舟町5
FAX番号　　03-5362-3818
宛先　　　　(株)翔泳社 愛読者サービスセンター

はじめに

5人のうち4人。

これが何の数字かわかるでしょうか。一級建築士を受験して、学科試験で不合格となる数字です。

一級建築士の学科試験の合格率は20％程度です。5人のうち1人が合格します。一方で、受験者5人のうち、4人が不合格という現実があります。

この不合格になっている人は多種多様で、単純に経験不足でわかっていない人もいれば、子育てなどの家庭の事情で勉強時間が確保できない人もおり、仕事が忙しすぎて勉強する時間がとれないまま責任のある立場になってしまった人もいるでしょう。

経験不足で不合格になってしまった人は、勉強していけばいずれ合格できるかもしれません。

ですが、家庭の事情や仕事の忙しさで勉強できなかった人は、本来合格できるだけの実力があっても、不合格になってしまいます。

そんなの納得がいかないですよね。家族のために頑張って、仕事に一生懸命取り組んで仕事をこなしているうちに、昔勉強した建築の知識を忘れて不合格になるなんてひどすぎます。

それなのに、家族や仕事に全身全霊をかけた人に向けた一級建築士の本って全然ありません。どうせなら、忙しくて実務と関係ない知識を忘れた人に向けた本があったらいいなと思い、この本を書きました。

この本は
- 家族がいて勉強に時間をあまり使えない人
- 仕事が忙しすぎて、気づいたら勉強する時間がなくなっていた人

に向けて、忘れてしまっているけど出題されるような基礎・基本を書きました。

この本を読むことで、忘れた分野の基礎を学ぶことができ、既存の問題集や過去問、テキストを読める力がつきます。一級建築士の勉強を再び始めるきっかけとなってくれたら嬉しいです。

2023年9月末日　きくりん

試験について

一級建築士試験とは

　建築士は建築士法に基づく資格で、国土交通大臣又は都道府県知事から免許の交付を受け、建築物の設計及び工事監理等の業務を行う技術者の資格です。建築士免許は業務の対象となる建築物の用途、規模、構造に応じて、一級建築士・二級建築士・木造建築士に分類されます。

　中でも本書が対象とする一級建築士は、二級建築士や木造建築士とは異なり対象とする建築物の高さや延べ面積に制限がありません。一級建築士の免許証は、「公益財団法人 建築技術教育普及センター」が実施する一級建築士試験に合格し、国土交通大臣が管理する名簿に登録することで国土交通大臣から交付されます。

受験資格

　建築士法の改正（令和2年3月1日施行）に伴い、かつては受験する際の要件となっていた実務経験が、免許登録の要件になりました。

　よって、以下の表の受験資格要件を満たしていれば、たとえば大学卒業直後など、受験時点で実務経験の年数を満たしていなくても、受験ができます。ただし、その後の免許登録にはそれぞれの学歴や資格に応じた実務経験が必要になります。

受験資格要件	免許登録要件	
学歴や資格	学歴や資格	実務経験
大学・短期大学・高等専門学校	大学	2年以上
	短期大学（3年）	3年以上
	短期大学（2年）・高等専門学校	4年以上
二級建築士	二級建築士	二級建築士として4年以上
国土交通大臣が同等と認める者 （建築設備士を含む）	国土交通大臣が同等と認める者 （建築設備士を含む）	所定の年数以上（建築設備士の場合は、建築設備士として4年以上）

表：一級建築士試験の受験資格と免許登録要件

　詳細は公益財団法人 建築技術教育普及センターや国土交通省のWebサイトをご確認ください。

受験科目

試験の区分	出題形式	出題科目	出題数	試験時間
「学科の試験」	四肢択一式	学科Ⅰ（計画）	20問	計2時間
		学科Ⅱ（環境・設備）	20問	
		学科Ⅲ（法規）	30問	1時間45分
		学科Ⅳ（構造）	30問	計2時間45分
		学科Ⅴ（施工）	25問	
「設計製図の試験」	あらかじめ公表する課題の建築物についての設計図書の作成	設計製図	1課題	6時間30分

試験日程（目安）

1. **試験日程の発表**

   3月上旬

2. **受験申込受付**

   （原則として、インターネット受付のみ）

   4月上旬～中旬

3. **設計製図の課題発表**

   7月中旬～下旬

4. **学科 試験日・合格発表**（会場は全都道府県）

   7月下旬・8月下旬

5. **設計製図 試験日・合格発表**

   10月上旬・12月下旬

申込み

　原則としてインターネットによる受付のみです。インターネットによる受験申込が行えない正当な理由がある場合（身体に障がいがありインターネットの利用が困難である等）には、別途受付方法が案内されます。

　詳しくは、公益財団法人 建築技術教育普及センターのWebサイトの「一級建築士試験」に関するページをご覧ください。

https://www.jaeic.or.jp/shiken/1k/index.html

問合せ

　以上の情報は刊行時点の受験要領に基づいております。詳細や最新情報については、以下の試験実施団体にお問い合わせください。

公益財団法人 建築技術教育普及センター　https://www.jaeic.or.jp/

電話：03-6261-3310　〒102-0094　東京都千代田区紀尾井町3-6　紀尾井町パークビル

contents

学びなおし (1) 計画   001

学びなおし (2) 環境・設備   053

学びなおし **3** 法規 103

学びなおし **4** 構造　205

本書の使い方

　本書では各項目について「○時間目」という単位で区切っており、1ページから数ページまでの単位で読めるようになっています。1項目あたり以下3つのセクションで分かれているので、学生時代のおさらいを効率よく進めることができます。

● **ナナメ読みでおさらい**

● **じっくり理解**

● **一問一答で理解度チェック**（掲載のない項目もあります）

○時間目
小項目です。学校の授業のように1つの授業で1つのテーマを扱っています。実際に1時間かけて読むという意味ではないので、ご自身のペースでお読みください。

ナナメ読みでおさらい
この項目で学ぶことをコンパクトにまとめています。

きくりん先生の
つまずき解消のコツ・
やさしい解説
学習上注意すべきことや得点のポイントなどを解説しています。

じっくり理解
ここから本文が始まります。「ナナメ読みでおさらい」を読んだら、詳しいことをこちらで確認してください。

小見出し
「○時間目」の内容をさらに項目に分けています。知識の整理にお役立てください。

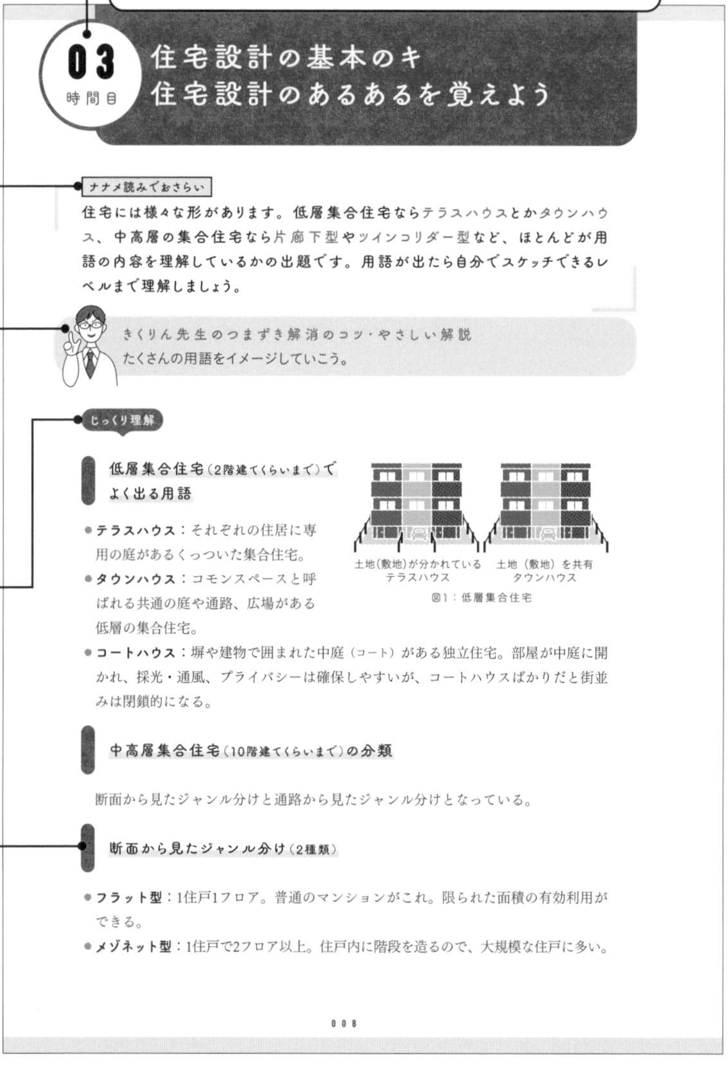

03
時間目
住宅設計の基本のキ
住宅設計のあるあるを覚えよう

ナナメ読みでおさらい

住宅には様々な形があります。低層集合住宅ならテラスハウスとかタウンハウス、中高層の集合住宅なら片廊下型やツインコリダー型など、ほとんどが用語の内容を理解しているかの出題です。用語が出たら自分でスケッチできるレベルまで理解しましょう。

きくりん先生のつまずき解消のコツ・やさしい解説
たくさんの用語をイメージしていこう。

じっくり理解

■ **低層集合住宅**（2階建てくらいまで）**でよく出る用語**

● **テラスハウス**：それぞれの住居に専用の庭があるくっついた集合住宅。
● **タウンハウス**：コモンスペースと呼ばれる共通の庭や通路、広場がある低層の集合住宅。

土地（敷地）が分かれている
テラスハウス

土地（敷地）を共有
タウンハウス

図1：低層集合住宅

● **コートハウス**：塀や建物で囲まれた中庭（コート）がある独立住宅。部屋が中庭に開かれ、採光・通風、プライバシーは確保しやすいが、コートハウスばかりだと街並みは閉鎖的になる。

■ **中高層集合住宅**（10階建てくらいまで）**の分類**

断面から見たジャンル分けと通路から見たジャンル分けとなっている。

■ **断面から見たジャンル分け**（2種類）

● **フラット型**：1住戸1フロア。普通のマンションがこれ。限られた面積の有効利用ができる。
● **メゾネット型**：1住戸で2フロア以上。住戸内に階段を造るので、大規模な住戸に多い。

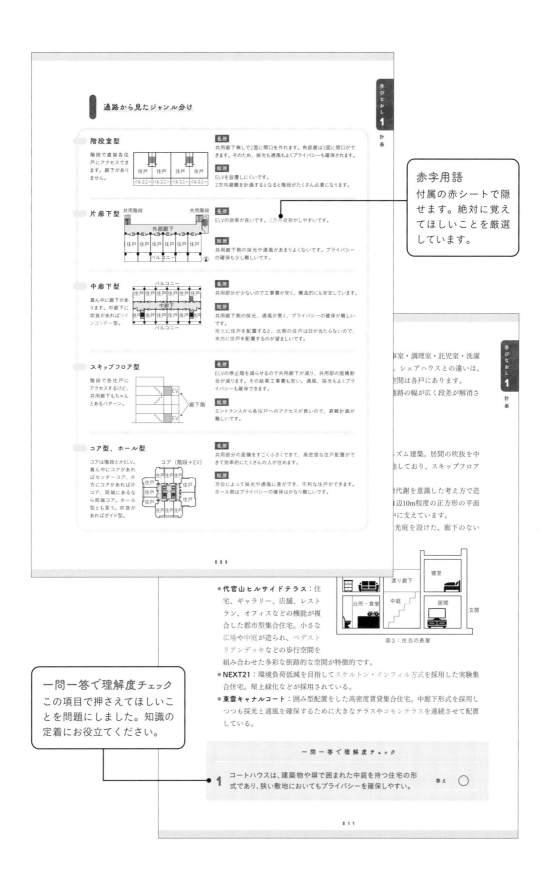

通路から見たジャンル分け

階段室型

階段で直接各住戸にアクセスできます。廊下がありません。

長所
共用廊下無しで2面に開口を作れます。角部屋は3面に開口ができます。そのため、採光も通風もよくプライバシーも確保されます。

短所
ELVを設置しにくいです。
2方向避難を計画するとなると階段がたくさん必要になります。

片廊下型

共用階段　共用階段
外部廊下

長所
ELVの効率が良いです。2方向避難がしやすいです。

短所
共用廊下側の採光や通風があまりよくないです。プライバシーの確保も少し難しいです。

中廊下型

真ん中に廊下があります。中廊下に吹抜があればツインコリダー型。

長所
共用部分が少ないので工事費が安く、構造的にも安定しています。

短所
共用廊下側の採光、通風が悪く、プライバシーの確保が難しいです。
南北に住戸を配置すると、北側の住戸は日が当たらないので、東西に住戸を配置するのが望ましいです。

スキップフロア型

階段で各住戸にアクセスするけど、共用廊下もちゃんとあるパターン。

長所
ELVの停止階を減らせるので共用廊下が減り、共用部の面積割合が減ります。その結果工事費も安い。通風、採光もよくプライバシーも確保できます。

短所
エントランスから各住戸へのアクセスが長いので、避難計画が難しいです。

コア型、ホール型

コアは階段とかELV。真ん中にコアがあればセンターコア、片方にコアがあれば片コア、両端にあるなら両端コア。ホール型とも言う。吹抜があればボイド型。

コア（階段＋EV）

長所
共用部分の面積をすごく小さくできて、高密度な住戸配置ができて効率的にたくさんの人が住めます。

短所
方位によって採光や通風に差ができ、不利な住戸ができます。ホール側はプライバシーの確保はかなり難しいです。

…室・調理室・託児室・洗濯…、シェアハウスとの違いは、…空間は各戸にあります。

…通路の幅が広く段差が解消さ…

…ズム建築。居間の吹抜を中…出しており、スキップフロア…

…代謝を意識した考え方で造…辺10m程度の正方形の平面…に支えています。

…光庭を設けた、廊下のない…

寝室
渡り廊下
台所・食堂　中庭　居間
玄関

図3：住吉の長屋

● 代官山ヒルサイドテラス：住宅、ギャラリー、店舗、レストラン、オフィスなどの機能が複合した都市型集合住宅。小さな広場や中庭が造られ、ペデストリアンデッキなどの歩行空間を組み合わせた多彩な街路的な空間が特徴的です。

● NEXT21：環境負荷低減を目指してスケルトン・インフィル方式を採用した実験集合住宅。屋上緑化などが採用されている。

● 東雲キャナルコート：囲み型配置をした高密度賃貸集合住宅。中廊下形式を採用しつつも採光と通風を確保するために大きなテラスやコモンテラスを連続させて配置している。

一問一答で理解度チェック

1　コートハウスは、建築物や塀で囲まれた中庭を持つ住宅の形式であり、狭い敷地においてもプライバシーを確保しやすい。　答え　○

赤字用語
付属の赤シートで隠せます。絶対に覚えてほしいことを厳選しています。

一問一答で理解度チェック
この項目で押さえてほしいことを問題にしました。知識の定着にお役立てください。

0 時間目　勉強計画作成シート

　勉強計画を立てるためのシートです。空いているところにご自身のスケジュールに合わせて目標とする数字を記入し、計画通りに勉強を進めるために役立ててください。

目標を決めて勉強する（合格に必要な点数を決める、いつまでに合格するか決める）

いつまでに…　　　　　　何点取って…　　　　　合格する

現状を把握する

現状（　　　年　　　月　　　日　時点）
計画：　　点、環境設備：　　点、法規：　　点、構造：　　　点、施工：　　　点
合計：　　　点

勉強スケジュールを作ってみる

　年で合格するので、　　年でこの本を　　　回読む
　　　　　　　　　　　　過去問を　　回解く

そうすると、今年は　　　　　　を　　　　　回　読む　解く

中間目標を決めて進捗を把握する（月間目標と週間目標、毎日の目標を作る）

月間目標

月	日	この本を	ページ読む	月	日	この本を	ページ読む
月	日	この本を	ページ読む	月	日	この本を	ページ読む
月	日	この本を	ページ読む	月	日	この本を	ページ読む
月	日	この本を	ページ読む	月	日	この本を	ページ読む
月	日	この本を	ページ読む	月	日	この本を	ページ読む
月	日	この本を	ページ読む	月	日	この本を	ページ読む
月	日	この本を	ページ読む	月	日	この本を	ページ読む
月	日	この本を	ページ読む	月	日	この本を	ページ読む
月	日	この本を	ページ読む	月	日	この本を	ページ読む
月	日	この本を	ページ読む	月	日	この本を	ページ読む
月	日	この本を	ページ読む	月	日	この本を	ページ読む
月	日	この本を	ページ読む	月	日	この本を	ページ読む

週間目標
　　毎週　　この本　過去問を　　ページ　読む　　　　問　　解く
毎日の目標
　　毎日　　この本　過去問を　　ページ　読む　　　時間　読む　　問　　解く

毎日振り返りの時間を作る

毎日5分〜15分、1日の振り返りをする

今日はどれくらいの量、勉強したか…
毎日の目標は達成したか…
今日をやり直すとしたら、どんなことに気をつけて行動するか…
明日は何を優先して勉強するか…
そのためにはどんな行動をするか…

毎月模試をして進捗を把握し苦手分野を洗い出す

模試（　　　年　　　月　　　日　時点）
計画：　　点、環境設備：　　点、法規：　　点、構造：　　点、施工：　　点、
合計：　　　点

模試（　　　年　　　月　　　日　時点）
計画：　　点、環境設備：　　点、法規：　　点、構造：　　点、施工：　　点、
合計：　　　点

模試（　　　年　　　月　　　日　時点）
計画：　　点、環境設備：　　点、法規：　　点、構造：　　点、施工：　　点、
合計：　　　点

模試（　　　年　　　月　　　日　時点）
計画：　　点、環境設備：　　点、法規：　　点、構造：　　点、施工：　　点、
合計：　　　点

模試（　　　年　　　月　　　日　時点）
計画：　　点、環境設備：　　点、法規：　　点、構造：　　点、施工：　　点、
合計：　　　点

模試（　　　年　　　月　　　日　時点）
計画：　　点、環境設備：　　点、法規：　　点、構造：　　点、施工：　　点、
合計：　　　点

 勉強の量と方法を微調整する

今のペースで今週の目標、今月の目標が達成できそうか…
どれくらいなら達成できそうか…

0
時間目
効率よく受かるための
勉強方法と習慣

■ 勉強をするうえで大切なこと

勉強をするうえで大切なことがあります。
- 目標を決めること
- 現在地を知ること
- 現在地から目標へ行く計画を作ること

この3つがあれば効率的に勉強できます。

目標を決めることと現在地を知ることは割と簡単です。後述しますが、現在地から目標へとたどり着く計画を作るのは、要点を押さえないと達成できない計画になります。

勉強の計画を作るうえで大切なことは
- 毎日できる計画にする
- 毎日改善する時間を作る
- 少しずつ達成して自信をつける

この3つさえ守って勉強ができれば、1年とは言えませんが、いつかは建築士試験に合格できます。

では、その3つを守ったうえで、具体的にどんなふうに計画を作ればいいのかを考えてみましょう。

■ 合格に必要な点数を決める

まずは何点取って合格するつもりなのかを決めてください。

合格点ギリギリを目指すのか、10点くらい余裕を持って合格するのか、誰よりも高みを目指して合格するのか、目指す合格点によって必要な勉強量も勉強の方法も変わってきます。

これが建築士学科試験合格の目標です。

■ 自分の現在の点数を把握する

次に自分の現在地を把握しましょう。

今自分が何点取れる実力なのかを、過去問を使って試してみるのです。過去問を解けば、今の自分が何点なのかはすぐにわかります。

ショッピングモールに行けば、案内板がありますよね。案内板から目的のお店にたどり着くには、最初に現在地を知ることが必要です。現在地がわかって、目的地がわかれば、あとはどの道を通ればいいかを選ぶだけです。ですので、現在地を把握しましょう。

合格への勉強スケジュールを作ってみる

現在地と目標が決まったら、試しに勉強スケジュールを作ってみましょう。

何もわからずにスケジュールを作るので、今作っているスケジュールは必ず修正することになります。修正する前提ですから、自分なりの成立しそうなスケジュールを作ってみてください。3年で合格する計画でもいいですし、5年で合格するスケジュールでもいいでしょう。

自分が現実的だと思うスケジュールを試しに作ってください。たとえば、この本を3年で7回読むとか、そんな感じでいいです。

 ## 月間目標と週間目標、毎日の目標を作る

ざっくりのスケジュールができたら、目標を細分化しましょう。現在地と合格予定点数がわかっているので、この月には何点取るつもりなのか、そのためにはどれくらいの勉強時間をすれば達成できそうか、適当に作ってみてください。

たとえば、毎月5点ずつアップさせたいから、5問を確実に解けるようになりたい。そのために、25問分の問題を答えられるように覚えればいいので、25ページを5回読む、といった感じでもいいでしょう。

月の目標ができたら、それを週間に分解し、さらに毎日の目標にまで分解します。たとえば、月の目標が25ページ×5回なので、125ページを1ヶ月で読めばいい。そうなると1月は4週間なので、1週間で31ページ分を読むのが目標になる。毎日だと4.5ページ読むのが目標、みたいな感じで書いてみてください。問題を解く数を目標としてもいいですね。

毎日の目標が達成可能な勉強時間や解く問題数なら、いい感じに目標が作れています。この例だと毎日4〜5ページ読むのが目標です。達成できそうでしょうか？　難しそうであれば、毎日2ページ読むという目標に修正するのもOKです。

無理をしないと達成できない目標ではいけません。毎日続けられる目標を作りましょう。

 ## 毎日振り返りをする

毎日の目標ができたら、実際にやってみて、毎日やるのに問題があるのか振り返りをしてみましょう。2時間勉強する予定だけれど、1時間しかできなかったのなら、何が問題でできなかったのかを考えます。

電車の中で勉強する予定だったけどできなかったのなら、なんで勉強できなかったのでしょうか？　座ることができなかったから？　立ちながら勉強する方法がなかった？　勉強する予定だったのにゲームをしてしまった？

どんな理由であれ、できなかった理由・原因をはっきりとさせ、どうやったら勉強できるのかを考えましょう。

電車で勉強するのは無理だと思うなら、別の方法で達成できないかを考えればいいのです。そうやって微調整しながら、毎日ほんの少しずつ目標に近づいていけば問題ありません。毎日続けることがとにかく大切です。

100kmあったとしても、一歩でも前に進んでいればいつかはゴールにたどり着きます。歩みを止めないでください。

毎月模試をして進捗を把握し苦手分野を洗い出す

　毎日の振り返りをしていれば、少しずつ実力はついています。そこで実力がどれくらい上がったのかをはっきりさせるためにも、毎月模試をしてみてください。

　模試はその辺で開催されているものでもいいですし、模試がなければ過去問を1年分解くというのでもOKです。

　とにかく毎月模試をしましょう。そうすれば、1カ月でどれくらい解けるようになったのか、ゴールに向かっているスピードが見えてきます。そうすると、今のペースで目標に届きそうなのかがなんとなく見えてきます。目標に届かなそうなら、勉強量や勉強方法の微調整が必要かもしれませんね。

　さらに、模試をすると自分の苦手な分野がわかります。解けてない問題がどこなのかを把握することで、苦手なところを重点的に勉強できるでしょう。

　苦手なところ、できていないところを勉強できれば、点数は大きく伸びます。毎月模試をして進捗を把握し、苦手なところを洗い出しましょう。

勉強の量と方法を微調整する

　毎月の模試の結果を見て、最終的なゴールへの進捗がいい感じかどうかがわかったと思います。そうしたら、今のままの勉強量で達成できそうかが、なんとなくわかってきます。

　このまま続けてうまくいかなそうなら、勉強の量や勉強の方法を見直す時期です。教科書を読むだけで点数が取れないなら、問題を解いてみたほうが点数が上がるかもしれません。

　問題を解いてみたけど、問題文の書いてある意味がわからないなら、用語を覚える勉強をしたほうがいいかもしれないですね。

　自分の進捗に合わせて、勉強の量や方法を微調整してみましょう。大切なのは毎日ほんの少しでいいから前に進むことです。無理せず、でも歩みは止めずにいきましょう。

　ここまで書いたことを実際に行動できれば、建築士の学科試験はいずれ合格できます。

　何度も繰り返しますが、大切なのは

- 毎日勉強できる計画にする
- 毎日改善する時間を作る
- 少しずつ達成して自信をつける

この3つさえ守って勉強ができれば、いつかは建築士試験に合格できます。

　まずはこの本で勉強する習慣を身につけてください。

まなびなおし

1

計画

01
時間目

日本建築史
代表的な日本の建築を覚えよう

ナナメ読みでおさらい

日本建築史は時代の移り変わりとともに建築様式が変わります。仏教が流行れば仏教の様式を取り入れたり、お茶が流行れば茶室が取り入れられたりと、その時代の流行があります。基礎知識として覚えましょう。

じっくり理解

古代：神社建築の成立

- **原始時代**：狩猟から農耕、古墳時代へ。
  縄文時代　竪穴式住居
  弥生時代　高床式住居（登呂遺跡等）
- **出雲大社**：大社造り、妻入り。桁行2間、梁間2間の切妻造りで入口が一方に偏った非対称の構成です。
- **伊勢神宮**：神明造り　切妻造り、平入り。倉庫として用いられた高床家屋が神社建築に転化されました。掘立て柱が用いられています。20年ごとに造替されます。

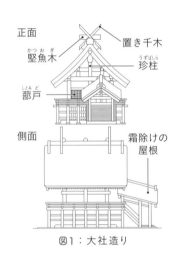

図1：大社造り

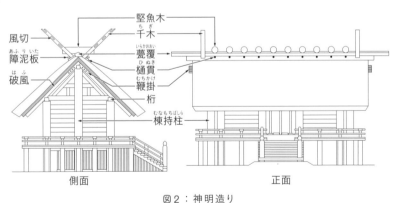

図2：神明造り

飛鳥時代：仏事建築の時代

多くの仏事建築が建てられます（代表的遺構/伽藍配置）。

- **法隆寺**：世界最古の現存木造建築。金堂と塔が対等の位置にあります。柱や組物に特徴があります。世界文化遺産。雲形組物と呼ばれ、軒先の垂木を支える肘木や斗

に雲形の装飾が施されています。

奈良時代：都市計画の始まり

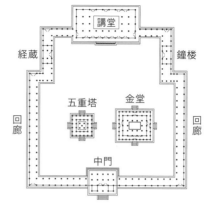

図3：法隆寺

● **春日造り**：妻入り（春日大社）切妻造り、丹塗りが特徴。平面刺繍に高欄付きの縁を付けます。円成寺の春日堂や白山堂が現在最古のものです。

● **流れ造り**：平入り（下賀茂神社、上賀茂神社）

● **八幡造り**：平入り＋平入り（宇佐神宮）前殿と後殿とを連結し、両殿の間に生じた屋根の谷に陸樋を設ける形式。

平安時代：貴族の住宅、寝殿造りが完成。密教建築が広がる

● **厳島神社**：浄土教建築　宮島の海浜に設けられ、自然美と人工美が巧みに調和しています。両流れ造りの本殿の前に幣殿・拝殿・祓殿と連なり客人神社との間を屈折した回廊で連結しています。

● **中尊寺金色堂**：浄土教建築　方三間で正方形の平面の仏堂。内外装のほとんどを金箔押しとした荘厳な阿弥陀堂。

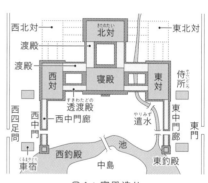

図4：寝殿造り

● **寝殿造り**：貴族の住宅。寝殿を中心に東西、あるいは北側に対屋などの附属建物を配する大規模住宅。床の一部に畳を使用。開口部の蔀戸が特徴です。

鎌倉時代：仏事建築は新様式に。住宅が武家造りとなる

● **円覚寺舎利殿**：禅宗様（唐様）均整、無彩色/扇垂木、火灯窓、組物が配置されています。柱頭だけでなく柱間にも並び、組物の間のあきが小さいことから詰め組とも呼ばれています。禅宗様は① 屋根の強い反りと深い軒② 扇垂木③ 窓・出入口が花頭（火灯）曲線④ 組物は詰め組⑤ 鏡天井で板を鏡のように平面に並べた平らな天井、といった特徴を持ちます。

● **東大寺南大門**：天竺様（大仏様）簡素、豪快/東大寺の再建に用いられた様式。さし肘木が特徴です。天竺様の特徴は、次の通りです。
① 柱と柱は貫等の横架材でつながっている

② 軒の荷重は柱に差し込んだ挿肘木で片持梁のように支持する

③ 部材の断面はある程度規格化されている

④ 天井は張らない。屋根材が見えるような化粧屋根裏を見せる

室町時代：住宅では書院造りに

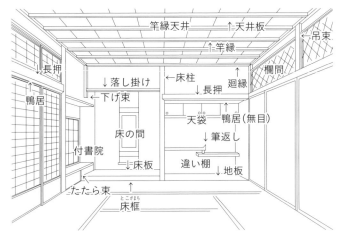

図5：書院造りの内装の特徴

- **鹿苑寺**（金閣）：昭和30年10月に復元されました。方形造りの舎利殿で、最上層を禅宗様仏堂風、2層を和様仏堂風、初層を住宅風の建築物。
- **慈照寺**（銀閣）：書院造り。東求堂の中の一室「同仁斎」は初期の茶室。
- **書院造り**：武士の住宅。初期の書院造り＝主殿造りともいいます。特徴は柱：角柱。床：主室に畳使用。天井：あり。装飾：床の間、付け書院。

安土桃山時代：書院造りが完成形に

- **数寄屋風**：茶室を取り入れた書院造りの住宅（西本願寺飛雲閣）。
- **草庵茶室**：素朴な材料で造った茶室（妙喜庵待庵：千利休、如庵：織田有楽斎）。

江戸時代：市民の暮らしが豊かに

- **数寄屋造り**：書院造りに草庵風茶室建築の意匠を取り入れています。自由な意匠。
- **桂離宮**：八条宮家（桂宮家）の別荘として造営されたものです。書院、茶屋、回遊式庭園から成ります。数寄屋造りの代表的建築です。
- **日光東照宮**：権現造り。近世の神社建築の多くはこの様式となっています。権現造りは拝殿と本殿を石敷きの相の間で連結したものをいいます。

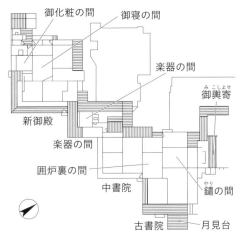

図6：桂離宮

02 時間目 西洋・近代建築史 近代建築のもととなった 西洋の有名建築を覚えよう

西洋の建築は素材の歴史でもあります。古代の西洋では石造でしたが、近代ではセメントや鉄、ガラスの大量生産ができるようになり、鉄骨やRC造が主流です。その時々でシンプルが流行ったり、複雑なデザインが流行ったりしました。流れとともに有名建築を覚えましょう。

きくりん先生のつまずき解消のコツ・やさしい解説
ゴシック建築などの建築様式ごとに代表的な建築物を覚えよう。

じっくり理解

西洋建築

- **パルテノン神殿**：古代ギリシャで造られた、石造の架構式構造。ドリス式のオーダーによる周柱式とイオニア式のオーダーを用いた建築です。オーダーとは円柱と梁の構成の方法をいいます。正確に配置された列柱は、高さと明確な比例関係を持ち、現在の黄金比に近いです。

図1：パルテノン神殿

- **コロセウム**：古代ローマで造られた、現在のスタジアムの原型。競技場の観覧席部分に石材とコンクリートを併用しています。ヴォールト工法。

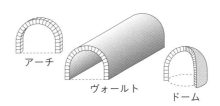

図2：アーチ、ヴォールト、ドームの違い

- **ノートルダム大聖堂**：初期ゴシック建築の代表。フライングバットレス（飛び梁）を採用しています。正面のファサードは、水平と垂直が調和した双塔形式の構成となっています。

- **フィレンツェ大聖堂**：フィレンツェの代表的なゴシック大聖堂。大ドームが高く、2重殻構造になっていて、むき出しの形で建造されました。大ドームの部分がルネサンス建築。ルネサンスが開花したフィレンツェの象徴です。

- **サン・ピエトロ大聖堂**：バロック建築。ローマ。世界最大の石造建築物。16世紀はじめに旧聖堂の改築が計画され、ミケランジェロなど多くの芸術家が参加して完成

した世界最大の教会堂です。ミケランジェロが手掛けた中央の壮大なドームや、ベルニーニが手掛けた楕円形広場とそれを囲むコロネード（列柱廊）は、初期バロック建築の代表例とされています。

図3：サン・ピエトロ大聖堂

- **ネオクラシシズム**（新古典主義）：古代の造形を模範。パンテオン、大英博物館が代表的な建築物。直線的でシンメトリー。
- **ピクチャレスク**：中世の造形を手本に田園的な雰囲気を取り入れました。風景と建物の絵のような調和を狙っています。軸線に従う規則的な配列ではなく、絵画的に自然に不規則に複雑に構成されます。

近代建築

近代建築では鉄やガラス、セメントが大量に生産されるようになり、材料に革命が起こりました。それにともない、建築様式も大きく変わります。

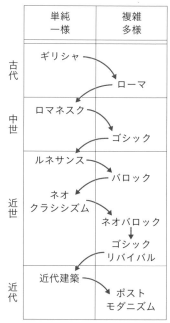
図4：様式の変遷

- **アーツ・アンド・クラフツ運動**：19世紀後半のイギリスにおけるウイリアム・モリスの工芸運動。器械によるデザインなどが粗い製品から、手仕事の芸術的素晴らしさを統一することで手仕事の復活を目指して活動しました。
- **アール・ヌーヴォー**：19世紀末にベルギーのブリュッセルからヨーロッパ全土に広がった様式。自由な曲線を多用しています。タッセル邸が有名です。
- **サグラダ・ファミリア**：バルセロナ。アントニ・ガウディ設計。ネオ・ゴシック建築。高さ100mにおよぶ4本の塔があります。尖塔はガウディ死後に完成しました。
- **バウハウス**：19世紀で革新的教育を行った芸術学校で、ドイツのワイマールに建築されました。モダンデザインの基礎を築き、現在のデザインにも多くの影響を与えています。
- **カウフマン邸**（落水荘）：フランク・ロイド・ライトが設計した建築で、ペンシルヴァニアにある、滝の上の空間に半ば浮かんだような住居です。床スラブが滝のある渓流の上に張り出しているのが特徴的です。自然との調和が図られています。

- **サヴォア邸**：ル・コルビュジエが設計した、正方形の平面をピロティで空中に浮かせる建築です。1階に寝室、2階に主室や屋上庭園があります。水平連続窓が特徴で、コルビュジエの近代建築の5原則（ピロティ、屋上庭園、自由な平面、水平連続窓、自由なファサード）を採用しています。

図5：サヴォア邸
出典：プレミアムフォトスタジオ　Takashi Images / PIXTA(ピクスタ)

- **国立西洋美術館**：トップライトを持つ大ホールと頂側のトップライトによる展示室が特徴です。基本設計をコルビュジエがし、実施設計、増築は弟子である前川國男、板倉準三らが行いました。コルビュジエによる日本唯一の作品です。

- **ファンズワース邸**：ミース・ファン・デル・ローエが設計した、鉄とガラスによる中央の設備コア以外仕切りのないワンルーム。建築物を造ると現れてくる線を消して、最低限の部材を表面に見せた優雅な住宅。

現代建築

- **シドニー・オペラハウス**：球面の一部で造られた屋根が特徴的な、プレキャストコンクリート造の建築。

- **国立代々木競技場**：丹下健三が設計しました。高さ40mの柱の上に2本のケーブルで吊り屋根をしているのが特徴です。

- **東京都庁舎**：丹下健三設計による双塔の超高層建築。繊細なデザインのカーテンウォールパネルで実現しました。

- **スカイハウス**：菊竹清訓が自分で設計した自邸。メタボリズムの考え方に基づき、1辺10mの正方形平面の生活空間と、HPシェルの屋根が4枚の壁柱で空中に支えられた住宅です。居間や寝室、食堂の部分は空間装置、その周囲に取り付けられた台所や浴室は生活装置、と定義され、生活装置はムーブネットとも呼ばれました。このムーブネットは増築も見込んで取替可能となっており、メタボリズムの根幹をなす考え方となりました。

- **リンゴット工場再開発**：イタリアのトリノで、80年以上も前に建てられた自動車工場を多機能施設に改修しました。レンゾ・ピアノが計画し、見本市会場、音楽ホール、ホテル、事務所、店舗などが入っています。

- **オルセー美術館**：パリの古くなった駅舎を再開発して美術館に改修しました。

一問一答で理解度チェック

1 サンピエトロ大聖堂は双塔形式の正面にバラ窓のある建築物である。

答え

03
時間目

住宅設計の基本のキ
住宅設計のあるあるを覚えよう

ナナメ読みでおさらい

住宅には様々な形があります。低層集合住宅ならテラスハウスとかタウンハウス、中高層の集合住宅なら片廊下型やツインコリダー型など、ほとんどが用語の内容を理解しているかの出題です。用語が出たら自分でスケッチできるレベルまで理解しましょう。

きくりん先生のつまずき解消のコツ・やさしい解説
たくさんの用語をイメージしていこう。

じっくり理解

低層集合住宅（2階建てくらいまで）でよく出る用語

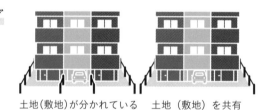

土地(敷地)が分かれている　　土地（敷地）を共有
テラスハウス　　　　　　　　タウンハウス
図1：低層集合住宅

● **テラスハウス**：それぞれの住居に専用の庭があるくっついた集合住宅。
● **タウンハウス**：コモンスペースと呼ばれる共通の庭や通路、広場がある低層の集合住宅。
● **コートハウス**：塀や建物で囲まれた中庭（コート）がある独立住宅。部屋が中庭に開かれ、採光・通風、プライバシーは確保しやすいが、コートハウスばかりだと街並みは閉鎖的になる。

中高層集合住宅（10階建てくらいまで）の分類

断面から見たジャンル分けと通路から見たジャンル分けとなっている。

断面から見たジャンル分け（2種類）

● **フラット型**：1住戸1フロア。普通のマンションがこれ。限られた面積の有効利用ができる。
● **メゾネット型**：1住戸で2フロア以上。住戸内に階段を造るので、大規模な住戸に多い。

通路から見たジャンル分け

階段室型

階段で直接各住戸にアクセスできます。廊下がありません。

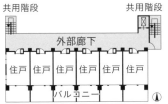

長所

共用廊下無しで2面に開口を作れます。角部屋は3面に開口ができます。そのため、採光も通風もよくプライバシーも確保されます。

短所

ELVを設置しにくいです。
2方向避難を計画するとなると階段がたくさん必要になります。

片廊下型

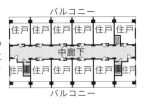

長所

ELVの効率が良いです。2方向避難がしやすいです。

短所

共用廊下側の採光や通風があまりよくないです。プライバシーの確保も少し難しいです。

中廊下型

真ん中に廊下があります。中廊下に吹抜があればツインコリダー型。

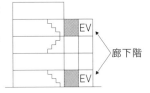

長所

共用部分が少ないので工事費が安く、構造的にも安定しています。

短所

共用廊下側の採光、通風が悪く、プライバシーの確保が難しいです。
南北に住戸を配置すると、北側の住戸は日が当たらないので、東西に住戸を配置するのが望ましいです。

スキップフロア型

階段で各住戸にアクセスするけど、共用廊下もちゃんとあるパターン。

長所

ELVの停止階を減らせるので共用廊下が減り、共用部の面積割合が減ります。その結果工事費も安い。通風、採光もよくプライバシーも確保できます。

短所

エントランスから各住戸へのアクセスが長いので、避難計画が難しいです。

コア型、ホール型

コアは階段とかELV。真ん中にコアがあればセンターコア、片方にコアがあれば片コア、両端にあるなら両端コア。ホール型とも言う。吹抜があればボイド型。

長所

共用部分の面積をすごく小さくできて、高密度な住戸配置ができて効率的にたくさんの人が住めます。

短所

方位によって採光や通風に差ができ、不利な住戸ができます。ホール側はプライバシーの確保はかなり難しいです。

■ バルコニーの決まりや効果

- **バルコニーの手すりの高さ**：手すりの高さは1.1m以上とし、手すり子の間隔は内法で11cm以下が望ましいです。手すりが低かったり、手すりの間隔が広かったりすると子供やものが落っこちて危ないからです。そのため、足が掛けられる横桟はNGです。
- **バルコニーの効果**：室内空間の延長であり、室内から外を見下ろしたときの恐怖感などの不快感を緩和します。また、下からの視線を遮断してプライバシーを確保する役割もあります。上からの日照を調整したり、雨に対する庇の役割も担ったり、さらに火災などの災害時には避難通路として使用することもあります。下層階の火災の際も火を遮断できます。

■ 集合住宅の設計手法

- **フロンテージセーブ**：住戸の奥行きを深くして間口を狭くする計画手法。低層や中層住宅の場合は、ライトコート（光庭）やライトウェル（光井戸）を設ける

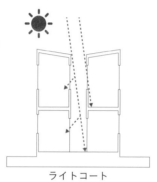

ライトコート
ロ型の建物の内部にできた
空間で光を下層階まで導く

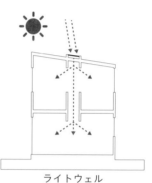

ライトウェル
天窓から入った光を
下層階まで導く光井戸

図2：ライトコート・ライトウェル

と、採光、換気等にある程度の効果があります（図2）。

- **リビングアクセス型**：共用廊下側に居間を設け、住戸内空間と外部空間をなじませる形式。来客があるときに寝室やキッチンなどの近くを通さないで済みます。
- **二段階供給方式**：第一段階で住宅の構造部分と階段や廊下などの共用部分（スケルトン部分）を設計し、入居者が決定した第二段階で内装や設備等（インフィル）について計画する方式。
- **コア型住宅**：ウォーターセクション（洗面・便所・浴室等）のサービス空間を建物の中心に集約して配置し、その周りの居室のプランに自由度をもたせた独立住宅です。

■ 運営方式による分類

- **コーポラティブハウス**：みずから居住のための住宅を建設しようとするものが組合を結成して、企画・計画から建設・管理まで行う協同組合運営方式の集合住宅。コレクティブハウスと間違いやすいので注意してください。
- **コレクティブハウス**：個々のプライバシーを尊重しつつ、居住者の相互扶助活動を

生かして、円滑な日常生活が営めるように、共同の食事室・調理室・託児室・洗濯室などの共用施設を設けた共同居住型の集合住宅です。シェアハウスとの違いは、コレクティブハウスの場合トイレやお風呂などの居住空間は各戸にあります。

● **モビリティハウス**：車いす使用者を対象にしたもの。通路の幅が広く段差が解消されているなどの条件を満たした住宅。

住宅の事例

● **土浦亀城邸**（土浦亀城）：木造2階、地下1階建てのモダニズム建築。居間の吹抜を中心に内部空間を連続させています。南向きの斜面に立地しており、スキップフロア型を採用しています。

● **スカイハウス**（菊竹清訓）：メタボリズムと呼ばれる新陳代謝を意識した考え方で造られたRC造2階建ての住宅（02時間目の現代建築も参照）。1辺10m程度の正方形の平面で生活空間を作り、HPシェルの屋根を4枚の壁柱で空中に支えています。

● **住吉の長屋**（安藤忠雄）：細長い敷地を3分割して中央に光庭を設けた、廊下のないRC造住宅。中庭で諸室をつなぎます。

集合住宅の事例

● **代官山ヒルサイドテラス**：住宅、ギャラリー、店舗、レストラン、オフィスなどの機能が複合した都市型集合住宅。小さな広場や中庭が造られ、ペデストリアンデッキなどの歩行空間を

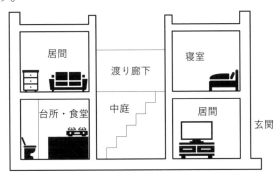

図3：住吉の長屋

組み合わせた多彩な街路的な空間が特徴的です。

● **NEXT21**：環境負荷低減を目指してスケルトン・インフィル方式を採用した実験集合住宅。屋上緑化などが採用されている。

● **東雲キャナルコート**：囲み型配置をした高密度賃貸集合住宅。中廊下形式を採用しつつも採光と通風を確保するために大きなテラスやコモンテラスを連続させて配置している。

一問一答で理解度チェック

1 コートハウスは、建築物や塀で囲まれた中庭を持つ住宅の形式であり、狭い敷地においてもプライバシーを確保しやすい。　　答え　○

04
時間目
学校教育施設
安全に学ぶために様々な
決まりがある

ナナメ読みでおさらい

学校は小学校、中学校などいろいろありますが、共通しているのが、学ぶための場所ということです。そのため、安全性や学びやすさが大事になります。教室の窓って黒板の左側にありましたよね。黒板に文字を書くときに、文字が影にならないように配慮されているからです。ここでは、学校や幼稚園について学びましょう。

じっくり理解

学校

- **学校の計画**：安全性の確保の点から、児童や生徒、学生の出入口と自動車の出入口は分離して計画します（歩車分離）。また、片側廊下型の教室では廊下側の昼光率が低下するため、採光計画に注意が必要です。

- **総合教室型**：すべての教科を1つの教室で行う方式です。幼稚園、小学校低学年に向いています。クラスの数だけ教室が必要です。メリットとしては、クラス単位でのまとまりがあり落ち着きが確保できます。デメリットは、設備費用が増加することです。

- **教科教室型**：すべての授業を専用教室で行う方式です。特定の教科のために教室があり、一般教室はありません。中学校の高学年、高校、大学などに向いています。授業ごとに専門的な教育を提供できるのがメリットです。教室の稼働率が高いので効率的な学校運営ができます。デメリットは、すべての授業で移動をするので廊下が混雑することと、クラスルームの専用使用がで

図1：総合教室型

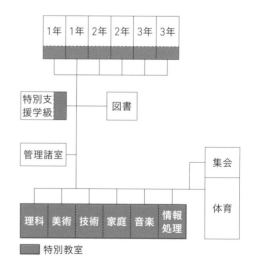

図2：特別教室型

きないので、自分の場所がないことです。対策としてホームベースとなる部屋を計画することが多いです。

● **特別教室型**：特別な設備が必要な授業だけ特別教室で行う方式です。普通の授業は各自の普通教室で行います。そのため、普通教室と特別教室が必要です。メリットとして普通教室を拠点とできるので安心感やまとまりが出ます。また、教育内容を充実させることができます。一方で、教室数が多くなり、特別教室の稼働率も低いのがデメリットです。小学校の高学年や中学、高校に向いています。

● **学校の運営方式**：担任が1人いて、担任がいないときに副担任が担当するのが通常の学校の運営方式です。ですが、授業の種類によっては複数の教師で授業をするチームティーチング方式や、学年を設けずに学習を個別化して学ぶプログラム学習方式など、様々な授業形態が取られます。そういったフレキシブルな授業に対応できるオープンスペースを確保することが大事です。

幼稚園・保育園

乳児室	乳児または2歳未満の幼児1人につき、1.65m²以上
ほふく室	乳児または2歳未満の幼児1人につき、3.3m²以上
保育室	2歳以上の幼児1人につき1.98m²以上
屋外遊技場	2歳以上の幼児1人につき3.3m²以上

表1：幼稚園、保育園の各室所要面積

● **乳児**：0〜1歳未満までを指します。

● **幼児**：1〜5歳までを指します。

● **保育室・遊戯室の計画**：保育室と遊戯室は兼用可能ですが、基本的には別の部屋として計画します。保育室の床面積は2歳児以上の場合だと園児1人あたり1.98m²以上が必要です。保育所として認可するのに面積が定められています。3歳児のほうが、4、5歳児よりも広く計画されます。また、採光の確保のために南面に配置させることが望ましいでしょう。昼寝の場と食事の場を区別することも大切です。

● **乳児室の計画**：乳児と幼児の部屋は明確に分けます。幼児が遊んでいるところに乳児がいると危ないからです。そのため、乳児室は、幼児の保育室から離して計画します。乳児1人あたり1.65m²以上が必要です。ほふく室の面積は3.3m²以上で計画します。ほふく室、乳児室はそれぞれ保育室と兼用はできません。

● **便所の計画**：便所は保育室や遊戯室になるべく近接させます。子供が迷わないように、一人でできるようにするためです。ただし、幼稚園の便所ブースは、大人が外から安全を確認することができる高さとします。たとえば、幼児用の大便器ブースの扉の高さは1.2m程度で計画することが多いです。

一問一答で理解度チェック

1 保育室は、乳児と幼児の数の変動に対応できるように、乳児用と幼児用とを間仕切りのないワンルームとした。

答え

ナナメ読みでおさらい

社会施設には図書館や美術館、公民館などがあります。図書館は本が傷まないようにしつつも読みやすく開放的な空間が求められ、美術館では美術品が傷まないようにかつ鑑賞しやすい空間が必要です。それぞれに様々な要素の計画が必要なので、用語や数値を正しく理解しましょう。

きくりん先生のつまずき解消のコツ・やさしい解説
図書館なら本の数、美術館なら見やすい照度など、用途に応じてポイントとなる数字をおさえよう。

じっくり理解

図書館

図1：開架式

図2：閉架式

● **図書館の計画**：立地としては、たくさんの地域住民に利用してもらうために、徒歩圏内や交通の便が良いところに計画します。とはいえ、騒音が多すぎると静かに図書を鑑賞できないので、騒音の少ない市街地を選定します。また外観は、外部から館内の様子が分かると入りやすいので、開放感をもたせた計画が好まれます。図書館の種類は大きく分けて開架式と閉架式の2種類です。

● **開架式**：利用者が直接本を見て、自由に本を選んで、読書ができる図書館の方式です。貸出用図書や児童閲覧室などが該当します。一般的な図書館は開架式となっています。書架の芯々の間隔は通路幅＋45cmを確保します。1m²につき170冊程度の収納が可能です。

● **閉架式**：目録や本の検索システムなどで本を選択して、図書館の司書や館員に本を出してもらう形式の図書館です。1m²につき230冊程度の収納が可能です。可動式の棚にすると1m²につき400冊程度まで収納できます。

● **閲覧室の計画**：閲覧室の計画で注意すべき点は、面積や動線、採光や照明計画です。面積は閲覧者1席あたり約2.0m²必要です。この数値を下回ると閲覧しにくくなります。また、図書館は利用者も館員も入り乱れて本を探したり戻したりします。そのため、利用者と館員の動線が交差しないように動線を明確に分ける計画が必要です。

閲覧室は、自由に本を選んで読みたいため開架式を採用して管理します。床の仕上材はタイルカーペットが好まれます。歩行音の発生を軽減させ、良質な閲覧空間を作れるからです。また、本を読むのに適度な照明が必要です。採光が本に直接当たると日に焼けて本が傷むため、直射日光が差し込まないように、かつ読むのに適切な照度を確保しつつ照明を計画します。

● **児童閲覧室の計画**：一般閲覧室と児童閲覧室は分離して配置します。というのも、児童はおしゃべりをしたり読み聞かせをしたりすることもあり、うるさくなりやすいので、一般の大人が利用する閲覧室とは離して計画するのが良いです。また、身長が違うので本棚の高さも変えます。そのため、貸出カウンターなどの共有は可能です。なお、児童閲覧室内でも幼児と小・中学生の利用部分は区別します。

● **貸出カウンター**（**コントロールカウンター**）**の計画**：利用者の登録や書籍の貸出返却を行うコーナーです。作業をする司書や館員と利用者の動線を分けて計画します。また、貸出カウンターは来館者のサービスの中心的なものなので、見通しがよく利用しやすい中央付近に設置することが多いです。カウンターの高さは子供や車いすの利用者も考慮し、70〜80cmにします。

● **レファレンスルームの計画**：学習、調査、研究をするための資料や検索用の機器を備えた職員のいる部屋です。目録室やレファレンスカウンターの近くに設置します。レファレンスカウンターは一般カウンターと兼用も可能です。

● **ブラウジングルームの計画**：新聞や雑誌を閲覧するスペースです。図書を試し読みしたり、休息したりします。インターネットを利用できるようにスペースに配慮して計画します。1階の出入口付近に設けることが多いです。出入りが激しくうるさくなりやすいので、閲覧室の一部ではありますが、他の部屋からは離れて計画します。

● **オーディオビジュアルルーム**：音楽を聴いたり、映像を観たりすることができる部屋です。

● **キャレル**：書庫や閲覧室に置く一人用の閲覧机です。

● **BDS**：ブックディテクションシステムは電波で本に付けたセンサーを感知して、貸出処理されていない本が図書館の外へ持ち出されるのを防止するシステムです。

● **ブックモビル**：バスなどによる移動図書館です。自動車文庫とも呼ばれます。

博物館や美術館の平面計画

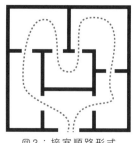

図3：接室順路形式

- **一筆書き型**（接室順路形式）：各展示室をつないで配列した形式です。小規模展示に向いています。一筆書きで見学できるように逆戻り、交差をしないワンウェイで計画します。空間の利用率は高いですが、展示を変えるのには向いていません。常設展示向けです。

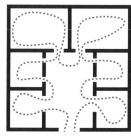

図4：中央ホール型（広間式）

- **中央ホール型**（広間式）：各展示室が、中央のホールに接する形式です。中規模や比較的大規模な展示に向いています。好きな展示室に中央のホールから直接入れるので、たくさんの展示がある場合は見やすいです。部屋の形式が決まっているので、展示の変化には対応しにくいです。
- **廊下型**（ギャラリーコリドール式）：各展示室を廊下で接続する形式です。大規模展示に向いています。廊下が回廊となって中庭を囲むことが多いです。廊下から目的の展示に直接入れ、やっていない展示は閉鎖するだけなので、展示物の変化にも柔軟に対応できます。

博物館・美術館の計画の基本と設備

- **計画の基本**：展示室の照明は全体の照明と局所照明とを使い分け、均等で安定した明るさとなるよう注意が必要です。展示物に合わせて照度を変えられるように計画します。

  洋画：300〜750lx　＞　日本画：150〜300lx

  一般に人工照明（自然光に近い白色）を多用します。自然採光だと日に焼けて色あせたり、美術品や収蔵品が傷むからです。しかし、近年では自然採光の重要性も見直されています。ナトリウムランプは演色性が悪いので展示ではほとんど使われません。展示空間にフレキシビリティをもたせるため、展示の壁を可動式にすることが多いです。展示のケースは、忠実に見えるように青みを除去した無色の高透過ガラスを使用します。
- **動線**：展示空間の動線は原則として、逆戻り、交差がないようにします。どの平面計画を選んでもそれは変わりません。
- **展示室**：床面積は、延べ面積の30〜50％程度で計画します。床は段差を付けず、歩きやすくします。
- **休憩ロビー**：疲労を和らげるために、適当な位置に設置します。休憩を挟まない1回の鑑賞の限度は、壁面延長で400m程度です。そのため、休憩スペースは欠かせません。
- **収蔵庫**：文化財の収蔵や保存をするため、低湿収蔵庫と高湿収蔵庫があります。湿

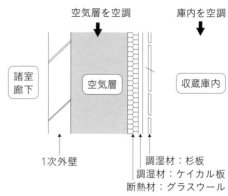

度を調節するために内装の仕上材として杉やスプルースを使用し、樹脂の多い松やヒノキは避けます。荷解き室、荷捌き室、燻煙室などとは近接して設置します。二重構造としてその中間の空気層を空調し、温度や湿度を調整します。また、保存環境を一定に保つために、前室を設けます。

- **ミュージアムショップ**：展示が終わった場所や、施設の出入口付近に設けると良いです。

図5：収蔵庫の二重壁の空調

コミュニティ施設

- **公民館**：趣味などの発表の場や集会場など、多目的に利用できるように計画します。玄関スペースと展示スペースを隣接させます。
- **児童館**：学童保育と合わせて設置する場合は、出入口を別々にして計画します。

体育館・屋外競技場

諸室	高さ
バレーボールコート	センターライン　上部　12.5m以上 エンドライン　　上部　10.5m以上
卓球コート	3.5m以上
テニスコート	12m以上
武道場	4.5m以上

表1：競技場の必要天井高さ

- **体育館**：体育館における競技場の広さは、バスケットボールができる広さ、高さは、バレーボールが行える高さを基準とします。バスケットボールのコートは1面で15m×28m、2面で45m×35mほど必要です。バレーボールの高さはセンターライン上で12.5m必要です。
- **屋外競技場**：屋外競技場の方位は、日が沈んだときの太陽光線がまぶしくないように、長軸を南北方向に取って計画します。また、室内体育館であれば太陽光線は壁で遮れるので、採光や通風を考慮して長軸を東西方向に取ります。

一問一答で理解度チェック

1 公共体育館の計画で、成人用のバスケットボールコートを2面配置するために、床面の内法寸法を30m×35mとした。　答え　×

2 美術館の収蔵庫は、収蔵品に付着した害虫等による被害を最小限に抑えるため、燻煙室からできるだけ離れた場所に配置した。　答え　×

06
時間目

医療施設
医療用語を覚えるところがスタート

ナナメ読みでおさらい

高齢化社会が進行している日本で、医療施設の重要性は日々増しています。特に、医療施設は管理部門と利用者のゾーニング、衛生面のゾーニング、放射線などのシールド工事など計画が複雑です。医療用語を適切に覚えて、病院の基礎知識を理解しましょう。

 きくりん先生のつまずき解消のコツ・やさしい解説
医療用語をイメージできるようになろう。

じっくり理解

医療施設の分類

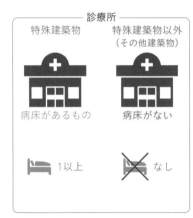

図1：病院の分類

　医療施設の分類は、基本的には置いてある病床数、ベッドの数で決まります。

● **診療所**：ベッド数19以下。0も含みます。

● **病院**：ベッド数20以上。

● **総合病院**：ベッド数100以上かつ内科、外科、産婦人科、眼科、耳鼻咽喉科を含んで集中治療室や病理解剖室などの施設を持つ病院。

　ベッド数が200以上だと大病院に国から指定され、地域医療支援病院に都道府県知事から指定されます。なお、総合病院の延べ面積は1ベッドあたり40〜60m^{2}必要です。

計画上の注意事項

● **病院のプラン構成**：病院には基壇型と多翼型のプランがあります。基壇型はタワー上の病院で都心の病院に採用されています。増改築が多い診療部門では機能拡張に対応した増改築が可能なように、多翼型を採用します。多翼型は設計の自由度が高い反面、十分な敷地面積が必要です。

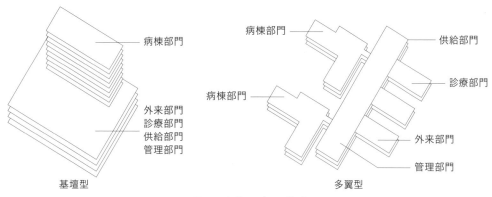

図2：病院のプラン構成

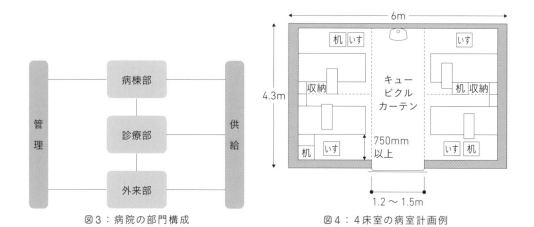

図3：病院の部門構成　　　　図4：4床室の病室計画例

● **全体の平面計画**：施設計画上、外来部・診療部・病棟部・供給部・管理部の5部門で構成されます。利用者と管理部門、衛生品と汚染品、食事と廃棄物など様々な動線があり、それぞれの動線とが交差しないように計画します。

　たとえば、診療部門は外来の人も病棟の人も利用するので、外来部門と病棟部門の間に設置するのが望ましいです。

　外来部門であれば、診療科目ごとの患者特性及び動線に配慮して配置計画をします。診察のための空間ももちろん重要ですが、待ち時間も長いため待つための空間に対するプライバシーへの配慮も重要です。

病棟部の面積は、延べ面積の35～40％程度で計画します。管理部門と外来部門は10～15％、診療部門と供給部門は15～20％で調整します。

　1看護単位（8人～10人）の病床数は、内科・外科で40～50床、産科・小児科で30床程度です。

　設備機械室は供給部門に含まれ、7～11％程度は必要です。

- **待合ホール**：いすのレイアウトは、各々の呼び出し窓口に対面するように設置します。
- **診察室**：診察室と処置室を隣接させて配置します。
- **X線撮影室**：診察室及び処置室の近くに設置します。放射線を使うので、鉛付のボードや鉛入りの建具を使用します。
- **手術室**：バイオクリーンルームとします。前室を設け、出入口を自動ドアとすることでドアに手を触れずに開けられるよう計画します。手術室はクリーンルームなので他部門が廊下を通ると衛生的によくありません。そのため、他部門が通り抜けられないように動線を排除して独立した位置に設置します。また、外科系病棟、X線室、ICUなど手術に関連性の強い諸室との連絡を重視し、中央材料室は隣接させます。

滅菌エリア　　　　　清潔・包装エリア　　　　汚染物返却エリア

図5：中央材料室

- **病室**：安静にしたいので他の室に行く通路となる場所を避け、ナースステーションの近くに配置します。病室の床面積は患者1人当たり$6.4m^2$以上です。医療法で規定されています。照明全般は間接照明が望ましいです。病室ではあまり長く歩けない人が多いので、便所を近くに設置します。出入口の幅は、ストレッチャーなどの出入りのため1.2m以上が望ましいです。小児病棟の場合は個室だと$6.3m^2$超、2床室以上の場合は$6.4m^2 \times 2/3m^2$以上必要です。
- **ナースステーション**：病棟中央部で、階段やエレベーター等の近くに設置します。
- **薬局、受付、会計、事務室**：それぞれを近接させます。
- **ICU**：重症患者用集中治療室。集中治療室（Intensive Care Unit）は、高度な設備によって、重症患者に、短期間で集中的に治療・看護を行う病室です。手術部に近接させ

ます。床面積は50〜60m²/床程度以上必要です。

● **中央材料室**（サプライセンター）：手術部、病棟部、外来部などで使う機材の滅菌を行います。手術室との関係を重視して配置します。

用語

● **病棟**：ナースステーション、ICU（重症患者用集中治療室）、処置室、リネン室などをいいます。

● **中央診療部**：手術室、薬局、放射線部、検査部、救急処置室などをいいます。

● **外来診療部**：各科診察室、待合室（受付、会計などの窓口事務を含む）のことです。出入口付近に配置します。

● **サービス部**：厨房、洗濯、設備関係室（病院関係者の宿舎などを含む）のことをいいます。

● **管理部**：防災センターや医療事務、受付、管財などが管理部門です。

● **PPC方式**（段階看護：Progressive Patient Care）：患者を病状に応じて段階的に分け、患者に合った看護の水準を確保し、看護の室を高めるものです。

● **デイルーム**：入院患者がくつろいだり、談話したりするためのスペースです。

● **SPD**：病院内で使う物品をすべて一元的に管理・供給するセンターです。中央材料室をSPDと呼ぶこともあります。

● **ADL**：日常の生活を送るために必要な基本動作をいいます。ADL訓練は日常生活動作訓練（Activities of Daily Living 訓練）を指し、理学療法・作業療法の成果を進め、日常の生活動作に応用する訓練です。

● **LDR**：産科病棟において、陣痛、分娩、回復を一室で行うシステムです。

● **PCU**：緩和ケア病棟です。治癒不可能な疾患の終末期にある患者及び家族のための緩和ケアを行う病棟です。

一 問 一 答 で 理 解 度 チ ェ ッ ク

1 一般的な総合病院の計画において、病院管理の効率及び患者の動線を考慮して、外来部門を診療部門と病棟部門との間に配置した。　　答え　✕

2 一般的な総合病院の計画において、延べ面積に対する外来部門の床面積の割合を15%とした。　　答え　〇

高齢者施設
いつかはお世話になる
高齢者施設を知ろう

ナナメ読みでおさらい

少子高齢化社会になった日本では、高齢者の施設はどんどん増えています。そんな中で、老人ホームは多様化して介護の方法や基準などが定められ、老後をいかに楽しく過ごすかにシフトしているのが現状です。ここでは、高齢者施設の種類や在宅サービスの違い、高齢者施設を計画する際の注意点について学びましょう。

じっくり理解

高齢者施設の種類

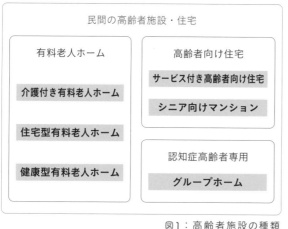

図1：高齢者施設の種類

- **特別養護老人ホーム**：65歳以上で、身体上または精神上著しい障害があるために常時介護を必要とし、自宅で適切な介護を受けるのが難しい人を入所させる施設です。近年では4人部屋主体であった特別養護老人ホームを、個室ユニット化して一人部屋に変えてプライバシーを確保したユニット型特別養護老人ホームが注目されています。

- **養護老人ホーム**：65歳以上で、身体、精神、環境（住宅事情や家族との関係等）、経済的な理由で、自宅での生活が難しい高齢者が入所し、生活援助を受ける施設です。介護レベルが高い人が特別養護老人ホーム、普通の介護レベルの人が養護老人ホーム、介護レベルが軽くほぼ自立して生活できる人が軽費老人ホームを利用します。

- **軽費老人ホーム**：60歳以上で、家庭環境、住宅事情等の理由により、自宅で生活することが難しい人が低額な料金で利用できる施設です。A型は給食付き、B型は自炊する、ケアハウスは食事は外部サービスを使用します。

- **介護老人保健施設**：入院治療は必要ないが、機能訓練や看護・介護が必要な要介護高齢者に対して、自立を支援し家庭への復帰を目指して、医療ケアと日常の生活サービスを合わせて提供する施設です。

- **認知症高齢者グループホーム**：少人数による共同生活を送れる認知症高齢者が、日常生活上のサービスを受ける居住・ケアの形態です。5〜9人程度の小規模の生活の場において、食事の支度、掃除、洗濯等を介護する人と共同で行い、家庭的で落ち着いた雰囲気の中で、生活を送ります。

- **有料老人ホーム**：民間企業が運営しているサービスの良い老人ホームです。入浴、排泄、食事の介護、洗濯、掃除等の家事、健康管理をします。特別養護老人ホームに比べて高額です。

高齢者施設の計画

- **全体的な計画**：全体的な計画でまず大切なのが、入居者10人程度で1ユニットとする介護ユニットを作ってユニットごとに小規模な介護をするユニットケアを作ることです。ユニットを作ることで介護する効率が上がり、同じ人に介護されることで安心感が増します。また、共有空間を数室の居室とともにグルーピングすることも大切です。グルーピングする共有空間の利用率が上がり、無駄のない平面計画となります。そのようにして共有空間を充実させながら、個室空間のプライバシーを高めると、入居者が過ごしやすい高齢者施設ができます。

　廊下や部屋を区切る敷居などは段差を避け、手すりを廊下や階段、居室などに造ります。高齢者には手すりや杖がないとまっすぐ歩くのが難しい人もいるからです。また、車いす対応できるように建具の幅や廊下の幅も考慮します。

　設備計画は、窓からの日照や通風を確保しつつも、どこに移動しても安全で快適な設備計画とし、暖房時の温度は多少高めで計画します。照明は、老人の視力に合わせ

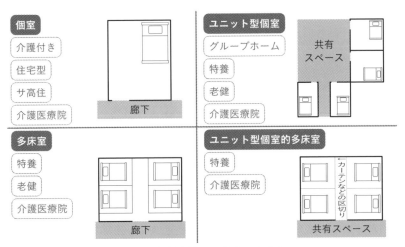

図2：高齢者施設の居室のタイプ

て室内を明るくします。机上の照度は健常者の1.5倍以上で計画するのが通常です。便所の扉は引き戸か外開きにします。

● **面積基準**：介護老人保健施設の場合は1人あたり療養室8.0m²以上とし、洗面所、収納設備を含み、便所を除いた内法有効面積が必要です。

特別養護老人ホームの場合、居室では1人あたり10.65m²以上で計画します。同じく洗面所、便所を除いた内法有効面積です。

ケアハウスはさらに広いスペースが必要で、居室で1人あたり21.6m²以上が必要です。なお、この面積は収納スペース、洗面所、便所等を含めた内法有効面積です。

在宅サービス

● **デイケア**：介護老人保健施設や病院・診療所に通い、日常生活の自立を助けるための理学療法、作業療法、その他のリハビリテーションを受けることをいいます。

● **デイサービス**：送迎用バス等で、通所介護（デイサービス）センターに通う高齢者に、入浴、食事、健康診断、日常生活動作（ADL）訓練等を提供するサービスです。

● **生活支援ハウス**（**高齢者生活福祉センター**）：原則として60歳以上の高齢者世帯で、高齢等のために独立して生活するのに不安のある人が利用する施設で、介護支援、居住、地域住民との交流の機能を総合的に備えた小規模多機能施設です。

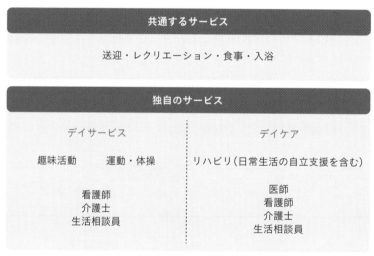

図3：デイケアとデイサービスの違い

用語

● **ノーマライゼーション**：ハンディキャップを持つ人も健常者と同じように、人間としての平等の権利と義務を担い、社会に参加して生きることを達成しようとする福

祉の基本理念のことをいいます。

- **老人憩の家**：地域の高齢者に開放された交流、レクリエーションなどで利用する施設です。

- **コレクティブハウス**：複数の家族が共同で生活する集合住宅です。近年では高齢者住宅として注目されています。コレクティブハウスの詳しい説明は、03時間目で触れていますので、そちらを見てください。

- **サービス付き高齢者向け住宅**：住宅の設計や構造・入居者へのサービス・契約内容に関する基準を満たし、都道府県に登録された住宅です。サ高住と呼ばれています。高齢化社会の中で特別養護老人ホームなどの施設不足の他、これまでの高齢者住宅ではサービスが不十分であったこともあり制度化されました。

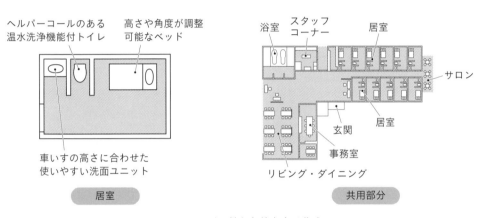

図4：サービス付き高齢者向け住宅

- **ハウスアダプテーション**：高齢者・障害者が身体的不自由によって住居から被るハンディキャップを軽減するために、建築や保険・医療・福祉が連携して住宅改造などを行う手法をいいます。

─ 一 問 一 答 で 理 解 度 チ ェ ッ ク ─

1 軽費老人ホーム(ケアハウス)は、急性期の医療が終わり、病状が安定期にある患者のための長期療養施設である。　答え

08 時間目 商業施設 収益性を踏まえて計画を理解しよう

ナナメ読みでおさらい

商業施設にとって最も大切なのは収益性です。利益が出なければ何の意味もありません。そのため、利益を出す部分を最大限に確保します。とはいえ、映画館が客席だけになってしまったら運営する人はどこで仕事をするの？ という話になってしまうので、管理スペースは最低限確保しつつ、利用者も心地よく利用できて、収益も上がる、という3方良しの計画が求められます。

きくりん先生のつまずき解消のコツ・やさしい解説
用語を覚え、利用シーンをイメージしよう。

じっくり理解

店舗

　お店の計画で最も大切なのは収益性です。その収益性を確保するために大事なのが動線です。

●**動線**：お客さんの動線は長めにして、商品と長く接して商品を買いたくなるように計画したり、店員とお客さんの動線がぶつかって商品が見にくくならないように配慮したり、通路の幅を店員用とお客さん用で分けたりと、様々なことを配慮します。客と商品搬入の動線がぶつかると混乱を招くので、動線は交錯しないようにします。

　大切なのは、お客さんや店員が利用しやすい、仕事をしやすいことを前提に設計すれば、利用効率が上がって収益性が上がるということです。そのために、店員用の通路だからといって狭すぎる通路にはせずに、通路幅＝0.9〜1.1m程度を確保して設計します。

●**レジカウンター**：であれば設置位置に配慮します。スーパーマーケットならば出入口近くに設置し、高さは約70cm程度で計画する一方、高級品を扱う店舗ではレジカウンターは奥の方に設置します。

●**閉鎖型**：入口にドアや壁がある店舗です。高級品や固定客を対象とする店舗で計画します。高級品を扱うような店舗では多数のお客さんに見てもらうよりも、少数のお客さんにゆったりと見てもらうほうが収益性は高いからです。この商品が欲しいといった目的を持っていたり、購買意欲が高かったりするお客さんが来店するので、店内は落ち着いた雰囲気となります。

- **開放型**：入口が開け放たれていて誰でも入れる店舗です。日用品を扱う店舗などで計画します。入店の心理的ハードルが下がります。たとえば、オープンカフェは色んな人に気軽に入ってほしいので入口を全面開け放した計画がされますが、落ち着いたカフェはドアを開けて入りますよね。中が全然見えないと中に入りにくいので、一見さんお断りのお店は閉鎖型にすることで店内の雰囲気を保っています。

百貨店・スーパーマーケット

- **面積の基準**：売り場の床面積は、通路を含んで延べ面積の60〜70％程度で計画します。
- **出入口の平面計画**：多くの人数が出入りするため、出入口は数カ所に分散して計画します。客の出入口と商品搬入口は分けて計画する方が良いでしょう。
- **売り場内の平面計画**：コンビニエンスストアの売り場内は、見通しがよく客が自由でスムーズに巡回できる計画にします。自由に巡回できるほど欲しい物を後から思いついても買えるからです。

飲食店

- **面積の基準**：飲食店では厨房の床面積が効率を決めます。できるだけ小さな厨房でたくさんのお客さんをさばけるのが望ましいですが、料理の提供の問題から、レストランでは厨房は全体の床面積の25〜35％・客席床面積の35〜45％が標準です。喫茶店の場合はレストランより小さく、全体の床面積の15〜20％で計画します。
- **喫茶店、バーのカウンター内の床の高さ**：客席の床より下げて計画します。客と目線の高さを合わせるためです。客が座って、店員が立って接客するからです。床の高さを同じにする場合は、客席の椅子を高くします。あまりにも効率を意識しすぎると、客の居心地の良さとのバランスが崩れるので、あくまでもバランス感覚が大事です。
- **パントリー**（配膳室）：厨房の近いところに計画します。作業の効率が上がるからです。なお、配膳用と下げ膳用との動線は分離して計画するのが一般的です。
- **クローク**（手荷物一時預かり所）：レジに近いところに計画します。管理がしやすく、支払いの際に渡しそびれることも防げて動線もスッキリするからです。
- **便所**：従業員用の便所と客用の便所とを別に計画します。

映画館

映画館では面積に注意が必要です。映画館の客席部分の1人あたりの床面積は、0.4m^2を基準に考えます。通路を含めると、1人あたりの客席床面積は、約$0.6〜0.7\text{m}^2$

必要です。

劇場

　劇場には大きく2種類あり
ます。オープンステージ形式
とプロセニアムステージ形式
です。オープンステージ形式
には様々な形式があり、図1
〜図4などが有名です。演者
と客席の一体感があります。
プロセニアムステージ形式
は、典型的な劇場の形式で、
新国立劇場のオペラ劇場など
小規模なものから大規模なも
のまで様々です。

● **プロセニアムステージの計
　画のポイント**：舞台の幅は
　ステージ幅の2倍以上を確
　保します。奥行きはステー
　ジ幅の1.2倍以上必要です。
　プロセニアムステージ側に
　防火幕を設けますが、火災
　が観客席に拡がるのを防ぐ
　効果もあります。客席と舞
　台とをプロセニアムアーチ
　で区切って、演者との境を
　明確にしています。

● **シューボックス型**：演奏者
　と客席が対面する形式で
　す。奥行きのある長方形の
　平面と高い天井が特徴で
　す。エンドステージとも呼
　ばれます。

● **アリーナ型**：客席が演奏者
　を取り囲む形式です。演奏
　者と客席の一体感が得られ

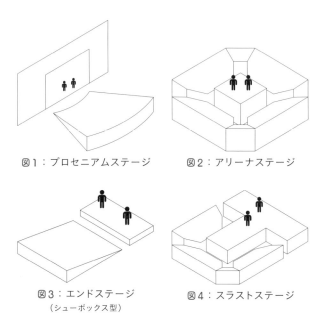

図1：プロセニアムステージ　　　図2：アリーナステージ

図3：エンドステージ　　　　　図4：スラストステージ
（シューボックス型）

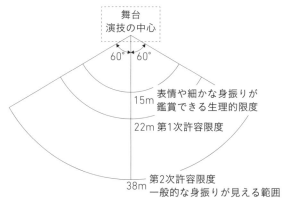

図5：劇場の可視限界距離

舞台
演技の中心

60°　60°

15m　表情や細かな身振りが
　　　鑑賞できる生理的限度

22m　第1次許容限度

38m　第2次許容限度
　　　一般的な身振りが見える範囲

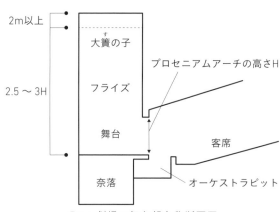

図6：劇場の舞台部名称断面図

2m以上

大簀の子

プロセニアムアーチの高さH

2.5〜3H

フライズ

舞台

客席

奈落

オーケストラピット

やすいのが特徴です。

- **劇場の計画の注意点**：一般的な劇場の1席あたりの床面積は0.5〜0.7m²程度必要です。小劇場の客席内の縦通路の幅は、85cm程度を確保します。この通路は客席椅子の肘木の幅も考慮した寸法です。劇場における可視限界距離（一般的な身振りが見える限度）は、38m程度なので、客席の奥行きもそれを考慮して決めます。

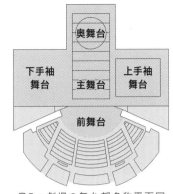

図7：劇場の舞台部名称平面図

事務所

事務所ビルといえども商業施設です。借りてもらって収益を生みます。その事務所ビルの賃貸の方法は2種類あります。フロア貸しとブロック貸しです。フロア貸しは文字通り各階ごとにフロアを単位として貸す方法です。1フロア全部が1つの会社なのでセキュリティなどの配慮が減ります。ブロック貸しはフロアをいくつかのブロックに分けて貸す方法です。1フロア全部など小さな事務所なら入りませんよね。なので、フロアを区画して貸します。

- **事務所の全体計画時の注意点**：事務所を計画するときに大事なのが収益率です。できるだけ収益になる面積が広いほどいいです。それを表したのがレンタブル比といいます。

レンタブル比＝収益部分面積/総床面積×100［％］

　レンタブル比は延べ床面積に対して、65〜75％が一般的です。基準階だけで見た場合は、基準階の床面積に対して、75〜85％程度は可能でしょう。階段や廊下、便所などの共用部分があるため、レンタブル比を上げるのにも限界があります。

- **面積基準**：事務所の面積を算定するときの基準は、利用者1人あたり8〜12m²です。机や椅子、会議スペースを考慮するとこの程度でおさまります。

- **モデュール割り**：モデュール割りとは、決まった寸法で柱の間隔や窓の寸法などを統一化することです。柱間は、屋内駐車場の駐車台数にも影響があるので、事務所内部のモデュールと駐車場の計画から考えましょう。

- **エレベーター**：エレベーターの設置台数は最大ピーク時（朝の出勤時）の5分間の利用人数に合わせて計画します。10階建てには、中速度のものも設置します。高層ビルならエレベーターを高層、中層、低層とグルーピングして分割し、バンク分けすることで効率的にエレベーターを利用できるように計画します。コンベンショナルゾーニングともいいます。

- **事務所ビルの平面計画の種類**：主に6種類あります。センターコア、オープンコア、ダブルコア、偏心コア、分離コア、分散コアです。

- **センターコア**：階段やエレベーター、水回りなど設備部分のコアがフロアの中央に

ある形式です。レンタブル比が高められ、構造計画上好ましい形式といえます。一方で、センターにコアがあるために、2方向避難が難しいというデメリットもあります。高層建築で計画されています。

● **オープンコア**：コアを中央に配置した計画です。センターコアと似ていますが、オフィススペースが明確に区分される点が違います。面積の大きいビルに適しています。構造計画上バランスの良い形です。デメリットは執務空間が分断されることです。

● **ダブルコア**：コアが執務空間の両側にある形式です。コアが離れて両側にあるため、2方向避難が取りやすいのがメリットです。一方で、事務室の独立性には欠けるのがデメリットでしょう。中高層建築で使用します。

● **偏心コア**：コアが執務空間の端部にあります。コアを片側に集中して配置できるため、レンタブル比を高くできるのがメリットです。デメリットは2方向避難が難しいことです。低層や中層のオフィスビルで使用します。

● **分離コア**：コアが執務空間から離れている形式をいいます。珍しい形式です。事務室の独立性に優れています。しかし、コアが離れているため、避難もしにくく構造的に安定させにくいため、防災・耐震構造上不利です。

● **分散コア**：コアが執務空間の周囲に分散している計画です。コアが分散しているので、多方向避難が取りやすいのがメリットです。コアを分散させるのは小規模ではできません。大規模にのみ適用できます。

● **事務所内部の詳細計画**：事務所の内部の計画はそれぞれの会社で自由にレイアウトできるようにする一方で、共用部分や基準階レイアウトはある程度の決まりがあります。廊下に面する扉は内開きにします。狭い廊下でドア同士が接触したり、オフィスに入りにくくなったりするからです。部屋割りを決めるときは、コアとも呼ばれる給湯室、洗面所及び便所、廊下や主要な設備部分を各階集約化するように計画します。事務所ビルの居室は天井高さが3m程度、最低でも2.6m程度は必要です。また、夜間の通用口は1カ所とします。夜間の管理がしやすく・防犯対策になるからです。ゴミ置き場は、紙類専用のゴミ置き場の設置を検討します。オフィスでは紙のゴミが大量に出るので、他のビルとは異なったゴミ置き場の計画が必要です。また、OA機器対応として、フリーアクセスフロアが適しています。オ

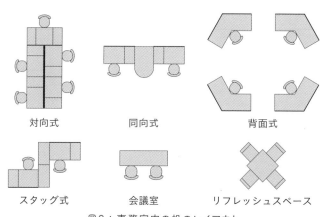

対向式　　　　　同向式　　　　　背面式

スタッグ式　　　会議室　　　リフレッシュスペース

図8：事務室内の机のレイアウト

フィス内のレイアウトを自由に変更できるからです。一方でOA化は、事務室の空調負荷を増加させる傾向があるので、事務所ビルのバランスを見て決めます。

● **机・椅子・間仕切り等のレイアウト**：事務室内のレイアウトには様々なものがありますが、代表的なものは対向式と並行式です。対向式は机を向かい合わせに配置する方式で、コミュニケーションを密に取りやすくなります。所要面積も少なくて済むので、効率が良い配置です。一方で、並行式は同じ向きに机を並べるので、コミュニケーションよりも集中力を要する作業に向いています。面積は対向式の1.2倍ほど必要です。他にもスタッグ式やオフィスランドスケープ式があります。半個室のような形式なので、多用な執務形式に対応できますが、必要な面積は大幅に増えます。

● **システム天井**：モデュール割りに従って組まれた天井下地に照明、スピーカー、煙感知器などの設備機器を組み込んだパネル天井のことです。

● **フリーアドレス方式**：固定した個人専用の座席を設けず、在籍者が座席を共用し、効率的に事務室を利用する方式です。

● **フリーアクセスフロア**：床を二重にして、その空間に配線をする方法です。

宿泊施設

宿泊施設には主に4種類あります。

①シティホテル、②ビジネスホテル、③リゾートホテル、④旅館

です。シティホテルは宴会や展示会などを行う施設を備えたホテルです。都心にありアクセスが良いのが特徴です。ビジネスホテルは宿泊機能主体のホテルです。泊まる機能に特化しています。リゾートホテルは観光地、保養地に立地しています。旅館は和室の客室を主体とした宿泊施設です。

● **クローク**：手荷物一時預かり所のことをいいます。高級レストラン、ホテル、ホールなどに設置します。玄関やロビー内の分かりやすい場所に計画するのがポイントです。

● **ホワイエ**：観客の休憩、待ち合い場所です。劇場のコンサートホールの入口から客席部に至る通行広間でよく計画されます。

● **リネン室**：枕カバー・シーツ・毛布などを収納しておく部屋です。宿泊施設だけではなく、病院でも配置します。

● **宿泊施設の計画**：客室の面積はシングルやダブルなどで規定があります。

シティホテルでは、シングルルームの場合は10〜20m²、ツインルームの場合は20〜30m²程度で計画します。

ビジネスホテルのシングルルームだと15m²、ツインルームなら19m²が必要です。

延べ床面積に対する客室部分の割合は、ビジネスホテル＞シティホテルとなっており、ビジネスホテルは面積の利用効率は高く、シティホテルは様々な利用シーンを想

定しています。

　宿泊施設の計画でポイントとなるのは安全性です。たくさんの人が宿泊するので、火災などが起きた際に速やかに避難できるよう、非常時における利用者の避難通路を設けます。安全性を確保するために、常時集中監視の防災センターを設けることも有効です。

● **エレベーターの計画**：大規模なシティホテルの客室用のエレベーターの台数は100〜200室に1台必要です。

 ## 屋外施設

　商業施設には屋外の施設も必要です。特に重要視される計画が駐車場です。一般車両の駐車スペースでは1台あたり幅3m×奥行き6m程度で計画します。車いす使用者の駐車スペースは通常よりも幅が必要で、幅3.5m×奥行き6m程度が必要です。

　車路の幅員は、5.5m以上必要です。片側通行だと3.5m以上でOKです。車路の勾配は1/6以下、傾斜路の上下には1/12以下の緩和勾配が必要になります。車路の高さは梁下で2.3m以上確保してください。駐車スペースは2.1mあれば良しとされています。斜め駐車の場合は車路幅員を狭くできますが、1台あたりの必要面積が増えるので、効率は落ちます。

　効率も大事ですが、一番大事なのは安全性です。駐車場は歩車分離となる計画とします。大きな商業施設になると、駐車場が混雑しますが、巻き込み事故の多い右折は避けて、左折入庫、左折出庫限定とするなど、安全対策を重要視します。

一 問 一 答 で 理 解 度 チ ェ ッ ク

1 事務室内の机の配置計画において、プライバシーが必要とされる頭脳労働的な業務に利用するために、並行配置から対向配置へ変更した。　　答え　×

2 コンサートホールの計画において、演奏者と観客の一体化を図ることを意図して、客席が演奏者を取り囲むシューボックス型の空間形式を採用した。　　答え　×

3 大規模なシティホテルの客室用のエレベーターの台数を100〜150室あたり1台として計画した。　　答え　○

09
時間目

細部計画
細部の理解が設計に活きる

ナナメ読みでおさらい

設計をするときには基本的な寸法を理解していないと設計できません。台所の高さは何cmが使いやすいのか、トイレの広さはどれくらいがいいのか、細かい部分に使いやすさが左右されます。

じっくり理解

■ 用途別の面積や規模感

- ●**映画館・劇場の客席**：0.5〜0.7m²/席
- ●**レストランの客席**：1.0〜1.5m²/席
- ●**小・中学校の普通教室**：1.5〜1.8m²/人
- ●**幼稚園の保育室**：1.5〜2.0m²/人
- ●**図書館の閲覧室**：1.5〜2.0m²/席
- ●**病院の病室**：6.4以上m²/床
- ●**事務所の事務室**：5〜10m²/人
- ●**ホテルのシングルルーム**：10〜20m²/人、ビジネスホテルは10〜15m²/人

■ 駐車場（図1）

- ●**普通車**：1台あたり幅300cm×長さ600cm程度
- ●**車いす用**：1台あたり幅350cm以上×長さ600cm程度

※直角駐車方式より、斜め駐車方式の方がデッドスペースがあるので所要面積は大きいです。

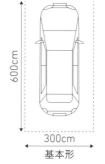
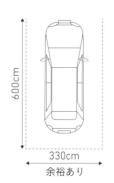

500cm / 250cm / 最小
600cm / 300cm / 基本形
600cm / 330cm / 余裕あり

図1：駐車場の寸法

- ●**車路の幅員**：5.5m以上（一方通行の場合：3.5m以上）
- ●**梁下高さ**：駐車スペースの場合2.1m以上、車路の場合2.3m以上
- ●**車路の勾配**：17%（約1/6）以下

駐輪場

- **自 転 車**：幅60cm× 長 さ 190cm程度
- **オートバイ**：幅90cm× 長 さ230cm程度

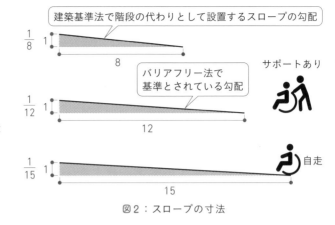

図2：スロープの寸法

スロープ

- **車いす使用者用**：1/12以下（室内）、1/15以下（屋外）
- **歩行者用**：1/8以下
- **車路付き階段**：1/4以下
- **踊り場**：150cm以上、手すり高さ80cm程度

階 段

　階段の踏面寸法には、蹴込み寸法を含めません。けあげ寸法を小さくした場合、踏面は大きくしたほうが昇降しやすいです。ですが、歩幅が適切な範囲でないと逆に昇降しにくくなります。回り階段の踏面の幅は、端部から30cmの位置で所定の寸法が必要です。階段に代わる傾斜路の勾配は1/8以下とします。

室内の寸法

- **廊下**：有効幅75cm以上
- **手すり**：踏面の先端の位置で高さ80cm程度です。子供用では20cm低くします。階段の手すりは昇降補助として80〜85cmの高さが必要です。幼児や高齢者を考慮する場合は、高さ65cm程度のものも設け、2段にして一般用と幼児・高齢者用に分けます。バルコニーや踊り場の手すりは、転落防止として110cm以上必要です。
- **天井高さ**：住宅の居室では2.3〜2.4mにします。法規上は2.1m以上であればOKです。
- **洋便器**：高さ38cm程度
- **小便器の間隔**：中心間隔70cm以上
- **手洗・洗面台**：中心間隔80cm以上、高さ75cm程度
- **浴槽深さ**：和風50〜60cm程度、洋風40〜45cm程度
- **流し台寸法**：高さ85cm程度、奥行き55〜60cm程度
- **上部吊り戸棚高さ**：下端の高さ180cm程度、奥行きが小さいものは130〜140cm程度

● **食卓寸法**：高さ70〜75cm、座卓の場合は30〜35cm、寸法は4人用で75×120cm〜150cm程度

● **作業台、調理台、アイロン台高さ**：80〜85cm

● **一般事務机寸法**：奥行き60〜70cm×幅90〜100cm程度、高さ65〜75cm程度、椅子の高さ42cm前後

● **照明壁付きスイッチ高さ**：床から120cmが標準

車いす使用者の基本寸法

回転するには150cm必要です（図4）。

● **玄関・出入口**：有効幅員は80cm以上。出入口の戸は外開きか引き戸にします。ガラスは割れにくいものや、割れても怪我をしにくい安全なガラスを選択しましょう。段差は基本的に設けません。くつずりとの高低差は2cm以下とし、土間と上り框の段差は18cm以下とします。

● **廊下、階段**：直階段か折れ階段とします。回り階段は危険なので避けましょう。手前30cmの床上に点状ブロックを設置するのが危険回避に有効です。廊下の有効幅員は80cm以上、車い

90cm	120cm	150cm
車いすが通過しやすい寸法	車いすと横向きの人がすれ違える寸法	人と車いすのすれ違いに余裕をもたせた寸法

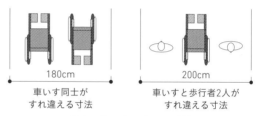

180cm
車いす同士がすれ違える寸法

200cm
車いすと歩行者2人がすれ違える寸法

図3：車いすの廊下の寸法

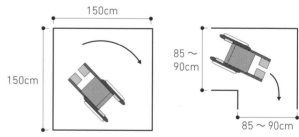

図4：車いすの回転寸法

す使用者と健常歩行者のすれ違いでは150cm以上、車いす同士のすれ違いでは180cm以上を確保します（図3）。

● **廊下の手すり**：廊下に設ける手すりの高さは床面から75〜80cm程度。手すりの端部は下向きに曲げましょう。

車いす使用者の便所・洗面所

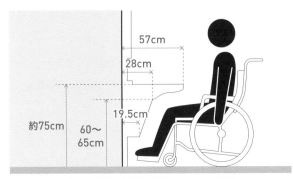

図5：車いす用の洗面台の寸法の例

- **便所**：2m×2mの広さを標準とします。
- **便器横の手すり**：両側設置の場合、70〜75cm間隔。断面の形状は、握りやすければOKです。直径30〜40mm程度・手すりと壁の間寸法は40〜50mmが標準です。
- **便所の衣服掛け高さ**：床面から120cmの位置。
- **洗面台・流し台の高さ**（図5）：75cm程度。足元は高さ60〜65cm、奥行き45cm程度を開放します。鏡の高さはカウンター上端から100cm程度。回転しなくても後ろの状況が確認できるようにしましょう。
- **浴室、脱衣室**：床は滑りにくい仕上げにします。出入口段差は2cm以下にしましょう。洗い場と脱衣室の間は、グレーチングを用いて段差をなくすのが有効です。浴槽の背もたれは傾斜させません。
- **浴槽の縁の高さ**：車いすの座面高と同程度の35〜45cm。

車いす使用者のキッチン

- **台所**：車いす使用者のキッチンカウンターの高さは、床から75cm程度。下部に高さ60cm、奥行き45cm程度のクリアランスが必要です。移動が少なく調理ができるように、調理台はL字型かU字型が良いでしょう。直径150cmの円は、車いすの最小回転軌跡ですが、車いす使用者の使い勝手を考慮すると、内法170cmは必要です。最小回転軌跡で車いすをコントロールできる人はほとんどいません。

車いす使用者の通路

- **エレベーター**：乗降ロビーは180cm×180cm以上の広さにします。かごは140cm×135cm以上、操作ボタンの高さは90〜100cmとし、出入口の幅は80cm以上確保しましょう。
- **エスカレーター**：勾配は30°以下にします。
- **スロープ**：屋内では1/12以下で、望ましいのは1/15です。屋外では1/15以下です。幅は120cm以上確保し、踊り場は高さ75cm以内に踏幅150cm以上で設置します。手すりは高さ75cm程度にしましょう。

※その他、車いす使用者への配慮は、車いすのフットレストあたりとして、床上

35cm程度補強します。

視覚障害者への対応

誘導ブロックには、誘導用として移動方向を示す線状ブロックと、警告用として注意を喚起する点状ブロックがあります。主要な出入口から案内板やエレベーター等に至る主要通路には、黄色い誘導用ブロックを設置します。黄色で周囲の床と十分な対比がない場合は、明度差5以上、輝度比2.5以上の床材を使用します。

- **警告用床材の設置位置**：階段の昇り始め、降り始めの位置、エレベーター乗降ロビー操作ボタン前、点字案内板前、主要出入口自動ドア前等に設置します。
- **視覚障害者への配慮**：廊下に突出部があることは大変危険です。やむを得ず高さ65cm以上の部分に突出物を設ける場合は、視覚障害者の杖の位置を考慮し、10cm以下にしましょう。
- **視覚障害者のための階段**：踏面の色とけあげの色の明度差を大きくします。杖が横滑りしない配慮として、側桁・ノンスリップ等の設置をして段鼻は出しません。また、蹴込み板を設置しましょう。
- **白内障の高齢者への配慮**：高齢者の視界は、白内障等で黄変化しやすいです。そのため、案内板等は黄色を避け、赤や黒等を使います。視対象と他の部分との輝度比を1.5〜2.0程度取ってください。
- **音声誘導装置**：視覚障害者を誘導する装置として、音声チャイム等を主要出入口扉の直上に設置します。また、エレベーターの到着前に、その昇降方向等を知らせる放送設備をエレベーター内外部に設置します。

屋根勾配

- **日本瓦（引掛け桟瓦）葺き**：4/10程度
- **アスファルトシングル葺き**：3/10程度
- **金属板瓦棒葺き**：2/10程度
- **かや（草）葺き**：6/10以上
- **波型石綿スレート葺き**：4.5/10以上
- **長尺鉄板瓦棒葺き**：1/10以上
- **シート防水・アスファルト防水**：1/100以上

窓の種類と特徴

- **引違い窓**：構造は簡単で最も一般的な窓で安価です。気密性と雨仕舞に難があります。窓面より出ないので、網戸・雨戸の取付けが簡単です。外部清掃が可能です。

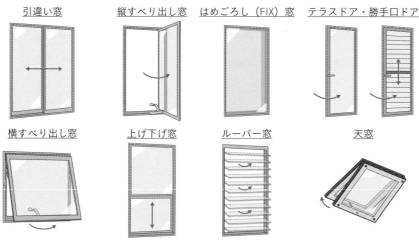

図6：代表的な窓の種類

下枠の雨仕舞が悪いので、水返しを付けます。

- **突き出し窓**：上框を回転軸として、下框部分を突き出す方式です。開放位置を任意に止めることができます。通気、換気用の横長窓です。気密性、水密性は比較的良いですが、外部清掃が難しいです。

- **外開き窓**：雨仕舞・気密性・遮音性は高いです。開閉は窓止め金具で調整します。雨戸が取り付けられません。また、外面の清掃が難しいです。

- **内開き窓**：雨仕舞が非常に悪いです。外開き窓と同様に気密性・遮音性は高いです。

- **回転窓**：窓枠中央の回転軸を中心に回転する方式です。縦軸回転窓と横軸回転窓があります。開閉の調整が簡単で、外面清掃もできます。排煙窓としても使用できます。

- **上げ下げ窓**：上下に開閉することができ、開口面積を調整しやすいです。通風換気に使いやすいです。ガラス面の外部清掃が難しいです。網戸・雨戸を外部に取り付けやすいです。

- **ドレーキップ（内開き内倒し）窓**：ハンドルの操作で回転軸が入れ替わり、通常は内倒しによって換気を行います。清掃時には内開きによって大きく開けることができます。

- **横滑り出し窓**：戸の上框を回転軸とし、開閉すると回転軸が上下し、窓が外に滑り出す方式です。開放位置を任意に止めることができます。外部清掃が難しいです。オペレーターやフック棒による操作が可能のため高所にも使用されます。上下に開口が生じるので、換気通風に有効です。気密性、水密性は比較的良いです。

- **縦滑り出し窓**：軸がサッシの上下枠に沿ってスライドしながら角度を増して外向きに開く形式です。

- **ルーバー窓**：開口率を自由に調整できます。ガラスの隙間が多いので、気密性は弱いです。採光と通風・換気が同時に得られるのが特徴です。

- **はめごろし（FIX）窓**：採光が主目的です。気密性・水密性に優れます。外面の清掃

は難しいでしょう。

建具金物の種類と特徴

- **錠前**：扉に付けられる錠には、鍵（内部のサムターン）と連動する**デッドボルト**（本締り錠）、把手と連動する**ラッチ**（空錠）があります。把手や握り玉の中に鍵穴を仕込んだ形のものを**モノロック**といいます。

- **箱錠**：扉の框に彫り込むタイプを**彫込み錠**、框に彫り込まず室内側の扉面に取り付ける**面付け錠**があります。面付け錠は取付けが簡単で、室内側に付けるので破壊に強いです。玄関ドアの補助錠として取り付けると防犯対策に有効です。

- **戸締り金物**：引違い窓などの召合わせ部に取り付け、内部から窓を固定する**クレセント**、開き建具の縦框に彫り込んで取り付ける上げ落とし金物の**フランス落とし**、縦框に彫り込まず面付けする上げ落とし金物の**丸落とし**（南京落し）があります。

- **丁番**：一般的な**平丁番**、取付け側と扉側が上下に分かれた**旗丁番**、ナックルをオリーブの実の形状にした装飾丁番の**フランス丁番**があります。

- **ヒンジ**：丁番と同じ機能を果たす扉の回転軸です。床と上枠に取り付ける**ピボットヒンジ**、床側に自動閉鎖のためのバネを仕込んだ**フロアヒンジ**、扉が開くとらせん状にせり上がり、自重で自動的に閉まる**グラビティヒンジ**等があります。

- **マスターキーシステム**：異なったいくつもの錠を、1本のキー（マスターキー）で施錠解錠できる方式です。

カーテンウォール（図7）

カーテンウォールとは、ガラスや金属パネル、プレキャストコンクリート等によって構成された非耐力壁です。建物の軽量化、工場生産による品質の安定化、自由なファサードデザインを可能にする等のメリットがあります。

- **ガラススクリーン構法**：自立型構法と吊下げ型構法があります。自立型構法はガラス方立により風圧力を支持するので、6m未満の高さの開口部に使います。吊下げ型構法は、自重によるたわみを防ぎ、変位に追従しやすいので、自立型構法より大

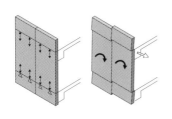
ロッキング方式

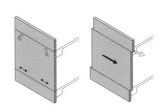
スウェイ方式

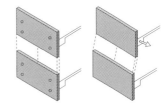
固定方式

図7：カーテンウォールの設置方法

きなガラススクリーンが制作できます。

- **ロッキング方式**：変位に対しパネルを回転させる方式です。
- **スウェイ方式**：上下階の変化として吸収させる方式です。
- **スパンドレル構法**：横連窓のプレキャストコンクリートカーテンウォールは、壁面のスパンドレル（パネル）とガラスサッシとの取合い部分が、自由に滑動できるように支持されています。地震時の層間変位を接合部分で吸収します。

カーテンウォール接合部の水密処理の種類と特徴（図8）

- **オープンジョイント**：外部と内部の間に等圧空間を設け、レインバリアとウィンドウバリアを組み合わせ、重力で雨水を排水する方式です。
- **フィルドジョイント**：シングルシール方式とダブルシール方式がありますが、カーテンウォールではダブルシール方式にします。屋外の止水線を1次シール、屋内側を2次シールと呼びます。

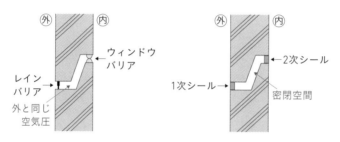

図8：オープンジョイントとフィルドジョイント

一 問 一 答 で 理 解 度 チ ェ ッ ク

1 車いす使用車の利用する便所の出入口を引き戸とし、その有効幅を95cmとした。　答え　○

2 突出し窓は、一般的に内倒し窓に比べて水密性に劣る。　答え　✕

10 時間目 建築積算 積算しないと予算内に おさまってるか分からない

ナナメ読みでおさらい

建築積算は工事費を算出するために行います。材料ごとに細かく数量を計算し、工事費を予測したり、完成までにかかった工事費を計算したりします。その工事費を計算するために材料を数えるルールが細かく決まっていて、建築数量積算基準というルールブックがあり、そこでコンクリートや鉄筋、仕上材料を計算するルールが決められています。

きくりん先生のつまずき解消のコツ・やさしい解説
計算に含める場所と含めない場所を、正確に理解しよう。

じっくり理解

所要数量の設計数量に対する割増

積算で使用する数量は3つあります。設計数量、計画数量、所要数量です。積算のときは設計数量を使います。計画数量や所要数量を必要とする場合は、その旨を明記します。

- **設計数量：**設計図書に表示されている個数や、設計寸法から求めた長さ・面積・体積等の数量。

- **計画数量：**設計図書に基づいた施工計画により求めた数量。施工計画によってはダメ穴を設けたり、施工手順を変えたりするので、設計段階では想定できなかった無駄となる材料が出てきます。そのような無駄を含めた数量です。

- **所要数量：**定尺寸法による切り無

木材は、切り無駄や損耗が発生することを考慮して、設計数量ではなく、所要数量で積算する。

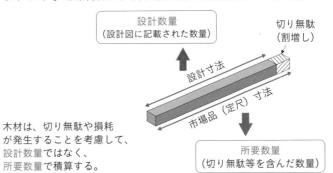

図1：設計数量と所要数量（木材の例）

工事	部位等		割増率
鉄筋	一般		4%
	山留め壁（地中連続壁）・杭		3%
鉄骨	鋼材	形鋼・鋼管・平鋼	5%
		広幅平鋼・鋼板（切板）	3%
	ボルト	ボルト類	4%
		アンカーボルト類	0%

表1：所要数量の割増率

駄や施工上やむを得ない損耗を含んだ数量。たとえば、4mの鉄筋ですが、3mの壁に使ったら残った1m分の鉄筋は捨てるしかありません。そういった無駄になるものも含めたものが所要数量です。

 仮設

共通仮設、直接仮設、専用仮設の3種類があります。仮設図面等に基づいて積上げ計算するか、標準的な項目については適切な統計値により算出します。計画数量を使います。

- **共通仮設**：複数の工事種目に共通して使用する仮設です。たとえば作業員の休憩所はどの工事の作業員でも同じように使うので、共通仮設です。
- **直接仮設**：工事種目ごとの複数の工事科目に共通して使用する仮設です。
- **専用仮設**：工事種目ごとの工事科目で単独で使用する仮設です。

 杭・地業工事

杭地業の計測・計算は設計図書によります。杭頭の処理等の数量を求める場合は、既成コンクリート杭は寸法等ごとの本数を数えます。場所打コンクリート杭はその杭頭部分の余盛体積や鉄筋等の質量とするのが一般的です。

 土工事

根切り・埋戻し・山留め・排水等の計測・計算は、原則として計画数量を採用します。土の処理は、整地・根切り・埋戻し・盛土・建設発生土（不用土）処理に区別して計測・計算します。

杭頭処理に必要な根切りの数量や型枠の建込みなどに必要な数量を算出する場合、作業上のゆとり幅の標準は0.5mで設定します。ただし、土間、犬走り等では0.1mとして計算します。

根切りの数量は計算上、根切り面積と根切り深さとによる体積です。たとえば、根切りをするには山留めが必要ですが、山留めの施工誤差がどうしてもあるので、そういった寸法が各辺の左右に余幅として加えられて計算しています。

 躯体

躯体の積算は、コンクリート、型枠、鉄筋、鉄骨の4つに分けて計算します。
- **コンクリート**：普通コンクリート・軽量コンクリート等の種類、調合・強度・スランプ等により区別し、部分ごとに設計寸法により、計測・計算した体積です。注意

点として、①鉄筋やスリーブなどの小口径管類によるコンクリートの欠除はないものとします。②鉄骨によるコンクリートの欠除は、鉄骨の設計数量から7.85tを1.0m³として計算した体積です。

- **型枠**：普通型枠・打放し型枠・曲面型枠等、材料・工法・コンクリート打設面等により区別し、コンクリートの部分ごとに、側面や底面の面積を計測・計算し、接続部の面積を差し引いた面積をいいます。注意点は、

①窓・出入口等の開口部による型枠の欠除は、建具類等開口部の内法寸法とする点
②階段の踏面、階の中間にある壁付きの梁の上面は、その部分の上面型枠を計測・計算の対象とする点です。

- **鉄筋**：各部分について規格・形状・寸法等ごとに、コンクリートの設計寸法に基づき、計測・計算した長さを設計長さとして、その設計長さに単位質量を乗じた質量で計算します。たとえば、フープやスタラップの長さなら、コンクリートの断面の周長を鉄筋の長さとして計算します。鉄筋は計算上の注意点が少し多く、

①鉄筋の割付本数が設計図書に記載されていない場合は、その部分の長さを鉄筋の間隔で除し、小数点以下第1位を切り上げた整数に1を加えます。
②鉄筋についてその所要数量を求めるときは、その設計数量の4%の割増を標準とします。
③鉄筋の重ね継手の箇所数は、計測した鉄筋の長さについて、径13mm以下の鉄筋は6.0mごとに、径16mm以上の鉄筋は7.0mごとに継手があるものとします。

- **鉄骨**：材料価格に対応する数量は所要数量です。鋼材の数量は、各部分について規格・形状・寸法ごとに、各項に定めるところに従い計測・計算した長さや面積をそれぞれ設計長さと設計面積とし、その設計長さ又は面積と単位質量を乗じた質量で積算します。

①鉄骨材料の所要数量を求める場合、ボルト類は4%、ロスが発生しないのでアンカーボルト類は0%とすることを標準とします。
②ボルト類のための孔あけ・開先加工・スカラップ及び柱・梁等の接続部のクリアランス等による鋼材の欠除は、原則できません。
③鉄骨溶接の数量を算出する場合、溶接の種類に区分し、溶接断面形状ごとに長さを求め、隅肉溶接脚長6mmに換算した延べ長さとします。
④ブレースの計測・計算は設計寸法によるが、支点間にわたるブレースの主材は、ターンバックル等による部材の欠除は計測しません。

仕上

仕上の積算は下地と仕上に区別して行います。
- **防水材**：シート防水などは実際は重ねて施工しますが、重ね代は計測しません。
- **間仕切下地**：主な材種別に、材質・形状・寸法・工法等により区別します。間仕切

下地の数量は、躯体などの設計寸法による面積から、建具類の内法寸法で開口部の面積を差し引いた面積です。開口部の面積が1カ所あたり0.5m²以下のときは、開口部による間仕切下地の欠除はな考えずに計算します。

● **内部仕上**：間仕切壁と同じ考え方です。主な材種別に材質・形状・寸法・工法等により区別します。躯体などの設計寸法による面積から、建具類等開口部の内部寸法による面積を差し引いた面積で積算します。開口部の面積が1カ所あたり0.5m²以下のときは、開口部による主な仕上げの欠除は考えません。

一 問 一 答 で 理 解 度 チ ェ ッ ク

1 「計画数量」は、「定尺寸法による切り無駄」や「施工上やむを得ない損耗」を含んだ数量である。　　　答え ✕

2 窓、出入口等の開口部によるコンクリートの欠除は、建具類等の内法寸法とコンクリートの厚さによる体積とし、1カ所あたりの開口部の体積が0.5m³以下の場合は、コンクリートの欠除はないものとする。　　　答え ✕

11 時間目 都市計画
計画的に造るから素敵な街になる

ナナメ読みでおさらい

都市計画は、将来こんな街になっていたらいいなと考えて、計画的に都市を発展させるために整備したり、誘導したりする、都市の発展手段です。その中には、道路や住宅、公園や公共施設といったものも含まれます。基本的な考え方を理解し、計画手法を把握しましょう。

じっくり理解

都市計画に関する誘導制度

何気なく暮らしている私達の街は、住宅の周りは住みやすいように工場が建てられなかったり、景観を守るために建物の高さが決められていたりと、様々な都市計画で建物が誘導されています。

- **特例容積率適用地区**：指定された区域内で、敷地の容積率の一部を複数の敷地間で移転できる制度。
- **高度地区**：用途地域内において市街地の環境の維持や、土地利用の増進を目的としており、建築物の高さの最高限度や最低限度を定める地区。
- **高度利用地区**：用途地域内の市街地における土地の合理的で健全な高度利用と都市機能の更新を目的とし、建築物の容積率の最高限度や最低限度、建築物の建ぺい率の最高限度、建築物の建築面積の最低限度や壁面の位置の制限を定める地区。
- **特定街区制度**：市町村等が、個別に都市計画決定す

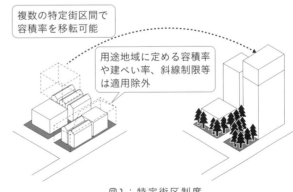

複数の特定街区間で容積率を移転可能

用途地域に定める容積率や建ぺい率、斜線制限等は適用除外

図1：特定街区制度

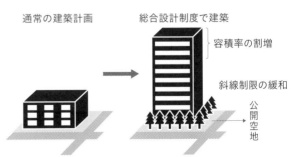

通常の建築計画　　総合設計制度で建築

容積率の割増

斜線制限の緩和

公開空地

図2：総合設計制度

るもので、良好な都市空間を形成したり、安全を守ったりする街区単位の計画に対して、通常の建築規制を超えて、容積率の最高限度、建築の高さの最高限度、壁面の位置の制限を緩和できる制度。

- **総合設計制度**：大きな敷地に、大きな公開空地を持つ建築物の計画に対して、容積率の制限、高さ制限、斜線制限の緩和ができる制度。
- **連担建築物設計制度**：既存建築物の存在を前提とした合理的な設計を認める制度。隣接する敷地を1つの敷地と捉え、複数の建築物を一体として容積率や日影規制等の特例対象規定を適用できます。

まちづくり

- **まちづくり条例**：自治体が独自の総合的なまちづくりをできるようにするために、自治体独自の計画や基準を定め、開発や建築を総合的にコントロールする仕組みを定めた条例。
- **まちづくり協定**：一定の地区内において、良好な環境の保全形成のため地区住民などが主体となって自主的に締結される土地利用規制などを内容とする協定。
- **都市計画の案**：地方自治体（都道府県又は市町村）が「都市計画の案」を作成する際に必要があると認めるときは、公聴会の開催など住民の意見を反映させるための必要な措置を講ずることが義務づけられています。

住宅地計画

住宅地では人口や日常生活の段階に応じて公共施設が必要になります。

- **住居グループ**：住宅戸数が～300戸、人口が400～800人で、子供の遊び場となる小さな公園があれば十分な規模です。
- **近隣分区**：住宅戸数が500～1500戸、人口が2000～2500人で、日常消費生活に必要な共同施設を持てる規模です。公共施設には、幼稚園・保育所・日用品店・飲食店・診療所・集会所・街区公園などがあります。

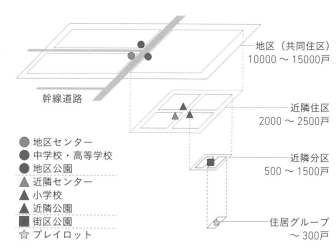

図3：近隣住区理論イメージ

- **近隣住区**：住宅戸数が2000～2500戸、人　口

方式	提唱者	海外事例	国内事例
田園都市	ハワード	レッチワース	―
近隣住区方式	ペリー	ハーロウ、ラドバーン	千里ニュータウン
ワンセンター方式	―	カンバーノールド	高蔵寺ニュータウン

表1：都市計画の実例

が8000～10000人で、小学校1校分の規模です。公共施設には、小学校・特定郵便局・消防出張所・駐在所・図書館分館・近隣センター・近隣公園などがあります。

● **共同住区**（**地区**）：住宅戸数が10000～15000戸、人口が16000～20000人で、小学校2校分の規模です。公共施設には、中学校・市区役所出張所・消防派出所・郵便局・病院・ショッピングモール・地区公園などがあります。

● **近隣住区理論**（**近隣住区の6原則**）：C.アーサー・ペリー（アメリカ）が提唱した理論で、ハーロー・ニュータウン、千里ニュータウンなどで実践されています。小学校の1校区を標準規模と想定し、次の6項目が提案されました。

①規模：小学校を日常生活圏の中心とした、人口、面積

②住区界・境界：住区の外側に幹線道路を配置して、住区内の通過交通を排除

③空地：公園などのレクリエーション・スペースを住区面積の10％以上確保

④公共施設：小学校、教会、コミュニティセンター等を住区の中心に配置

⑤商業施設：住区周辺の隣接住区の店舗群に接して配置

⑥住区内道路：通過交通を排除できるような道路網を配置

● **ワンセンター方式**：公共施設を団地の中心に集中させ、日常利用距離内に都市的なセンター地区を作る手法（アーバニティの理論）。近隣住区の段階構成によると、生活に活気がなくなるという批判から始まったコミュニティの構成方法です。実例としては、カンパノールド・ニュータウン（イギリス）、高蔵寺ニュータウン（日本）があります。

● **ラドバーンシステム**：クラレンス・スタイン、ヘンリー・ライト（アメリカ）

人の動線と車の動線が交差しないように、人と車を平面的に分離する手法。車は幹線道路からクルドサック（袋小路）に入り各住戸にアクセスし、人は住戸の裏側に確保されたペデストリアンウェイ（歩行者専用路）から、学校や公園、店舗などにアクセスする計画。

● **ボンエルフ**：人と車を共存できるようにした道路。住宅地の道路を通行だけでなく生活の場とする考え方であり、車のスピードが出せないように蛇行した道路にしたり、ハンプ（道路上の盛り上がり）を設けたりします。

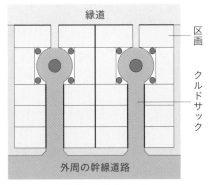

図4：クルドサック

縁道
区画
クルドサック
外周の幹線道路

- **メタボリズム**：新陳代謝に注目した計画理論。
- **スプロール**：市街地が無秩序に虫食い状に拡大していくこと。

 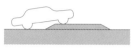

シケイン　　　　　　　　ハンプ

図5：ボンエルフの例

住宅地の実例

- **幕張ベイタウン**：都市デザインガイドラインに基づいて、壁面線の位置や高さ、壁面率、三層構成（基壇部、中間部、頂部）等のデザイン誘導が行われました。

都市計画

- **都市交通計画**：都市の自動車交通で提唱したCブキャナンの道路の段階構成が有名。感染分散路・地区分散路・局地分散路・アクセス路の段階構成を取ることにより、住宅地は通過交通がなくなり、居住性が良くなります。
- **マスター・アーキテクト方式**：地区計画において、地区全体で調和の取れたデザインとするため、全体をコーディネイトするマスター・アーキテクトが、デザインコードやガイドラインを用いてデザイン調整を行う方式。ブロックごとに担当する建築家をブロックアーキテクトとも呼びます。
- **インフィル・ハウジング**：クリアランス型の再開発による犯罪問題やインナーシティ問題が深刻化した後の反省から考えられた、地域社会の継承を目指した修復型、改善型の都市づくり。
- **トランジットモール**：一般の自動車の進入を制限し、路面電車やバスなどの公共交通機関と歩行者が通行できる歩行者優先の街路。
- **田園都市**：E・ハワードが著書『明日の田園都市』を書いて話題になりました。田園と都市の両者の優れた点を持つ都市です。イギリスで産業革命が起きたことで工場がたくさんでき、住環境が非常に悪くなりました。そういった状況から、自然も大事だよねと構想したものが田園都市。

一 問 一 答 で 理 解 度 チ ェ ッ ク

1 トランジットモールは、ショッピングモールの形態の1つであり、商店街から一般の自動車及び公共交通機関を排除した歩行者専用の空間である。　　　答え　✕

12 時間目 建築生産・マネジメント 建物の構想から解体までの流れを把握しよう

建物の企画設計から工事完了して修繕し解体するまでの全体を建築プロジェクトといいます。建築プロジェクトは1回限りで、様々な目的が絡み合い、多種多様な生産プロセスがあります。効率よく生産するために、どんな業務や管理方法があるのかを把握しましょう。

じっくり理解

■ 建築プロジェクトにおけるマネジメント

建築生産システムには、以下のような規範があります。
①社会的規範：建築士法・建設業法・民法などの法体系
②技術的規範：都市計画法・建築基準法・関連する施行令・施行規則・告示等
③手続的規範：建築の完成保証・品質保証・性能保証に関わる各契約

建築生産プロセスのどの段階で、どこまでの業務をパッケージにして、誰に依頼するかを選択します。これを調達といい、設計は設計者に、工事は施工者に依頼し、設計図書に基づく建築物を完成させます。

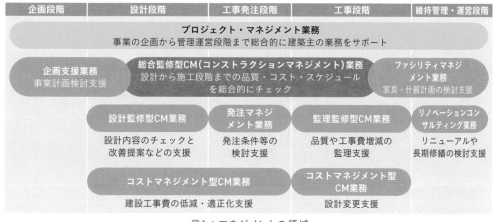

図1：マネジメントの領域

- **プロジェクトマネジメント**：専門技術を持つプロジェクトマネージャーが企画・構想の初期段階から建設プロジェクトに参画し、資産と利益を最適化することを目的にプロジェクトを推進するマネジメント業務。最初から最後まで関わります。
- **コンストラクションマネジメント**：発注者の代行者であるCMr（コンストラクションマ

ネージャー）が、技術的な中立性を保ちつつ発注者の側に立って、設計や工事発注方式の検討、工程管理、コスト管理などの各種マネジメント業務を全部や一部行います。主に設計段階から工事完了まで関わります。

● **ファシリティマネジメント**：建築物のライフサイクルに沿った、施設管理組織や必要な人員までも含めた総合的な施設管理の手法。工事の途中から維持管理まで関わります。

プロジェクトの実施方式

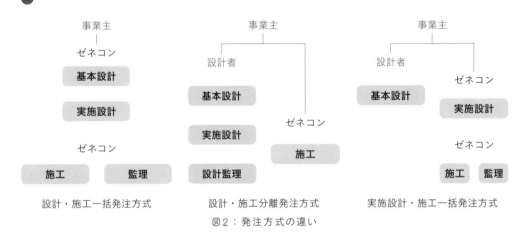

図2：発注方式の違い

● **設計・施工一括発注方式**：設計と施工を同じ会社に発注する方式。実施設計から一括で請け負う方式と、基本設計から請け負う方式があります。

● **設計・施工分離発注方式**：設計と工事を別の会社に分けて発注する方式。公共建築工事でよく見られます。

● **コストオン方式**：建築主が専門工事業者を選定し、工事費を決定したうえで、その工事費に元請の管理経費を加えて建築の元請会社に工事発注する方式。

● **CM方式**：コンストラクションマネジメント方式。建築主が専門工事業者と直接契約します。コンストラクションマネージャー（CMr）がマネジメント業務を行います。

● **PFI方式**：民間の費用・経営能力や技術的能力を活用して、公共工事などの建設・維持管理、運営を行う方式。

● **設計競技方式**：発注者が提示した設計条件に従って応募者から提出された具体的な設計案を審査し、設計者を選定する方式。

環境保全におけるマネジメント

● **ライフサイクルアセスメント**：原料の調達から資源の製造、建設、運用、改修・更新、廃棄に至る環境負荷を分析・評価し、軽減するための規格。

- **CASBEE**（キャスビー）：省エネルギーや省資源・リサイクル性能、環境品質・性能の向上も含めた建築物の環境性能を総合的に評価して格付けするシステム。
- **ESCO**（エスコ）：既存の建築物及び工場の事業者等を対象に、省エネルギーを可能にす

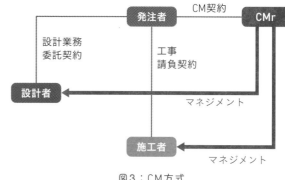

図3：CM方式

るための設備、技術、人材、資金等のすべての手段を包括的に提供する事業。

設計と工事監理の業務

- **設計の業務**：基本設計、実施設計に関する標準業務と、工事施工段階での実施設計に関する標準業務。下記の契約の部門でも記載していますが、専門家として契約に意見したり、専門家ではない人に設計の意図を説明したりすることも含まれます。
- **工事監理の業務**：工事を設計図書と照合し、設計図書通り実施されているか確認することを工事監理といいます。

契約

　建築主と設計者の設計契約は、民法上は合意で成立し、書面は必要ありません。しかし、建築士法等では、契約にともない義務が生じます。

- **設計者の法的義務**：設計者の法的義務として、① 善管注意義務、② 説明義務、③ 完成建物の瑕疵に対する責任があります。
① 設計者は、契約履行に、善良な管理者としての注意義務を負います。わざと悪いことをしてはいけませんということです。
② 建築士法上、建築士は、設計を行う場合、設計委託者に、設計内容に関して適切な説明を行わなければなりません。専門的な内容なので、初心者に分かるように説明する責任があります。
③ 完成建物の瑕疵は、まず施工者の瑕疵担保責任になる。設計ミス（善管注意義務違反）の場合、施工者はそれを知って告げない場合を除き免責され、設計者の債務不履行責任が生じます。
- **建築主の義務**：① 報酬支払義務と、② 設計への協力義務があります。
① 建築主は設計者に報酬を支払う義務を負います。契約しているのであたり前ですね。
② 建築主は設計に希望する内容を要求できます。設計者もいいものを作ろうと努力しているので、ごねたりして設計者に協力しないのはNGです。

建築主と施工者の工事契約では、建設業法上、一定の事項を記載した書面を互いに交付しなければなりません。標準的契約条項を作成し、個別の契約に対応したものを標準契約約款といいます。工事請負契約に用いる標準契約約款には、建設業法に基づき中央建設業審議会が策定・実施勧告を行う「公共建設工事標準請負契約約款」と「民間建築工事標準請負契約約款（甲・乙）」があります。

- **工事監理の義務**：工事監理契約では、事前に重要事項説明義務、事後に書面交付義務があり、工事監理の専門家としての義務を負います（善管注意義務）。ここでの確認とは、工事が設計図書と異なるとき、施工者にそれを指摘、設計図書通りに実施を求め、従わないときはそれを建築主に報告します。

重要用語

- **ISO9000シリーズ**：成果物の規格だけでなく、品質を作り込むための仕組みに関する規格。問題点や課題を追跡・発見するトレーサビリティ（文書として記録すること）を確保します。
- **VE/VM**：VE（バリュー・エンジニアリング）とは、製品やサービスの価値をそれが果たすべき機能とコストとの関係で把握し、システム化された手順によって価値の向上を図る手法のこと。一方、VM（バリュー・マネジメント）とは、建設投資を最適化するため、コスト削減に関わる提案を実現するために実施するものです。
- **サプライチェーンマネジメント（SCM）**：商品やサービスの供給の連鎖や、原材料からリサイクルに至る供給の連鎖のこと。物流ではジャストインタイム（JIT）が発想の根底にあります。
- **リスクマネジメント**：リスク低減に要するコストと便益のトレードオフを行うこと。リスクの「抽出と構造化」、「評価」、「対応」の3段階があります。
- **リードタイム**：日本工業規格で、発注から納入までの期間、調達期間、素材を準備してから完成品になるまでの時間。
- **ナレッジマネジメント**：個人のもつ暗黙知や組織が整えている形式知を融合させて、建築生産に関わるすべての人が協調的に利用できる仕組み。

一 問 一 答 で 理 解 度 チ ェ ッ ク

1 工事監理者は、工事施工者の行う工事が工事請負契約の内容に適合しているかについて、確認対象工事に応じた合理的な方法により確認し、適合していない箇所がある場合は、工事施工者に対して是正の指示を与え、従わないときは、その旨を建築主に報告する。

答え ◯

学びなおし

2

環境・設備

日照・日射　建築の環境を考える際に太陽と日影は避けられない

建築のことを考える際に、自然からの影響は避けられません。太陽が照っている間や日影になる間で、室内の環境も変わります。ここでは太陽が照っている日照と、太陽が降り注ぐ日射、そしてその太陽の光による日影について理解しましょう。

 じっくり理解

日照時間と可照時間

$$日照率＝\frac{日照時間}{可照時間}×100[\%]$$

図1：日照率

- **日照時間**：実際に太陽が照った時間。天気の条件も加味されています。
- **可照時間**：ある地域の日の出から日没までの時間。可照時間は、緯度と季節によって決まります。
- **日照率**：可照時間に対する日照時間の割合。
- **日照や日影の検討**：太陽高度が低くなり、日影の長さが1年を通して最大になる冬至を基準にして行います。

日射

- **大気透過率**：太陽光を透過する大気のきれいさを示す割合。水蒸気の多い夏より乾燥している冬のほうが高く、空気のきれいな郊外のほうが大きいです。
- **直達日射量**：大気層を通して直接地上に達する日射量。赤外線なども含まれます。大気透過率が高いほど日射が遮られないので増加します。

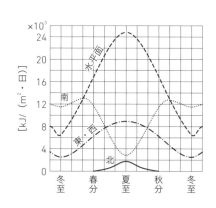

図2：季節、面ごとの日射量

- **天空日射量**：太陽光が空気中の塵や水蒸気により乱反射や拡散する日射量。曇天時の日射は、ほぼ天空日射です。直達日射を受けないガラス窓でも、天空放射があるので、日射からの熱取得があります。天空日射量は、都市部などの空気の汚い場所ほど日射が乱反射するので大きいです。
- **日射遮蔽係数**：任意の日射遮蔽物の日射熱取得率÷厚さ3mmの透明ガラスの日射熱取得率

日射遮蔽係数は値が大きいほど遮蔽効果が小さくなります。

● **日射遮蔽効果の大小**：熱線吸収板ガラス＜熱線反射板ガラス＜内側ブラインド＜外側ブラインド

● **南向きの鉛直壁面の日射受熱量**：太陽高度の高い夏より、低い冬のほうが多いです。夏至の日には、南向き鉛直壁面が受ける直達日射量は、東・西向き鉛直壁面が受ける直達日射量に比べて小さくなります。この時期に最大となるのは、水平面です。冬至の日における直達日射量は、水平面より南向き鉛直壁面のほうが大きいです。

● **北向き鉛直壁面**：約6か月の間は日照があります。秋分の日から春分の日までの期間は、真東より南側から日が昇り、真西より南側へ日が沈むために直達日射が当たりません。

● **方位別終日日射量の関係**

夏至：北＜南＜東西＜水平面

冬至：東西＜水平面＜南

● **夜間放射**：地表面放射と大気放射との差。曇天時は雲量が多いほど、雲高が高いほど、夜間放射は減少します。

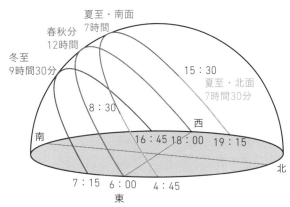

図3：季節ごとの太陽位置図

日影曲線と日影時間

● **終日日影**：1日中日陰となる範囲。

● **永久日影**：1年中日陰になる範囲。夏至の終日日影。

● **日影曲線**：基準点に立てた棒によって生じる日影の先端の軌跡を表したもの。日影の長さや方位を知ることができます。図4で説明しましょう。図4の下の数字は影の長さの倍率、縦と横は東西南北の方角、放射状の線は時間、そしてその他の線として冬至の日や夏至の日の線が書いてあります。図4で言えば、真ん中にビルが建っていて、冬至の日の10時にできる日陰が①の線のように北西に建物の高さの2倍の日陰ができます。春分の日なら春分の日の線の位置まで影ができ、夏至の日なら夏至の日の線の位置まで日陰です。

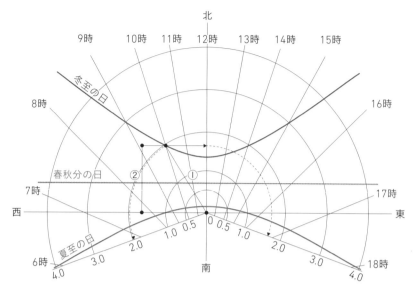

図4：日影曲線

● **日影時間**：日影になっている時間。建物の形状が同一でも、緯度や方位によって異なります。図5は等時間日影図で、1時間ごとにビルの日影を描いたものです。たとえば、8時と9時の日影図が重なっている部分は、8時から9時までの1時間はずっと日影です。8時と10時の日影図が重なっている部分は、8時から10時までの2時間がずっと日影になります。このようにして、すべての時間に対して日影の図を描き、2時間以上日影になる場所を書いた線が2時間日影線、4時間以上日影になる場所が4時間日影線です。

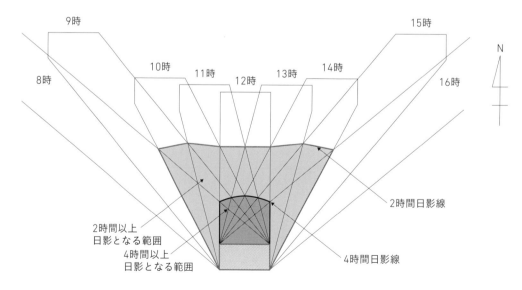

図5：等時間日影図

- **日影となる部分の面積**：建築物の高さが一定でも、建築物の形状によって異なります。高さの影響よりも東西方向の幅の影響が大きいです。同じ形状のビルでも、図6のように東西に長いビルの配置にすると日影は大きくなり、南北に長い配置にすると日影は小さくなります。
- **隣棟間隔**：日影の影響を及ぼす南側の建築物とその北側に立つ建築物との距離のこと。
- **隣棟間隔係数**：住棟の隣棟間隔を決めるに当たって、主に日照の確保のために示される係数で、緯度が低いほど隣棟間隔係数が小さくなります。つまりは建物の高さに対する、距離の割合です。沖縄よりも北海道の方が距離が必要ですよね。つまり、係数が大きくなります。

$$\varepsilon = L/H$$
ε：隣棟間隔係数　L：隣棟間隔　H：日影を生じさせる部分の最高高さ [m]

図6：隣棟間隔の係数

南中時の太陽高度

ある地点における太陽高度は、一日のうちで南中時が最も高いです。経度が異なる2つの地点において、緯度が同じなら、同日の南中時の太陽高度は等しいです。緯度が異なる2つの地点で同日の南中時の太陽高度は、北のほうが低いです。北緯35度の地点において、夏至の日の南中時の太陽高度は約80度です。冬至の日だと約30度です。

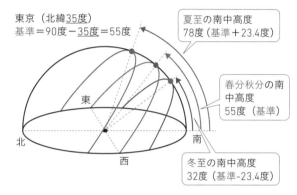

東京（北緯35度）
基準＝90度－35度＝55度

東

北

西

南

夏至の南中高度
78度（基準＋23.4度）

春分秋分の南中高度
55度（基準）

冬至の南中高度
32度（基準-23.4度）

図7：南中時の太陽高度

一 問 一 答 で 理 解 度 チ ェ ッ ク

1 日影図で日影時間の等しい点を結んだものが、等時間日影線。 　答え

02 時間目 照明・設備
机の明るさを計算できないと、照明の設計ができない

ナナメ読みでおさらい

照明に使われる光を測定する量は、人の目の感度から決められています。電球から発せられた光のどれだけの量が目に届くのかを計算できるようになりましょう。また、照明に関する基礎的な用語を覚えましょう。

じっくり理解

視覚

- **比視感度**：人間の目には見やすい色と見にくい色があります。可視域と呼ばれるのは380～780nmであり、それ以外は透明に見えます。可視域の両端では色が見えにくくなり、中央でははっきりと見えます。
- **暗順応**：暗いところに目が慣れること。暗いところから明るいところに出たときは視力の回復が早いです。暗順応した比視感度曲線を暗所視と言います。
- **明順応**：明るいところに目が慣れること。明るいところから暗いところに移ると、視力の回復に時間がかかります。明順応した比視感度曲線が明所視です。

光の単位

- **光束*F***：光源から発する単位時間あたりの光のエネルギー量。単位はlm（ルーメン）
- **照度*E***：照らされる面に入射する単位面積あたりの光束。単位はlx（ルクス）＝lm/m^2

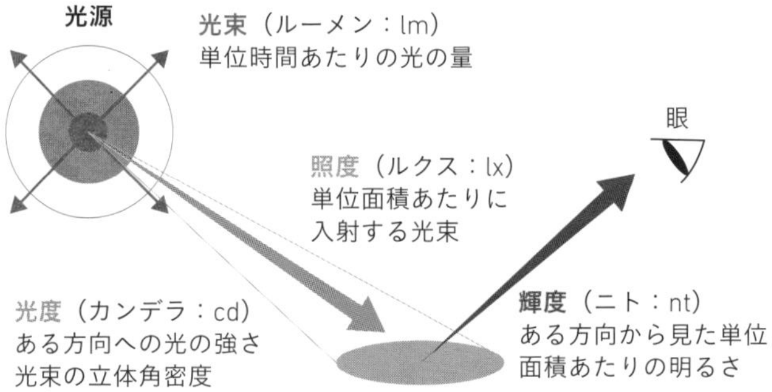

光源
光束（ルーメン：lm）
単位時間あたりの光の量
眼
照度（ルクス：lx）
単位面積あたりに
入射する光束
光度（カンデラ：cd）
ある方向への光の強さ
光束の立体角密度
輝度（ニト：nt）
ある方向から見た単位
面積あたりの明るさ

図1：光の単位の関係

- **光束発散度*M***：ある面から出射した単位面積あたりの光束。単位はrlx（ラドルクス）＝lm/m^2
- **光度*I***：点光源からの単位立法角あたりの発散光束。単位はcd（カンデラ）＝lm/sr
- **輝度*L***：ある面から特定の方向に出射する単位面積あたりの光度。単位はcd/m^2=lm/（m^2・sr）

光の法則

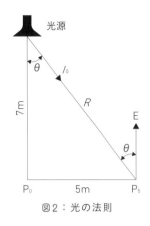

図2：光の法則

● **逆自乗の法則**：ある面の照度Eは点光源の光度Iに比例し、点光源からの距離rの2乗に反比例します。図2だと7mがr。

$$E = I/r^2 [\mathrm{lx}]$$

● **余弦の法則**：平行な光線を斜めに受ける面の照度Eは入射角をθとすると次式で表されます。図2だとrはR、IがI_0です。

$$E = I \times \cos\theta/r^2 [\mathrm{lx}]$$

昼光率

採光良否を判断するための屋外照度の変化に影響されない指標です。
昼光率D＝室内のある点の水平面照度(E)/全天空照度(Es)×100[％]
全天空照度には直射日光は含まない。
昼光率D＝直接昼光率D_d＋間接昼光率D_r
直接昼光率D_d：窓面から直接、受照点に入射する直接光のみによる昼光率

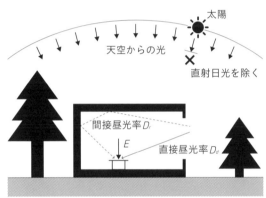

E：室内のある点の水平面照度

図3：昼光率

$$D_d = ZMRU$$

Z：窓ガラスの透過率 M：保守率（汚れなどによる劣化） R：窓面積有効率（窓枠等を除いた有効面積の割合） U：立体角投射率

光源の種類と特徴

● **白熱電球**：光率15〜20lm/W、寿命1000〜2000h、演色性が非常に良い、色温度2850K、特徴は赤みがかっている。

● **蛍光ランプ**：光率60〜91lm/W、寿命7500〜10000h、演色性が比較的良い、色温度4500K、特徴は周囲温度によって効率が変化する。

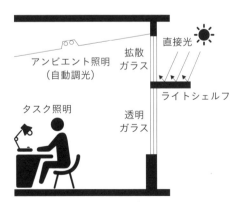

図4：タスクアンビエント照明

- **発光効率**：発散光束[lm]/消費電力［W］
- **演色性**：照明による物体色の見え方を決める光源性質。
- **色温度**：光源の出す光の色を、等しい光色を出す黒体の絶対温度（K）によって表したもの。

採光計画

- **均斉度**：一様性の度合いを示す値。ある面上の照度の均斉度は最小照度/最大照度で表したものです。
- **輝度対比C**：視対象の輝度L_o、背景の輝度L_bとすると次式です。

$C=｜L_b\text{-}L_o｜/L_b$

- **反射グレア**：ショーウインドウなどの前面ガラスが鏡面となり、内部が見えにくい現象。
- **光幕反射**：入射角が70°以上の光で黒板が光を反射し、黒板の字が見えにくくなる現象。
- **タスクアンビエント照明**：全般照明と局部照明を組み合わせた省エネルギーを目的とした照明。主に事務室で用いられます。全般照明の照度は局部照明の1/3〜1/10程度です。
- **ライトシェルフ**：日差しの遮蔽効果と自然光の活用を両立した庇のこと。建物の窓面の中段に配置し、上面で太陽光を反射させ、より多くの光を室内天井部に取り入れます。
採光に必要な有効開口部の割合：採光に必要な有効開口部の床面積に対する割合は法規で求められており、室の用途に応じて居室の床面積の1/10、1/7、1/5以上確保します。

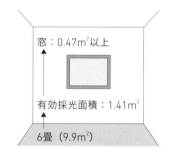

窓：0.47m² 以上

有効採光面積：1.41m²

6畳（9.9m²）

図5：採光に必要な有効開口部の割合

03 時間目　色彩　色味によって効果が変わる

色は様々な情報を持っています。暖色は柔らかく暖かく見えたり明度が高いと軽く見えたり、黄色や赤色だと危険だったり。ここでは色の基本情報と見え方の違いについて学びましょう。

じっくり理解

マンセル表色系と色の3属性

　色彩のある一定の指標によって体系化したものを表色系といい、その色の要素を体系化して立体的に組み立てて、断面を色票としたものがマンセル表色系です。この、マンセル表色系においての色相・明度・彩度のことをマンセル表色系の3属性といいます。有彩色は色相・明度/彩度の順番で表現し、7.5YR5/4のように表現します。無彩色は明度のみで表し、N5のように記載します。

色相

　色相は、赤、黄、青などといった色合いや色味のことです。

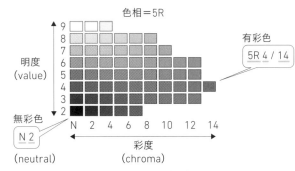

図1：マンセル表色系の表現

明度

　明度とは、光の反射率の度合い（色の明るさ）のことです。白、黒、灰色は、この明度だけで表されます。これらの色を無彩色といいます。理想的な黒が0、理想的な白が10です。例）白：N9（記号Nと明度）。最も明るい（明度が高い）色は白で、最も暗い（明度が低い）色は黒になります。また、明度の高低は、反射率と関係があるため、天井や壁の明度が高くなると、人工照明による照度も高くなります。

彩度

　彩度は、色の鮮やかさの度合いです。彩度は、無彩色が0であり、鮮やかになると

数値が大きくなります。各色相の中で、最も彩度の高い色を「純色」といいます。マンセル表色系による彩度の上限は、色相によって異なります。

補色

マンセル色相環で相対する色（反対の色）で、混ぜると灰色（無彩色）になる色です。補色同士を並べるとそれぞれの彩度が高まって見えます。

色彩資料

- **マンセルの色相環**：赤（R）、黄（Y）、緑（G）、青（B）、紫（P）の5種類の色相を基本色相としています。さらに、それぞれの中間色として、黄赤（YR）、黄緑（GY）、青緑（BG）、青紫（PB）、赤紫（RP）を加えた10色相を純色色相で表し、色票を環状に並べたものを色相環といいます。なお、色相はこの10種に限らず、間の色味があり、200ぐらいまで見分けることができるといわれています。

色彩と感覚

色の見え方は、その色がおかれる背景色などによって異なります。2つの色が影響しあって、単独で見るときと変わって見える現象を対比効果と呼びます。

- **色相対比**：ある色をバックにおいて、その中に違った色相をおくと、バックの色の色相差が実際より大きく見えます。
- **補色対比**：補色を並べると互いに鮮やかさ（彩度）が増します。
- **明度対比**：明度・彩度の違う色を並べると、明度差・彩度差が実際より大きく見えます。
- **彩度対比**：彩度の違う色を並べると、彩度差が実際より大きく見えます。
- **同化**：同一明度の色が隣接する場合や面積の小さな色が他の色に囲まれると境界がぼやけてはっきりしません。
- **面積効果**：面積が大きいと、明度も彩度も高く見えます。

一問一答で理解度チェック

1 マンセル表色系では、無彩色以外の色彩を2PB3/5のように表現し、2PBが色相、3が彩度、5が明度を示す。

答え

04 時間目 室内気候と気象 暖かいか寒いかは気温だけでは 決まらない

ナナメ読みでおさらい

私たちは暖かいか寒いかを気温で決めていますが、湿度や風、放射熱など様々な影響を受けて暖かいか寒いかが決まっています。ここではそういった温熱環境の基本と、室内の空気環境による汚染物質などを理解しましょう。

じっくり理解

暖かいか寒いかは気象条件や温熱環境で決まり、空気がきれいかどうかは汚染物質が基準値内にあるかで決まります。暖かいか寒いかを決める条件である、気象条件からまずは見ていきましょう。

気象

気象条件といっても、天気から気温、風などいろいろあります。ここで覚えてほしいのが、建物を建てることによって影響が起きた事例です。

- **ビル風**：ビルを建てればビル風が吹きます。高層建物により周囲の風の特性が変化し、強い風速や風の乱れができる現象がビル風です。

- **風速増加率**：ビル風は強い風が吹くので、風速が増加します。高層建築物の建設前の風速に対する建設後の風速の比率が風速増加率です。ビル風の影響を表します。

- **地球温暖化**：ビルを建てることで化石燃料を使うので、熱が発生します。人間の活動が活発になるに連れて、温室効果ガスが大気中に大量に放出され、地球全体の平均気温が急激に上がり始める現象が地球温暖化です。

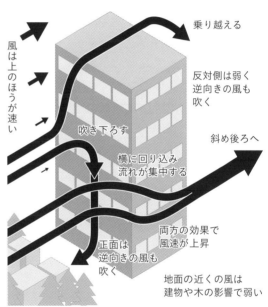

図1：ビル風の吹き方

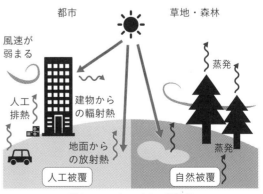

図2：ヒートアイランド現象

● **ヒートアイランド現象**：都市部の気温が郊外より島状に高くなる現象です。都市部が栄えれば緑地が減って舗装などが増え、植物などの水分蒸発量が減って熱の発散が減ります。また、ビルがたくさん建てば風通しも悪いので、熱い空気も抜けにくくなります。さらに、エアコンを使うことで室外がとても暑くなります。その結果、都市部の気温が上昇してヒートアイランド現象が起こります。

温熱環境

暖かいか寒いかを決める温熱環境で絶対に外せないのが6要素です。

● **温熱環境の6要素**：気温・湿度・気流・放射・代謝量・着衣量。
　気温が上がれば当然暑いですし、湿度が高ければムシムシして暑いです。風が吹けば涼しく感じます。焚き火の近くにいれば遠赤外線が放射されて暖かいですし、たくさん動けば代謝が上がって体温が上がるでしょう。たくさん服を着ていたら寒くありません。このように6要素は人間の温熱環境を表しています。

● **温熱環境の注意事項**：快適な温熱環境を実現するには、様々なことに気を使わないといけません。たとえば、室内の上下温度差は椅子に座ったときのくるぶしと頭で3℃以内が望ましいです。高温でも湿度が低ければ汗の蒸発量が増すので涼しく感じ、低温でも湿度が高ければ寒さが和らぎますよね。気流が乱れていたり空調の吹き出し温度差が大きかったりすれば、平均風速が低くても不快に感じることがあります。冬だったらエアコンで部屋をいくら暖かくしても、窓や壁が冷たかったら寒く感じるので、放射の不均一性の限界は10℃以内です。椅子に座っている成人の代謝量は、概ね100W／人程度と言われており、1metとも言います。1met＝58.2W/m^{2}です。着ている服の熱的抵抗はクロ値で表します。標準的な背広が約1cloです。

温熱環境指標

　さきほど温熱環境の6要素を紹介しましたが、その6要素を取り入れて、快適かどうかを表す指標がたくさんあります。温熱環境ではよく使われる用語なので、どんな違いがあるのかは覚えておきましょう。

● **PMV**：予測平均温冷感申告。多数の材質者の平均的な温冷感を－3から＋3までの温熱間スケールで表します。寒いときがマイナス。－0.5〜0.5が快適な範囲です。

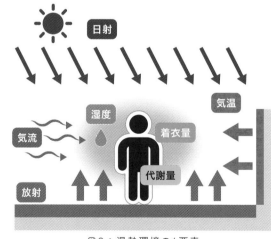

図3：温熱環境の6要素

- **ET***：新有効温度。任意の環境にいる人間が、湿度50％、MRT＝室温とした仮想環境で温冷感上等価となるときの室温です。
- **ET**：有効温度。任意の環境にいる人間が、湿度100％、無風の仮想環境で温冷感上等価となるときの室温です。

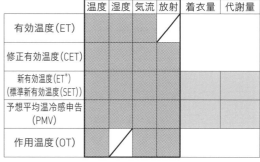

図4：温熱環境指標の一覧

- **CET**：修正有効温度。ETの室温に代えて放射の影響を考慮したグローブ温度としたものです。
- **OT**：作用温度。静音な気流では室温とMRTの平均値です。
- **PPD**：在室者の予測不満足者率。PMV＝0の場合もPPD＝5％となります。
- **MRT**：平均放射温度。近似的には室内壁の平均表面温度を言います。
- **グローブ温度**：放射の影響を考慮した温度です。

室内空気汚染物質

　室内の空気のきれいさは汚染物質があるかどうかで判断されます。ここでは、汚染物質にどんなものがあるか、どんな場所で発生するのかを覚えてください。

- **レジオネラ属菌**：冷却塔や土壌、24時間風呂で発生します。肺炎を起こし死亡することもあります。
- **アスベスト**：断熱材や耐火材料などに含まれている鉱物性の有害な繊維で、石綿と呼ばれています。主に塵肺、肺がんの原因物質として問題視されています。
- **ホルムアルデヒド**：合板、家具などに使用されている接着剤から発生する無色の気体で、喉、目、鼻などへの刺激が強く、症状としては咳や頭痛などがあります。部屋の気密性を高くした場合には、換気回数を増やす必要があります。
- **有機リン系化学物質**：農薬や殺虫剤によく使われます。殺虫剤のラベルに、使ったら換気をするように書いてありますよね。
- **VOC**：塗料などに含まれるトルエン、キシレンなどの化学物質で、居住者の体調不良を引き起こす室内汚染物質です。
- **ラドン**：土壌やコンクリートなどに使用される骨材に含まれている放射性物質。肺がんとの関連性が指摘されています。
- **オゾン**：室内においては、紫外線を利用したコピー機や静電気式空気清浄機が発生源です。酸化力の強い特有の臭いをもつ気体で、目や喉の炎症を引き起こします。

室内空気環境基準

きれいな部屋とは、汚染物質が完全にない部屋ではなく、人体に影響のない範囲に収まっている部屋です。ここでは、快適で安全な空気の基準について覚えましょう。

- **温度**：17〜28℃
- **湿度**：40〜70%
- **気流速度**：0.5m/s以下

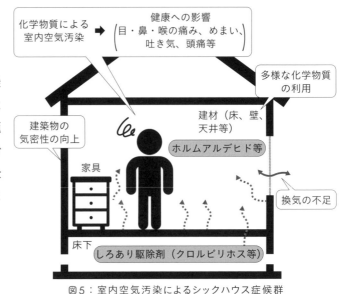

図5：室内空気汚染によるシックハウス症候群

- **二酸化炭素**：ガスや石油の燃焼や人体から発生するガスです。許容濃度は1000ppm（0.1%）。標準大気中に300ppm（0.03%）含まれています。

- **一酸化炭素**：不完全燃焼や喫煙により発生する無味無臭の有毒ガスです。許容濃度は10ppm（0.001%）。

- **浮遊粉塵**：空気中の細かい塵です。空気中の細菌と付着するなどの有害性が指摘されています。0.15mg/m³以下。

- **ホルムアルデヒド**：0.1mg/m³以下（30分平均値）。

- **クロルピリホス**：使用禁止。1μg/m³以下。

- **二酸化窒素**：車の排気ガスが発生源である空気汚染物質。大気中に排出されると、炭化水素との共存下で太陽光線の作用によって分解し、オゾンを発生させます。光化学オキシダントの大部分はオゾンであり、これが大気汚染としての光化学スモッグを生成します。0.04〜0.06ppm以下。

一問一答で理解度チェック

1 シックハウス症候群の原因とされる物質には、害虫駆除に使用する有機リン系殺虫剤も含まれる。　　答え ○

2 中央管理方式の空気調和設備を用いた居室においては、浮遊粉塵の量を概ね0.15mg以下とする。　　答え ○

3 温熱6条件とは、気温・湿度・気流・放射・代謝量・着衣量のことである。　　答え ○

05 時間目
換気 汚染された空気は換気できれいにする

ナナメ読みでおさらい

室内の空気が汚染されるのには、人体から出る物質と、建物の材料などから出る物質の影響があります。どちらもそのままにしておくと、室内の空気が汚染されるので換気をして空気をきれいにしないといけません。ここでは換気の方法と換気量の計算方法を学びましょう。

じっくり理解

そもそもなぜ換気が必要なのでしょう？　それは、室内の空気が汚染されるからです。昔の家は気密性が高くなかったので、通気もよく、自然に換気されていたので空気はきれいな状態に保たれ、換気はあまり必要ありませんでした。ですが、最近の家は高気密化しており、何もしないと自然に換気がされません。そのため、室内の空気が汚れがちになります。だから換気が必要なのです。

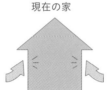

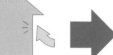

昔の家
現在の家
現在の家は室内の空気が汚れがちに
建材や家庭用品から出る化学物質が室内にこもり、それが原因でシックハウス症候群やアレルギーなどに悩む人が増えている。
風通しが良い
断熱性が低く冷暖房効率が悪いが、家が呼吸していた
密閉度が高い
断熱性は高いが、家が呼吸しなくなった

図1：なぜ換気が必要か

換気の方法は大きく分けて、自然に換気されるのを待つ自然換気と、機械で強制的に換気する機械換気があります。どちらも換気はできるのですが、それぞれ特徴があります。

自然換気

自然換気には風圧力による風力換気と、温度差による重力換気があります。

自然換気
機械換気
温度差
外気温度
室内温度
家のすき間
窓等の
開口部
外風
換気扇
不安定
必要時に安定した供給が可能

図2：自然換気と機械換気の違い

- **風力換気**：屋外の風圧力による換気方法で

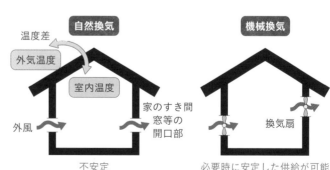

す。換気量・通風は、外気の風速の変化に影響されます。換気効果を上げるためには、夏期の最多風向に給気のための開口部を設けます。窓の位置が遠いほど、室内の空気がたくさん入れ替わります。

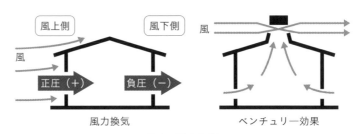

図3：風力換気

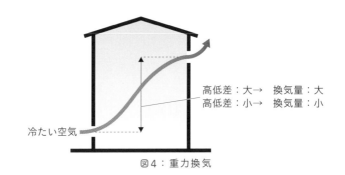

図4：重力換気

- **重力換気**：室内外の温度差による換気方法です。冷たい空気は重く下の方に溜まり、暖かい空気は軽く上の方に上がるので、自然と換気がなされます。温度差と開口部の高低差が大きいほど換気量も大きくなります。換気効果を上げるには、床面近くに給気口、天井近くに排気口を設けることが有効です。温度差換気において、外気の温度が室内よりも低い場合、中性帯よりも下方から外気が流入します。開口部の配置と風向きによって、換気量は変化します。また、開口の面積の和が等しくても、開口を分散させたり集中させたりすることによって換気量は変化します。縦横比の大きな長方形の開口においては、縦長にした場合と横長にした場合とで、換気量が変わります。

機械換気

　機械換気とは、給気機と排気機の双方、どちらかを用いる換気の方式です。機械換気は、換気経路を考慮して、主要な居室に給気し、浴室や便所などから排気します。

- **第1種換気方式**：機械給気＋機械排気の併用です。室内は正圧負圧のどちらも調整可能なので、安定した換気ができます。映画館、集会場、地下空間などで使われます。
- **第2種換気方式**：機械給気＋自然排気で空気を室内に押し込んで換気します。室内が正圧なので給気の経路を決めることができるため、清潔な部屋に使います。手術室、無菌室、クリーンルーム、ボイラー室などで使います。
- **第3種換気方式**：自然給気＋機械排気の吸い出し方式です。室内は負圧となるので、排気経路を決めることができます。そのため、空気が汚染される場所に向いています。厨房、便所、湯沸室などに使われます。

きくりん先生のつまずき解消のコツ・やさしい解説

第2種換気方式は給気を機械でするので、部屋を正圧に保つことができ、隙間からホコリが入ってこないため、きれいな部屋に使えます。

第3種換気方式は排気を機械でするので、部屋は負圧です。臭いニオイなどを漏らしません。

換気回数・換気量

室内の汚染物質が発生する量に応じて、換気する量や換気する回数を決めます。

- **換気回数**：部屋の1時間当たりの換気量を部屋の容量で除した値です。部屋の空気が1時間のうちに全部入れ替われば、換気回数は1回です。

  換気回数　$N = Q/V$ ［回/h］

  Q：1時間の換気量 ［m³/h］、V：室容積 ［m³］

- **換気量**：室内汚染物質濃度を許容濃度以下に保つために必要となる「最小の換気量」のことです。計算問題が出るので、公式は暗記しましょう。

  必要換気量　$Q = K / (P_a - P_o)$ ［m³/h］

  K：汚染物質発生量、P_a：室内汚染物質の許容濃度、P_o：大気中の汚染物質濃度

  換気に必要な新鮮な空気量で、居室における必要換気量は、一般に、二酸化炭素の許容濃度を0.1％（1000ppm）として算出します。居室の必要換気量は、一般に、1人当たり30m³/h程度として算出します。汚染物質が発生している部屋における「必要換気量」は、汚染物質の発生量が同じであれば、部屋の容積の大小によっては変化しません。

- **計算例**：

  例題　条件

  イ.室容積：100m³、ロ.在室者数：5人、ハ.在室者1人当たりのCO₂の発生量：0.030m³/h
  ニ.CO₂の許容濃度：0.1％、ホ.外気のCO₂濃度：0.04％

①まず必要換気量を求めます。

  $Q = K / (P_a - P_o)$ ［m³/h］

  K（ハ）：在室者1人当たりのCO₂の発生量、P_a（ニ）：CO₂の許容濃度、

  P_o（ホ）：外気のCO₂濃度

  $Q = 0.030 / (0.001 - 0.0004) = 50$ ［m³/h・人］

②次に、必要換気回数を求めます。

  $N = Q/V$ ［回/h］

  Q：必要換気量（人数分）、V（イ）：全容積 ［m³］

  $N = 50 × 5人 / 100 = 2.5$ ［回/h］

換気計画

換気の主な目的は、室内の空気をきれいにすることです。空気の流れを作ることではありません。その方法として部屋全体を換気したり、部分的に換気したりと、適切な換気方法や換気経路を選択します。

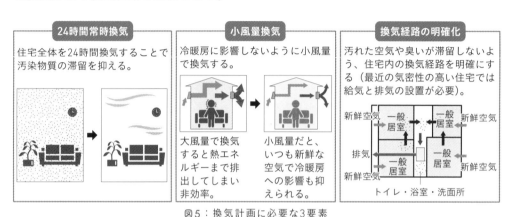

図5：換気計画に必要な3要素

- **全般換気**：部屋全体に対して換気を行い、その部屋における汚染物質の濃度を薄めることです。部屋全体を換気すれば空気はきれいになります。断熱性・気密性を高めた建築物においては、計画的に換気が重要です。

- **局所換気**：部分的に換気をして空気をきれいにする方法です。ストーブやコンロを使えば火を使うので空気が燃焼して二酸化炭素などの汚染物質が発生します。正常に燃焼するために必要な酸素を供給するための換気扇の有効換気量の計算には、理論廃ガス量を基準として算出します。台所用の換気扇には、燃焼廃ガスの他に炊事に伴う煙、水蒸気、臭気などを排出するための排出能力が必要です。小屋裏換気は、小屋裏の結露防止や夏期の排熱促進に効果があります。

※シックハウス症候群の原因にもなるホルムアルデヒドは家の壁紙などから出るため材料にも区分があります。ホルムアルデヒド放散量による等級区分の表示記号では、「F☆☆☆」より「F☆☆☆☆」の方が汚染物質を撒き散らす量は少ないです。

一問一答で理解度チェック

1 必要換気量は「室内の汚染物質濃度の許容値と外気の汚染物質濃度との差」を「単位時間あたりの室内の汚染物質発生量」で除して求める。　答え　✕

2 第2種換気方式は室外よりも室内の気圧を下げるので、汚染物質を発生する室に適している。　答え　✕

06
時間目

熱・結露
熱が伝わる過程と結露の
仕組みを理解しよう

ナナメ読みでおさらい

熱は水と同じように高いところから低いところへ移動します。空気からコンクリートに伝わったり、壁の表面から内部に伝わったり。この熱の移動を伝熱といいます。また、空気は熱以外にも水分も含んでいます。空気が持てる水分量は温度により変わるので、低い温度だと結露します。ここでは伝熱と結露について勉強しましょう。

じっくり理解

伝熱の基本用語

- **伝熱の基本**：熱の基本的な伝わり方は、伝導、対流および放射の3つあります。対流による伝熱は熱伝達ともいい、空気から物質、物質から空気に伝わることです。伝導は物体内の熱移動なので、建材の外部表面から建材内部を通って室内側表面に伝わることも伝導で

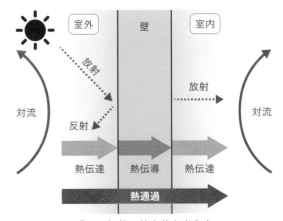

図1：伝熱の基本的な考え方

す。放射は輻射ともいい、空気や物質などの伝える媒体を使わずに熱が伝わります。焚き火は離れていても放射によって熱が伝わりますよね。この3つが伝熱の基本です。
- **熱放射**：空気中だけではなく、真空中においても、ある物体から他の物体へ直接伝達される熱移動現象です。地球が暖かいのは、太陽からの熱放射があるためです。単位面積当たりの放射受熱量は、熱源からの距離の2乗に反比例します。
- **熱貫流**：全体でどれくらい熱が移動したかを表します。熱伝達（空気から物体への熱の移動）と熱伝導（物体内の熱の移動）の伝熱過程全体です。
- **熱貫流率**：壁などの熱の通しやすさを表すものです。値が大きい壁は断熱性に劣ります。
- **熱貫流抵抗**：どれくらい熱を通しにくいかを表します。熱貫流率の逆数であり、壁の両表面の熱伝達抵抗の値と各層の熱伝導抵抗の値を合計した値です。また、壁体に充填された断熱材が結露などによって水分を含むと、値は小さくなります。
- **熱伝達率**：周囲の空気から材料表面や、材料表面から周囲の空気への熱の伝わりやすさのことです。空気から材料への伝熱なので、強い風やたくさん風が吹けば熱は伝わりやすいです。壁体の室内側の熱伝達率は、外気側の熱伝達率よりも小さいこ

とが知られています。

- **熱伝達抵抗**：熱伝達率の逆数であり、空気と物質の間における熱の伝わりにくさです。壁の表面に当たる風速が大きくなるほど熱は奪われたり移動したりするので、熱伝達抵抗は小さくなります。
- **熱伝導率**：材料（物体）内の熱の伝わりやすさのこと。水分を含むと大きくなります。
- **熱伝導抵抗**：物体内の熱の伝わりにくさのことです。熱伝導率の逆数を熱伝導比抵抗（熱伝導抵抗ではない）といい、これに材料の厚さ（m）を乗じたものを熱伝導抵抗という。
- **それぞれの関係と単位**：

  熱貫流率［$W/m^2 \cdot K$又は$kcal/m^2 \cdot h \cdot ℃$］の逆数→熱貫流抵抗［$m^2 \cdot K/W$］

  熱伝達率［$W/m^2 \cdot K$又は$kcal/m^2 \cdot h \cdot ℃$］の逆数→熱伝達抵抗［$m^2 \cdot K/W$］

  熱伝導率［$W/m \cdot K$又は$kcal/m \cdot h \cdot ℃$］の逆数→熱伝導比抵抗［$m \cdot K/W$］

  ※熱伝導抵抗［$m^2 \cdot K/W$］は、熱伝導率の逆数ではないので注意。熱伝導抵抗は、熱伝導比抵抗に材料の厚さ［m］を乗じたものです。熱貫流と熱伝達は面積［m^2］に対して、熱伝導は壁の厚み［m］が基準です。

熱の計算

- **熱貫流率**：$K = 1/\{1/\alpha_1 + \sum(d/\lambda) + 1/\alpha_2\}$

  ｛　｝このカッコの中は熱貫流抵抗です。室内＋外壁＋室外と足していきます。

  K：熱貫流率［$W/(m^2 \cdot K)$］、α_1：室内側の熱伝達率［$W/(m^2 \cdot K)$］

  α_2：室外側の熱伝達率［$W/(m^2 \cdot K)$］、d：材料の厚さ［m］　λ：熱伝導率［$W/(m \cdot K)$］

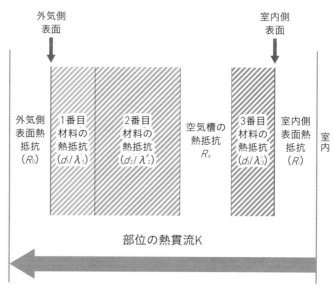

図2：熱貫流率の計算イメージ

- **熱貫流量**：$Q = K \times (t_1 - t_2) \times S$

Q：熱貫流量［W］　S：壁の面積［m^2］　t_1：高温側の気温［℃］　t_2：低温側の気温［℃］

　空気から壁（熱伝達）、壁の中（熱伝導）、壁から空気（熱伝達）、この3つを合わせて熱貫流と言います。外気の熱が壁に達して、壁がその熱を導いて、さらに室中の空気に達します。

● **機械換気による熱損失量：**

　熱損失量＝(必要換気量)×(空気の比熱)×(空気の比重)×(室内外の温度差)

　4つとも、大きいほど熱は損失します。比例するので、全部掛け合わせます。

● **外壁の熱損失量：**

　熱損失量＝{(外壁の面積×外壁の熱貫流率)＋(窓の面積×窓の熱貫流率)}×(室内外の温度差)

　外壁と窓を別々に求めて合計してから、温度差を掛け合わせます。

材料と中空層の伝熱

● **材料の熱伝導率：** 一般に質量（比重量）があり、密度が高い材料ほど大きいです。金属でできたグラスやコップは冷たいものを入れるとキンキンに冷えますよね。金属の密度が高いから、熱がすごく伝わります。一方で、アルミ箔を使うと放射熱を遮ります。断熱材としてよく使われるのはグラスウールです。密度が小さくなるほど熱伝導率は大きくなります。つまり、密度が高い方が断熱効果は高いです。また、水分を含むと熱伝導率が大きくなる。グラスウールの熱伝導抵抗は、同じ厚さのコンクリートの30〜40倍程度です。

● **中空層の伝熱：** 中空層では、放射（輻射）と対流によって熱が伝わります。中空層の厚さが2cmまでは熱抵抗が増し、4cmまでは上昇します。空気が断熱材の代わりとなるからです。しかし、それ以上厚くなると緩やかに下降していきます。空気が移動できるようになると断熱効果が落ちるからです。中空層の熱抵抗の値は、中空層の密閉度・厚さ・熱流の方向などによって異なります。半密閉中空層の熱抵抗は、同じ厚さの密閉中空層の熱抵抗より小さいです。

材料の温度分布と室温変動

● **材料の温度分布：** 熱伝導率が高い材料ほど、材料の両側表面の温度差が低く、熱伝導率が低い材料ほど、温度差が高くなります。

● **室温の変動：** 暖房開始後の

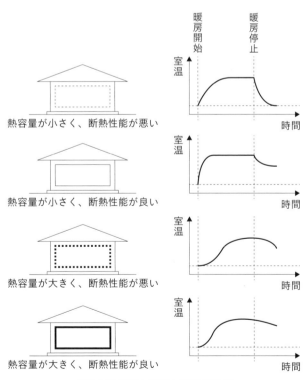

暖房開始　暖房停止

室温　　時間

熱容量が小さく、断熱性能が悪い

室温　　時間

熱容量が小さく、断熱性能が良い

室温　　時間

熱容量が大きく、断熱性能が悪い

室温　　時間

熱容量が大きく、断熱性能が良い

図3：熱容量と断熱と室温の関係

室温の変化は、熱容量が小さければ急激に上昇し熱容量が大きければ緩やかに上昇します。熱しにくいものは熱を蓄える容量が大きく冷めにくいため、温度の上昇も下降も緩やかです。暖房停止後の室温の変化は、断熱性能、気密性能がよいと緩やかに下降し、断熱性能、気密性能が悪いと急激に下降します。

熱伝導率と比重

比重量が大きくて重い材料ほど熱伝導率も大きく、熱が伝わりやすいです。

結露

暖かい空気が冷やされると結露が発生します。温度が低い空気ほど、含むことができる水蒸気の量が少ないからです。つまり、湿度が100％になっています。

- **結露の発生条件**：外気温が低く、室内気温が高い冬期に発生します。
- **結露の防止対策**：結露しやすい部分の表面温度を露点以下に下げないことです。外壁は、熱伝導率の小さい材料を用いて断熱効果を高め、熱貫流量を少なくします。要は外の熱を伝えにくくします。また、部屋を換気することにより外気との温度差を小さくして湿度を下げる方法もあります。温度が下がる前に湿度を下げることが結露防止に効果的です。
- **結露の注意点**：カーテンは室温を上げたり、窓ガラスの表面の温度

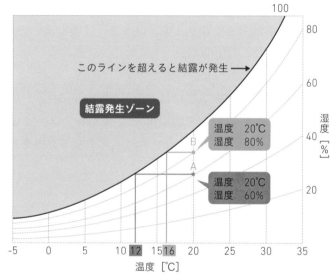

図4：露点温度と結露ゾーン

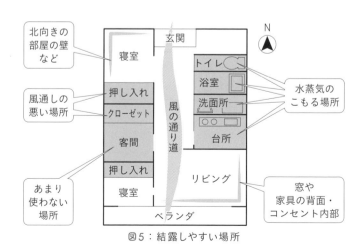

図5：結露しやすい場所

を低下させたりするので、ガラス面での結露防止効果はありません。むしろ、結露しやすくなります。

二重窓の外側サッシの内側の結露を防止するためには、外側よりも内側のサッシの気密性を高くします。また、外気側に断熱雨戸を設けることは、結露防止に有効です。

浴室等の水蒸気が発生する部屋の換気をするときに、屋内空気を取り入れて、屋外に直接排出するようにします。浴室を負圧換気とすることにより、浴室外から湿気の少ない空気が入り込み、換気扇で浴室内の水蒸気を効率的に排出することができます。その結果、他の部屋の湿度が上がらないので結露防止に効果的です。

●**表面と壁内の結露の防止**：断熱層と防湿層の位置によって、壁内や壁表面の結露が発生します。室内から外壁内への水蒸気の流入を抑えるために室内側に断熱材と防湿層を設けたり、逆に壁の外気側の気密性を低くして壁体内の水蒸気を流出させたりすることは、壁体内の結露防止に効果的です。室内壁の表面結露防止は外壁の断熱が有効です。

●**結露しやすい場所**：簡単に言うと、空気の流れがない場所が結露しやすいです。具体的には、外気に面した室内側の入隅部、外気に面した壁に沿って置くタンスなどの家具の裏の壁や大型家具の背面、熱の流出が少ない気密化した部屋、気密化した窓などを持つ非暖房の部屋が結露しやすいです。

●**結露防止**：結露防止には素材表面の温度を高めたり、気流を作って乾燥させたりすることで防げます。具体的には、窓下やその近くへの暖房機器の設置は、ガラスの室内側表面の結露防止に効果的です。また、室内の上下の温度差が小さくなります。暖房室と非暖房室の温度差を小さくすることや、暖房室をできるだけ気密化し、水蒸気の非暖房室への拡散を少なくすることも、結露対策に有効です。押入れの建具に通気口を設け、布団類を壁から離して収納すると、押入れ内の結露は発生しにくくなります。暖房された部屋に囲まれるように押入れを計画すると、温度差が少なくなるので結露防止に有効です。反対に、外壁に面した部分の押入れは結露しやすいです。開放型石油ストーブを用いて暖房すると、大量の水蒸気が発生し結露を生じやすいです。

一問一答で理解度チェック

1 グラスウールはかさ比重が大きくなるほど熱伝導率は小さくなる。 答え ○

2 二重サッシの間の結露を防止するためには、室内側のサッシの気密性を低くし、屋外側のサッシの気密性を高くすると良い。 答え ✕

07
時間目

音響
快適な環境に音響は欠かせない

ナナメ読みでおさらい

快適に過ごせるのが建物の役割です。快適さには五感の要素があります。暑かったり、眩しかったりしたら快適に過ごせません。それと同様に耳で聞く音も大切な要素です。うるさかったら快適に過ごせないですよね。ここでは音の要素や吸音・遮音、騒音、残響といった快適な音響にスポットを当てましょう。

じっくり理解

 音の3要素

　音は3つの要素で表せます。高さ・大きさ・音色の3つです。この3つのバランスで音が決まります。

● **音の高さ**：高音になるほど周波数〈Hz・ヘルツ〉が大きく、低音になるほど小さくなります。周波数は1秒間に繰り返される音波の1波長の数で、3000Hz程度が最も聞き取りやすいです。20歳前後の正常な聴力をもつ人の可聴周波数の範囲は、20Hz〜20000Hz程度で、波長の長さは十数mm〜十数mです。波形で見ると幅の狭い波形が高音です。

● **音の大きさ**：大きい音ほど振幅が大きく、小さい音ほど振幅が小さいです。波形で見ると、振幅が大きい波形が大きい音です。

● **音色**：音源のもっている固有の音の特徴で、音の振幅や音の高さが同じでも音の聞こえ方は異なります。波形は形状が変

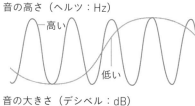
音の高さ（ヘルツ：Hz）

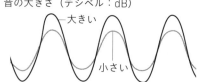
音の大きさ（デシベル：dB）

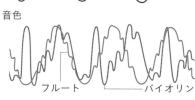
音色

図1：音の3要素

音の強さ	音の強さのレベル
2倍	＋3dB
4倍	＋6dB
10倍	＋10dB
100倍	＋20dB
1/2倍	−3dB
1/4倍	−6dB

表1：音の強さとレベルの合成

わるので違うことはわかりますが、似ている音色かは判断できません。

● **音響出力**：音源から発生する音のエネルギーです。同じ音響出力を有する機械が2台ある場合、2台同時に運転したときの音圧レベルは、1台のみの音圧レベルよりも3dB増加します。例）60dBの2つの音を合成すると63dBになります。

- **音の強さ**：単位面積あたりの音響出力です。
- **音の速度**：音速（c）は、$c[\text{m/s}]=331.5+0.6t$（t:気温）で表されます。気温が15℃では約340m/sです。気温が変わると音速は変化しますが、音の周期は変わりません。気温が高くなると、空気中の音速は上がります。

吸音・遮音

　音でトラブルになるのが、透過する音です。吸音や遮音を十分にすれば、音によるトラブルを防げます。ここでは、吸音と遮音について理解を深めましょう。

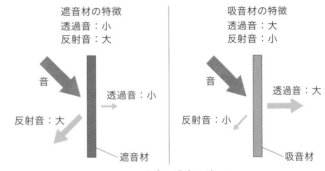

遮音材の特徴
透過音：小
反射音：大

音
透過音：小
反射音：大
遮音材

吸音材の特徴
透過音：大
反射音：小

音
透過音：大
反射音：小
吸音材

図2：吸音と遮音の違い

- **吸音**：音のエネルギーを材料などに透過または吸収させて、反射させないことをいいます。音が反射しにくくなるので、音が聞こえやすくなります。吸音率は材料の持つ音の吸い取りやすさの割合です。

吸音率＝（入射音-反射音）/入射音

床衝撃音の種類	床衝撃音提言性能に関する表示		
		従来の表示 推定L等級	新しい表記 ΔL等級
軽量床衝撃音  スプーンの落下等、軽くて堅い音	表示方法の例	LL-45	ΔLL-(I)-4等級
重量床衝撃音  とびはねたときなど重くて鈍い音	表示方法の例	LH-55	ΔLH(I)-2等級

図3：床衝撃音の種類

吸音力（等価吸音面積）$[\text{m}^2]$（メートルセービン）は材料の吸音率にその面積を乗じたものです。

- **遮音**：音のエネルギーを材料などにより遮断し、反対側まで通さないことをいいます。隣の家との境界の壁が薄かったら、音がダダ漏れで困りますよね。遮音をすることで音の環境は良くなります。
- **床衝撃音の遮音等級**：ドスドス歩いていたり、ジャンプしたりしたら、下の階に音が響きますよね。床衝撃音の遮音はそのような音を区分して表現します。床衝撃音の遮音等級の数値は、小さいほど遮音性能が優れています。
- **ホワイトノイズ**：材料の吸音・遮音特性などの測定に用いられます。テレビで何も

映っていないときの砂嵐のような音です。

● **吸音性能・遮音性能で特に覚えるべきポイント**：特に覚えるべきポイントは、どんな材料がどんな吸音特徴があり、どんなものの遮音性が高くなるのかです。

　たとえば、多孔質材料の吸音率は、低音域より高音域のほうが大きいです。つまり、高音のほうが吸音しやすいです。板状材料と剛壁の間に空気層を設けた吸音構造においては、低音域の音を主に吸音します。

　遮音性能を上げるには、すき間を少なくすることが効果的です。隙間から音がもれないので遮音性能は上がります。また、重い壁ほど遮音性能がよくなります。壁の遮音性能は、音の周波数によって変わります。高い音をよく遮音する壁でも、低い音が遮音できないこともありえます。壁における透過損失の値が大きいほど、遮音性能が優れています。吸音性能のよい壁は、音を透過して吸収しやすいので、遮音性能はよくありません。吸音材では遮音材と兼用できないと思ってください。そのため、間仕切壁に吸音率の大きい多孔質材料を用いても、遮音性能の向上は期待できません。

　窓の遮音性能は複雑で、二重窓は、内側と外側の間隔によって遮音性能が変化します。

騒音

　音のトラブルといえば騒音が有名です。うるさいと不快ですよね。そのうるさいと感じるのも場所や環境によって変わります。騒音の特性と騒音の防止方法を覚えましょう。

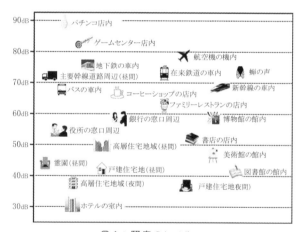

図4：騒音のレベル
出典：全国環境研協議会　騒音調査小委員会「「騒音の目安」作成調査結果について　騒音の目安（都市・近郊用）」

● **騒音レベル**：うるささのレベルです。普通騒音計のA特性（人間の聞こえる感覚に近い特性）で測定した値であり、他に実際の騒音レベルそのものの値を示すC特性があります。室内の吸音力を上げることによって、室内の騒音レベルを下げることができます。

● **騒音防止**：壁は重い材料で厚くすると、外からの騒音防止に効果があります。遮音性能を上げているので、外部の騒音を遮音できています。ただ、壁だけ遮音しても窓から音が入ってくるので、窓の遮音も欠かせません。気密性の高い窓は、外部騒音を防ぐのに有効です。

音圧レベル

　音圧や音の強さは距離と関係があります。音量などをコントロールするためにも、音と距離の関係を押さえましょう。

- **音圧と距離の関係**：音波が球面状に広がる場合、音源からの距離が2倍になると音圧レベルは、約6dB低下します。
- **音の強さと距離の関係**：すべての方向に音を均等に出している点音源の場合、音の強さは音源からの距離の2乗に反比例します。

残響と反響

音の良さはその場の環境で変わります。会議室のような場所でははっきりと聞こえるほうが良いので吸音率が高いほうが良いですが、音楽を楽しむ場ではほどよい残響があると、よりふくよかな音

反響
（声が返ってくる）

残響
（声が響いて余韻が残る）

図5：残響と反響

を楽しめます。ここでは残響と反響の基本を理解してください。

- **残響**：音が壁や天井・床などに反射して、音源が停止した後も室内に音が残る現象。残響が長すぎると、音がまだ室内に残っているところに、後から発生した音が重なります。そのため、聞き取りにくいです。
- **残響時間**：音源停止から音の強さのレベルが60dB低下するまでの時間のこと。残響時間を計算する上で、室温は考慮しません。室容積に比例するので、室容積が大きいほど残響時間は長くなります。音を反射する材料を天井や壁に多く用いると、残響時間は長くなります。逆に天井や壁の吸音力を大きくすると、短くなります。壁の仕上材を用いて残響時間をコントロールするのが一般的です。在室者や家具などが多いと、残響時間は短くなります。
- **最適残響時間**：講演などの話を主とする部屋より、音楽に使用する部屋のほうが最適な残響時間は長いです。
- **反響**：1つの音が、直接音と反射音の時間的なずれから2つ以上に聞こえる現象。エコーややまびこがそうです。
- **透過損失**：音が壁などに当たって遮音される量。低音より高音の方が、透過損失は増大します。薄い壁より厚い壁の方が遮音されやすいです。しかし、単一部材の一重壁の厚さを2倍にしても、透過損失は2倍にはなりません。材料の厚さが同じなら、密度が高いものほど、質量の大きいものほど、透過損失は増大します。同じ質量の壁なら、中高音域では、単層より、中空層を設け複層で構成する方が、透過損失が大きくなります。

─ 一 問 一 答 で 理 解 度 チ ェ ッ ク ─

1 音圧レベルを一定にした状態において、周波数を変化させたとき、音の大きさは変化する。　　答え　◯

08 時間目 空調設備 空調設備が過ごしやすい 環境を作る

ナナメ読みでおさらい

建物に必要な設備は大きく分けて3つあります。電気、空調、給排水です。特に空調設備は快適さと関係があります。しっかりと空調されている建物は快適で過ごしやすい一方で、空調が適切でないととても過ごしにくいです。

じっくり理解

空気調和とは

空気調和とは、とにかく快適な状態にすることです。人が過ごす空間なら寒すぎず熱すぎない気温だったり、雨の日なら湿度がコントロールされていたりすると、快適に過ごせますよね。詳しく言うと、室内・特定の場所の温度、湿度、洗浄度、気流分布などを使用目的に適した状態にします。空気を調和させる設備だから空調設備です。

空気調和方式

空気を調和するといっても、部屋の大きさや使用目的、環境によって空気調和方式も大きく変わります。ここ

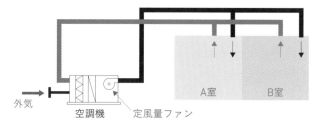

図1：定風量単一ダクト方式

では、それぞれの空気調和方式の名前と特徴を覚えてください。

● **定風量単一ダクト方式**：ダクトで空気を送り込む方式で、空気をきれいに保ちやすいです。送風量は一定で、送風温度を変えることで、温度調節を行います。全体で温度の調整をしているので、各室ごとの温度調整はできません。熱源装置、空気調和、搬送装置、制御装置により構成されています。空気調和から各室まで同一のダクトで冷風か温風を送ります。そのため、ダクトスペースが大きくなりがちです。春や秋などの中間期には室温より低い温度の外気を導入して冷房することができます。十分な換気量を定常的に確保しやすいのが特徴です。また、構成がシンプルで運転、保守管理を集約できるので維持管理が簡単です。映画館、ホール、一社専用ビルなどの大空間で使われます。

● **変風量単一ダクト方式**：空気調和機から各室まで同一ダクトにより冷風または温風を送る方式です。変風量（VAV）ユニットごとに、吹き出し風量を調節できます。そのため、部屋ごとに温度調節することも可能です。部屋ごとなどある程度の調整が

効くので、定風量単一ダクト方式に比べ、エネルギー消費量が低減できます。空調があまりいらないときは外気を取り入れていないので、うまく換気をして空気をきれいにすることが必要です。

- **ファンコイルユニット方式**：中央機械室から、冷水や温水を供給して各室設置のユニットにより冷暖房を行う方式です。ユニットごとに風量調節が可能で、個別制御が簡単にできます。ダクトがないのでスペースが少なくて済むのですが、空気を送り込むわけではないので外気の取り入れが難しく、空気環境の調整が難しいです。ホテルの客室、病室などで使用されることが多いです。

- **ダクト併用ファンコイルユニット方式**：ダクトとファンコイルユニットのいいとこ取りをした方式です。大部屋にはダクトで送風し、小部屋や窓際などにはファンコイルユニットで各室ごとに温度調節ができます。ファンコイルユニットを併用しているので、全空気式より、ダクトスペースが小さくてすみます。全空気式より、搬送動力が少ないのが特徴です。一方で、室内のホコリやチリ

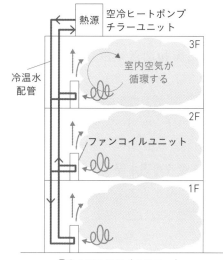

図2：ファンコイルユニット

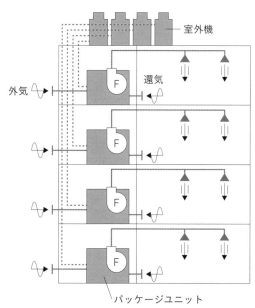

図3：空気熱源パッケージ型空調方式

などの除去が難しい一面もあります。ホテルの客室、病室、大規模ビルのペリメーターゾーンなどで使用します。

- **空気熱源パッケージ型空調方式**：室外機と室内機を冷媒配管で接続し、冷房時は冷凍機により冷媒を冷やして冷たい空気を室内に流し、暖房時は冷凍機の排熱を利用して空調します。圧縮機の容量制御は、インバーターによるものが一般的です。マルチ型といって、1つの屋外ユニットと複数の屋外ユニットとを組み合わせたシステムもあります。室外機が多くなるので騒音や振動が発生しやすいです。

- **空気熱源ヒートポンプ方式**：外気の熱を室外機から集めて、室内で暖房します。そのため、外気の温度が低くなると暖房能力は低下します。冷房のときは逆になるの

で、外気が暑すぎると放熱がうまくいかず冷房能力が低下します。

■ 空気調和関連の用語

　空気調和設備では生活に密着したものなので、普段から使うような用語もある反面、専門的な用語ももちろん使われています。ここでは、知っていて当然の用語を覚えましょう。

- **直焚き吸収冷温水器**：水を低温蒸発させて冷水の熱を奪い冷却した水で冷房し、蒸発機で出た水蒸気を吸収液で回収します。夏期、冬期ともに燃料を燃焼させ、冷水または温水を1台で作ることができます。冷温水配管系には膨張タンクが必要なので、スペースが必要です。建築物の構造体や内装、家具などの熱容量は、空調の立ち上がり時間に影響します。
- **ゾーニング**：室の用途、使用時間、空調負荷、方位などによって空調系統を分割すること。
- **ペリメーターゾーン**：窓際などを言います。空調を考えるとき、外部の影響を受けやすいエリアのことです。逆にインテリアゾーンは外部の影響を受けない、建物中心部をいいます。
- **代替フロン**：オゾン層を破壊するものとして、規制されている特定フロンを代替させるために開発されたものです。オゾン層は破壊しないものの、強力な地球温暖化の影響があります。
- **冷却塔**：冷凍機などから冷却水に放出された熱を外気に放散させる機器です。クーリングタワーとも呼ばれます。冷却効果は、冷却水と空気との接触による水の蒸発潜熱から得ます。また、冷却水と接触する空気との温度差（顕熱）からも得られます。
- **ルームエアコン**：一般的なエアコンです。ユニット一体型と分離型があります。単相3線式100V／200Vを使います。
- **コールドドラフト**：冷たい空気が窓や壁面に沿って降りることです。窓際に暖房機を設置すると、窓や壁面に沿って降下する冷気を防ぐことができます。窓際に暖房機を設置することは、結露防止や省エネにもなります。

一 問 一 答 で 理 解 度 チェック

1 ファンコイルユニット方式は、個別制御が容易であるので、病室やホテルの客室の空調に用いられることが多い。　　答え　◯

省エネルギー・保全・管理 持続可能な社会に対して建築が できること

地球温暖化が進み、近年はいろんな問題が起こるようになりました。暴風雨が増えたり、気温が上昇したりと、気候が変わっています。それに伴い、省エネルギーであることや持続可能であることが求められています。ここでは建物の省エネの手法や環境保全に関する用語を覚えましょう。

じっくり理解

太陽を利用した省エネルギー

太陽はエネルギーの塊です。太陽をうまく使えば省エネになります。たとえば、太陽の日射熱を利用したり、エネルギーから発電したりできます。

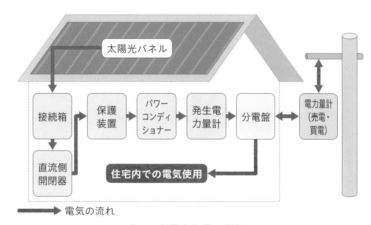

図1：太陽光発電の仕組み

- **太陽熱利用**：太陽の熱を集めて、水や空気を効率よく温めることにより、冷暖房や給湯に太陽熱を利用します。
- **太陽電池**（太陽光パネル）：太陽エネルギーを直接エネルギーに変換して発電する機器。熱に変えて発電しているわけではありません。
- **太陽光発電設備**：日射を電気エネルギーに変換するシステム。電力と合わせて使うのが一般的です。

電気の省エネ

電気の省エネにはそんなに種類はありません。変圧器を効率の良いものに代えたり、必要な場所だけ電気を使えるように制御したり、配電による電力損失を減らすくらいです。

- **受変電設備への配慮**：受変電設備では電圧を変換します。一度設置したら変圧器は

なかなか交換しませんので、昔の効率の悪い変圧器が今も普通に使われています。高効率変圧器を使用すれば、30%程度はエネルギー効率が良くなります。

● **熱源機器での省エネ**：電気を熱源として使用している場合もあります。変動に応じて台数制御運転をすることで、無駄な電気を節約できます。

● **電力損失を減らす**：電気を配線に流すと、電線にも抵抗があったり電線から放電したりするので、電力は流すだけで失われます。その電力損失を減らすために、配電電圧を高めると省エネになります。

空調・換気の省エネ

● **年間熱負荷係数**（PAL*）：建物外周部（ペリメーターゾーン）の断熱性能の評価に使われます。

● **エネルギー消費係数**：建築設備のエネルギーの年間消費係数。エネルギー効率を表す数字で、小さいシステムを採用すると良いです。

● **昼光利用による省エネ**：昼光を利用すると照明の省エネになる反面、日射熱も取得するので夏だと冷房がより必要になり、省エネにならない場合もあるので注意が必要です。

● **冬期の冷房**：冬期は外気が冷えているので、冬期に冷房が必要な場合は外気を適度な量使えば省エネになります（外気冷房システム）。

● **暖房機器**：窓下に置くことでコールドドラフトを防ぐことができ、効率的に部屋を温められるため省エネです。

● **インバーター制御ルームエアコン**：インバーター制御をすると、設定温度までフルパワーで設定温度になったら低速運転に変わります。そのため振動騒音が低く、省エネです。

● *ルームエアコン*：フィルターの清掃を定期的に行うことで省エネになります。

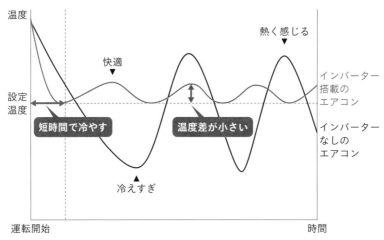

図2：インバーター制御ルームエアコン

- **換気設備**：全熱交換型換気扇を利用することで省エネになります。通常の換気をするだけだとせっかくの快適な室内の温度や湿度も換気してしまいます。全熱交換型換気扇だと外気の温度も湿度も中和しながら利用できます。
- **成績係数（COP）**：エアコン、冷凍機などのエネルギー消費効率を表す指標。値が大きい機器ほど効率が高いです。

給湯の省エネ

- **給湯温度**：使用温度と給湯温度の差を小さくすると省エネとなります。一度熱くしたものを水で冷やして使っていたら、せっかく温めた熱が無駄になるからです。
- **貯湯式湯沸器**：お湯をたくさん温めて使わないお湯が出ると、余ったお湯から熱が逃げて無駄になります。タイマー制御をすれば、必要な分だけお湯を温めるので、貯湯放熱を抑えることができ省エネです。
- **給湯栓**：自動式を採用します。お風呂のお湯を自動で止めてくれれば、止め忘れてお湯が無駄になることを防げます。

照明の省エネ

- **照明器具**：照明器具の省エネは、できるだけ照明を使わないことです。なので、昼光を利用したり、タイムスケジュールによる照明の点滅をしたりすれば、不要な照明を減らせます。自然採光と人工照明を併用することがポイントです。
- **タスク・アンビエント**：個別照明を併用することで、必要な場所だけ明るくでき、全般照明の照度を少し下げることができます。
- **事務所での照明**：空調に次ぎ負担が大きいです。電球を間引いたりLEDの照明にしたりと、照明を調整することは省エネルギーに有効です。

環境保全・省資源計画の用語

- **ライフサイクルコスト（LCC）**：建築物や設備の建設から解体までの全部の費用。
- **ライフサイクル二酸化炭素排出量（LCCO₂）（図3）**：建設から解体までの二酸化炭素の総量。
- **ライフサイクルアセスメント（LCA）**：製品やサービスに対する、環境影響評価の手法。製品の生涯を通してどれくらいの環境影響があるかを調べます。
- **建築環境総合性能評価システム（CASBEE）**：建物の環境性能を総合的に評価・格付する手法。建物の環境負荷と環境性能で評価します。
- **ビルディング・マネジメント・システム**：建物を維持管理するために全体を管理するシステム。
- **コージェネレーションシステム**：発電に伴う廃熱を冷暖房や給湯の熱源として有効

利用するシステム。

■ その他の省エネ方法

- ● **機械室やシャフトの位置**：負荷までの距離を短くすると、配管からの熱損失が減るので省エネになります。
- ● **設備材料**：エコマテリアル（低環境負荷材料）を使用する。
- ● **断熱性・気密性**：窓など開口部の断熱を高めて、年間熱負荷係数（PAL*）を小さくします。断熱性が高いと熱損失係数を小さくすることができて省エネです。
- ● **設備空間**：設備機器の保守、更新に対応するため、ゆとりをもった計画とします。設備機器の更新ができないと、古い設備を使い続けることになるので、エネルギー効率が悪化します。
- ● **建築物の屋上緑化・壁面緑化**：屋上緑化は屋上に受ける日射を受け止めるので、

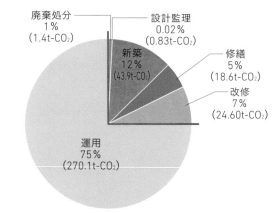

各段階ごとのLCCO$_2$の割合
（LCAツールによる評価）
※運用は標準的な値、運用以外はLCCM住宅による値
※延床面積145.68m^2、供用期間60年での試算

図3：各段階ごとのLCCO$_2$の割合
出典：環境省・LCCM住宅 構法部会エグゼクティブサマリー

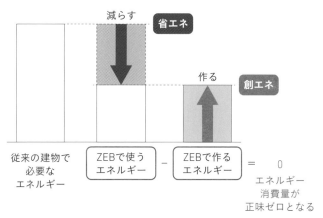

図4：ZEB・ZEH

最上階の室内の温度の上昇を低減させます。壁面緑化は日射からの受熱を減らします。
- ● **氷蓄熱層**：水蓄熱層に比べて蓄熱容量が大きいため、蓄熱層を小さくすることができます。
- ● **ZEB・ZEH**：快適な室内環境を保ちながら、1年間で消費するエネルギー消費量の収支を0にすることを目指したビルや住宅。

― 一 問 一 答 で 理 解 度 チ ェ ッ ク ―

1 LCA(ライフサイクルアセスメント)は製品の生涯を通しての環境側面及び潜在的環境影響を評価するものであり、環境影響の領域として、資源利用、人の健康及び生態系への影響が含まれる。　答え ○

10 時間目 給排水・衛生設備 給排水は建物の血管

給排水・衛生設備はたとえるなら人体の血管です。水がなければ喉が渇いても水も飲めません。トイレも使えないのは深刻ですよね。ここでは、給水の方法や排水の方法、決まりについて理解を深めましょう。

じっくり理解

給水方法

水道水は、道路の下にある水道本管から敷地に引き込みます。高さのある建物や大規模の建物の場合では、安定した水の供給のためにポンプを設置して高層階や遠くの場所まで水を届けたり、タンクを設置してタンクから給水したりします。

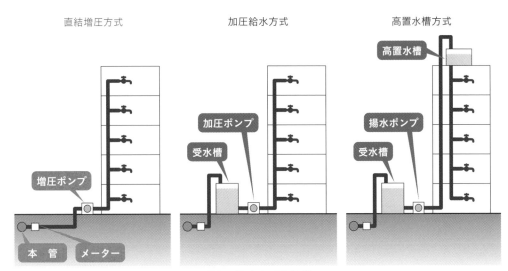

図1：給水方式の種類

- **水道直結方式**：水道本管から直接水を届ける方式です。給水管を直接引き込み、水道本管の給水圧力をそのまま利用して建物へ水を供給します。一般住宅で最も多い方式で、安価で維持管理がしやすいのが特徴です。普通の水栓の圧力では、2〜3階までしか水圧が届かないので、3階建てが限度となります。

- **ポンプ直送方式**（**加圧給水方式**）：水道本管から受水槽に水を貯め、ポンプで加圧して給水する方式です。ポンプで水を送るので停電時は非常用電源がないと給水できません。タンクスペースが不要で、一定の水圧で給水できるのがメリットです。高層

建築によく用いられます。

- **高置水槽方式**：水道本管から受水槽に水を貯め、揚水ポンプを用いて屋上にある水槽に水を貯めておき、屋上の水槽から給水する方式です。屋上にある高置水槽（タンク）からの高低差を利用した水圧で給水します。中高層住宅で多く採用されています。上階と下階では高さに差があるため圧力に差があり、最上階では水圧が弱くなるので、水圧を確保するために高置水槽を鉄骨で5mほど高い位置に設置することが多いです。設置高さは、水圧確保のために最上部水栓より5m以上必要です。圧力タンク方式より、給水圧力は安定しています。ウォーターハンマーと呼ばれる振動や衝撃音が起こりやすいのが問題です。ウォーターハンマーは管内の水の流れを遅くすることで防止できます。

- **圧力タンク方式**：水道本管から受水槽に一度水を貯め、ポンプで圧力タンクに水を送り込み、一定の圧力以上で給水する方式です。小規模ビル、水圧の低い一般住宅で利用されます。

  空気の圧力で水を送るので、給水圧力が変動してしまいます。高置水槽方式より維持管理が難しく故障しやすいのがデメリットです。

- **建築物の給水量と圧力**：建物の目的や用途に応じて、必要な水の量は変わります。

  1日1人当たりの給水量や圧力については、以下のものは最低限覚えておきましょう。

【給水量】

　　保養所：500〜800L、住宅・共同住宅：200〜350L、事務所：60〜100L

【最低必要圧力】

　　一般水栓：30kPa、シャワー水栓：70kPa、ガス給湯器の作動：70kPa

　　※最適な給水圧は、200〜300kPaです。

 上水道の汚染防止

　上水は飲むこともあるので、水質の基準もちゃんとあり、途中で水質汚染が起きないように配管の決まりもあります。ここでは水質汚染の種類や汚染を防ぐ方法を覚えましょう。

- **水質基準**：大腸菌が検出されないことです。大腸菌が含まれているとお腹を壊してしまいます。大腸菌などの細菌を繁殖させないために、塩素を含んでいないといけません。水道水は塩素臭いなどと言われますが、安全のために塩素をわざと残していて、塩素濃度にも決まりがあるのです。

- **経年による汚染**：給水に利用する素材も、長年使用していれば劣化してきます。水垢が溜まったりして雑菌が繁殖しやすい環境になることもあるでしょう。特に、タンクを利用する方式の場合は、定期的な清掃をして日常的に汚染がないか管理が必要です。

- **クロスコネクションによる汚染**：クロスコネクションとは、上水道の配管と排水管

や雨水管が接続されてしまうことです。きれいな水に雨水などが混ざったら、汚れてしまうため飲めません。そういったクロスコネクションを防ぐために、上水道の配管に排水管や雨水管などを接続しないよう注意が必要です。

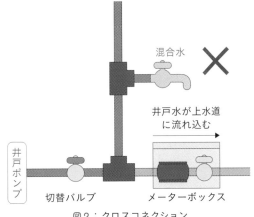

混合水 ×

井戸水が上水道に流れ込む

井戸ポンプ

切替バルブ　　　　メーターボックス

図2：クロスコネクション

- **逆流による汚染**：たとえば、高い位置の水は下に流れますよね。それと同じで高層階の水が下層階に逆流してしまうことがあります。逆流は、ポンプで圧力をかけていた場所のポンプが壊れた場合にも起こります。逆流した水は実際にはきれいだとしても、途中で汚染された水が流入する危険があります。そのため、逆流を防止するためにバキュームブレーカーを設置します。

- **逆サイホン作用による汚染**：逆サイホン作用とは、普通だったら高いところから低いところに水が流れるのに、水道の蛇口が水に浸かっていたりすると、逆に蛇口が水を吸ってしまうような現象です。逆サイホン作用による汚染防止には、水があふれるラインと蛇口との間に空間を作ります。蛇口が直接水につかなければ逆サイホン作用が起きないからです。この空間を吐水口空間といいます。吐水空間が設けられないときは、バキュームブレーカーを取り付けて逆流を防ぎます。

- **設置方法による汚染**：飲料水の受水槽の上に排水管が通っていたら、排水管が破損した場合、飲料水に排水が入ってしまいます。気づかないうちにそんな事が起きたら最悪ですよね。ですので、飲料水用のタンクの上には、排水管などを通さないようにします。また、上水の配管と井戸水の配管とは、直接接続してはいけません。

- **汚染防止のための点検**：水質汚染を防止するために、受水槽などの飲料水用のタンクは定期的に点検します。点検するには、人が入れるスペースが必要です。周囲および下部に60cm以上、上部に100cm以上と決まっています。

給湯設備

給湯設備は、ガスや石油、電気などでお湯を沸かし、必要な場所に供給する設備です。一般的な給湯温度は使用温度より少し高い60〜70℃で、水を混合させて適温にして使います。

- **中央式給湯方式**：貯水式のボイラーを1カ所に設置し、必要箇所に配管して給湯する方式です。一定の温度のお湯が使えるようにお湯を循環させます。お湯を強制的に循環させることで、温度低下を防止しています。水が水蒸気になって膨張したときに危ないので、安全装置が必要です。ホテル・病院・事務所などでよく使われます。

- **局所式給湯方式**：お湯を使う場所ごとに給湯器を設置する方式です。たくさんの給湯器が必要な反面、お湯の部分の配管が少なく温めたお湯が冷めにくいのが良い点でしょう。

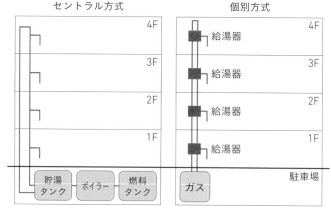

図3：ビルにおける給湯方式

- **2管式給湯配管**：お湯の送り配管とお湯が戻ってくる配管の2つがある配管です。膨張管や膨張タンクが必要です。3管式もあります。

- **給湯設備の注意事項**：加熱装置と膨張タンクをつなぐ膨張管には、止水弁を設けてはいけません。水が膨張した場合の逃げ場がなくなって配管が破裂するおそれがあるからです。また、元止め式のガス瞬間湯沸器は、給湯配管に接続してもいけません。なお、屋内の給水管には結露防止の保温材を巻いた防露被覆が必要です。配管に結露した水がつくと、配管から結露水が垂れて天井にシミがついたり、カビが発生したりするからです。

給湯器具

給湯器具にも開放型、半密閉型、密閉型といった方式があります（図4）。酸素をどのように供給して、排ガスをどのように排出するかが違います。それぞれの特徴を押さえましょう。

- **開放型燃焼器具**：燃焼空気は室内から取り込み、室内に廃ガスを放出します。石油ストーブやファンヒーターでよく使われる方式です。

- **半密閉型燃焼器具**：燃焼空気は室内から取り込みますが、煙突や排気筒を通して屋外に廃ガスを排出する方式です。薪ストーブやだるまストーブが典型的な例でしょう。

- **強制給排気型燃焼器具**：給排気筒等により屋外の空気を、内蔵ファンをつかって直接給排気する方式です。FFといわれるファンヒーターが該当します。

- **強制排気型燃焼器具**：燃焼空気は室内から取り入れ、煙突や排気筒を通して、ファンにより屋外に廃ガスを放出します。

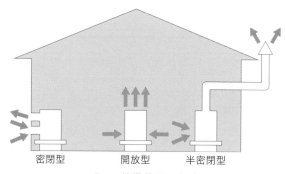

図4：給湯器具の方式

● **潜熱回収型ガス給湯器**：燃焼排気ガスに含まれる排熱を回収して、有効なエネルギーとして利用する方式です。省エネです。

排水の種類と方法

● **排水の種類**：排水には主に3つの種類があります。雑排水、汚水、雨水です。雑排水は台所、浴室、洗面、洗濯機などからの排水です。汚水は水洗便所等からの排水をいいます。雨水は屋根や庭からの雨の排水です。名前の通りなので覚えやすいですね。

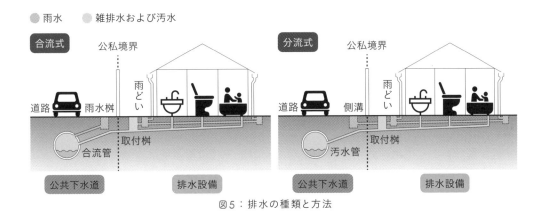

図5：排水の種類と方法

● **公共下水道への排水方法**：雑排水、汚水を下水道に放流しますが、方式には主に2種類あります。合流式と分流式です。合流式は雨水も汚水・雑排水と同じ下水道へ排水する方式です。分流式は、雨水は、雨水用の公共下水道へ排水、汚水は汚水用の下水道へ排水するというように分けて排水します。

また、直接下水道に放流するのではなく、一度処理してから排水する方法もあります。合併処理浄化槽では、汚水と雑排水をまとめて処理して放流します。単独処理浄化槽では汚水のみを処理し、放流しますが、雑排水はそのまま排水します。あくまでも浄化槽では汚水や雑排水をちゃんと放流して良い水に浄化するので、浄化槽には、雨水を流入させません。微生物（嫌気性・好気性菌）によって、汚水の養分を分解し、有害汚染は消毒によって浄化します。

● **排水トラップ**：トイレやお風呂、キッチンなどに設けられて、内部に水を貯めるために、排水口に設けられるものです。臭いニオイが上がってくるのを水でブロックしたり、害虫などの侵入を防いだりする目的があります。内部のたまり水を封水といい、深さは5〜10cmです。2重にトラップを設けるのはNGです。排水がうまくいかなくなるからです。

● **トラップの種類**：トラップの種類は6種類ほどあります。SトラップはS字に造るトラップです。自己サイホン作動により溜めていた水が一緒に流れて、水がなくなってしまうことが起こりやすいのが問題です。Pトラップは最もよくつかわれる形で、

封水も安定しています。Uトラップは横走管に設けられます。封水の安定度はSやP
に劣りますが、省スペースです。ドラムトラップは流しに使います。ワントラップ
はお風呂の床排水などでよく使います。

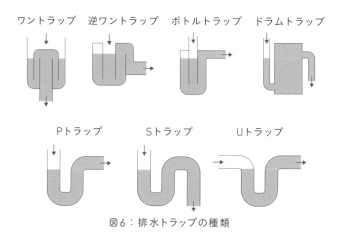

図6：排水トラップの種類

● **阻集器**：トラップの機能と有害物質などを阻止・収集する機能を併せ持ったトラッ
プです。グリース阻集器なら、油脂を集めて取り除けます。ホテルやレストランの
厨房で使います。

排水に関する用語や注意点

● **通気管**：排水管に接続して、空気を逃したりする配管です。トラップの封水切れ防
止に使います。排水管内の圧力変動を抑えるので、流れを円滑にすることができま
す。末端は、窓などの換気開口部から離します。開口部から離していないと、排水
の臭いが室内に流入して問題です。開口部の上端から60cm以上上部、水平距離で
3m以上話せばOKです。な
お、雨水排水立て管と通気
立て管は兼用できません。
　横走り通気管は、その階の
一番高い位置の衛生器具のあ
ふれる上端より、15cm以上
立ち上げて横走りさせます。
あふれるところより低くなっ
てしまうと、通気管から排水
があふれる危険があります。

● **排水槽**：保守点検が容易に
行える位置に、直径60cm

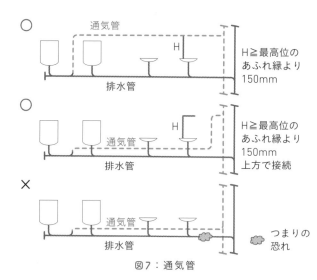

図7：通気管

以上のマンホールを設置します。排水槽の底部にはピットを設け、ピットに向かって勾配をつけて全部排水できるよう考慮します。

- **排水管**：屋内排水横管：管径が大きいものほど緩勾配とします。小さな配管ほど流れにくいので急にして、大きな配管は流れやすいので勾配がゆるくてもOKです。たとえば、65mm以下＝1／50以上、150mm以上＝1／200以上などです。

- **排水立て管**：管径は、最も排水負荷のかかる最下層部を基準に求める。上部から下部まで同一径とする。接続する横管以上の管径としないと、立て配管にきれいに流れません。

- **排水桝**：屋内からの排水管との接続箇所や配管の曲り箇所などには、排水桝を設けます。雨水・一般排水用の場合は会所桝とも呼ばれ、泥だめ、固形物だめの役割があります。泥だめの深さは15cm以上必要です。一般雑排水の場合はトラップ桝ともいい、封水部分があって下水本管からの臭いを止めています。汚水・雑排水の場合はインバート桝といい、スムーズに流れるように半円形に排水溝があります。

- **間接排水**：排水配管を一度大気中に開放し、その後一般排水配管に接続します。サヤ管のように排水配管を差し込んで、固定はせずに排水するのが一般的です。飲料用の冷水器の排水管は、直接一般の排水管にせず間接排水とします。洗濯機の排水管も間接排水とします。

衛生設備

衛生設備には、洗面器・手洗器、大便器・小便器等があります。

- **洋風大便器**：一般的な洋式のトイレです。洗い落とし式、サイホン式などがあります。

- **ロータンク**：水洗トイレで洗浄水を一定量貯めておく水タンクのことです。底部が便座と同じ程度の低い位置にあるタイプです。

- **洗面器**：取付け高さは上端が72cm程度で設置します。排水金具はPトラップ、Sトラップを使います。水を張ったときにあふれないようにオーバーフロー付きです。

一 問 一 答 で 理 解 度 チ ェ ッ ク

1 保守点検スペースとして飲料用受水槽の底部および周囲にそれぞれ60cm、上部に100cmのスペースを確保した。　答え　○

2 水道直結増圧方式は、水道本管の圧力に加えて増圧ポンプによって建築物内の必要箇所に給水する方式であり、一般に水道本管への逆流については考慮する必要はない。　答え　×

11
時間目

電気設備
電気が止まると建物の機能が止まる

電気設備は神経や健康状態にたとえられます。風邪を引いたら寝込みますよね。それと同じで、電気設備に異常が起きたら建物が使えません。電気がなければ照明がつかず、空調も使えないし、水も使えません。そんなビルなんて、まともに使えないですよね。

じっくり理解

電力

● **受電**：電気設備のおおもととなる電気の力が電力です。この電力を使うには電線から建物に電気を引っ張り込む必要があります。このことを受電といいます。受電電圧は、契約電力により決まります。

供給電力の大きさは、電圧V×電流Aです。

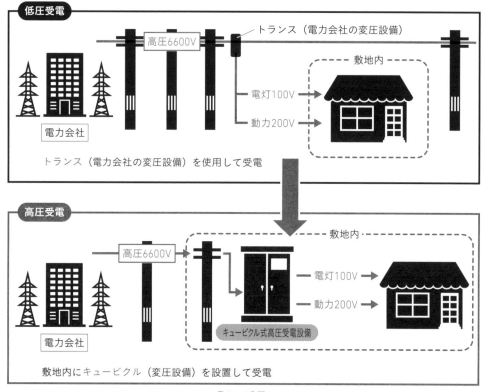

図1：受電

一般の需要家に供給される電力には、低圧・高圧・特別高圧の3種類があります。低圧は直流で750V以下、交流で600V以下です。電力の供給において、契約電力が50kW以上となる場合には、高圧受電となり、需要家側に受変電設備を設置する必要があります。7000Vを超える場合は特別高圧受電をします。

- **受変電設備**：契約電力が50kW以上で必要です。受変電設備の形式は2種類あり、開放型と閉鎖型です。開放形は受変電機器を現場で組み立てて配線します。設置面積は大きくなりますが、設備費は安いのが特徴です。閉鎖形はキュービクルともいい、鋼製のキャビネットに各機器を収めた工場組み立てのユニットです。値段は高いですが、設置面積は小さく済み安全性も高いです。屋外に設置できます。

- **受変電室の位置・面積・構造**：受変電室は、日常の保守点検が簡単で引込みや機器の搬出入に便利な場所に設置します。防火、騒音を考慮しつつ、重量も検討します。受変電室は浸水すると建物の機能が止まるので、災害の恐れ、水の浸透や湿気の少ない場所を設置場所に選びます。注意点としては、熱が大量に放出されるので、換気回数が10回/h以上必要です。また、受変電室には他設備の配管・ダクトは通してはいけません。電気室の面積は延べ面積の1〜2%程度で検討します。

- **予備電源設備**：電気が止まると建物の機能が止まるので、対策として非常用電源や予備電源を設置します。非常電源用の自家発電装置は、常用電源が停電してから電圧確立して使えるまでの所要時間を40秒以内とする決まりがあります。無停電電源装置（UPS）というのもあり、オンラインの電算機などの瞬時の停電に対処するものです。また、定電圧定周波装置（CVCF）というものもあります。電圧などの変動による電算機の誤作動やデータの破壊を防ぐ目的です。

- **電力の基本的な用語と知識**：電力は、同じ電力を供給する場合、電圧を高くすると電流が少なくなり、電線を細くできます。また、三相は単相に比べて電圧降下が小さいです。単相3線とは一般的なコンセントで100V/200Vなどがあり、主に100Vは電灯・コンセント、200Vはエアコン・40W以上の蛍光灯などで使われます。三相3線は200Vで使い、主に動力用の電力です。3路スイッチは、階段の上階と下階など照明を2カ所から点灯する場合に用いるスイッチです。同一電線管に納める電線本数が多いと電線の許容電流は小さくなる傾向があります。

屋内配線方式と用途

　住宅、中小規模事務所、店舗などでは100V単相2線式や、100V／200V単相3線式を使って配線することが多いでしょう。用途も一般的な用途に限られるので、電灯、コンセント、冷暖房機器などで使います。特殊なものを使わなければこれで問題ありません。

　小規模工場、動力用の場合は200V三相3線式を使います。大きなエアコンなどは電力の消費量も多いため、100Vではまかないきれません。モーターで使用する場合が

多く、小規模の工場だと機械をたくさん使うので選ばれます。

　大規模建築の場合は400V三相4線式を使います。単純に大規模建築の場合は電力をたくさん使いますから、400Vで電気を送ったほうがたくさんの電力を送れるので効率が良いです。

■ 電盤、配線工事

　分電盤は、負荷の中心に近く保守点検しやすい場所に設置します。ブレーカーが落ちたときに、使いにくい変な位置にあると復旧が大変ですよね。家庭でもそうなのですから、大規模なビルでも同じように点検や復旧が楽な位置を選びます。

　分電盤にはたくさんのスイッチがありますよね。あのスイッチの数だけ、主要な電気を細かく分岐させています。分岐させる回路数は、建築物の規模や負荷によって変えます。家庭だったら部屋ごとに分けたりエアコンを別回路にしたりすると、停電のリスクを下げられますよね。

　また、湯沸室、厨房など水気のある場所のコンセント回路には漏電遮断器が必要です。単純に水気があれば漏電の危険性が高いからです。洗濯用コンセントは、接地端子付きや接地極地付きとします。洗濯機は感電の危険性が高い家電なので、アースが取り付けられるようにすると重大な事故を防げるでしょう。

　賃事務所の電気シャフトは、廊下などの共用部分に面して設置します。点検をするときに、事務所に入らなくても点検できるからです。

■ 配線方法

　分電盤から先の配線方法にもたくさんの方法があります。床に埋め込んだり、カーペットの下に配線したり。点検やスペースの問題から配線方法を選択します。

- **フロアダクト配線方法**：床から電源などを引き出すのが簡単な方法です。OA機器に対応しており、60cmごとに引き出せます。
- **バスダクト配線方法**：大容量幹線に適している方法です。大規模建築でよく使われており、外箱を密閉します。
- **セルラダクト配線方法**：床構造材の波形デッキプレートの溝を利用した配線方式です。フロアダクトや金属などと組み合わせて使います。使い勝手の良い配線システムです。
- **フリーアクセスフロア**：床を2重にして、その間を配管スペースとしま

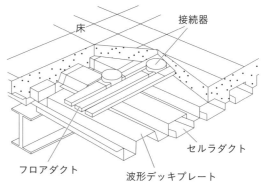

図2：フロアダクト配線方式とセルラダクト配線方式

す。レイアウト変更に柔軟に対応できるのでオフィスでよく使われます。
- **ケーブルラック方式**：天井裏にケーブルラックを敷設し、ケーブルを乗せる方式です。EPS内などの配線量が多いところで使われます。

動力制御設備

動力制御設備は、ポンプやファンなどの動力に電気を送り、制御する設備です。
- **スターデルタ始動方式**：エアコンみたいな電気量をたくさん使うものって、立ち上げのときにすごく電気を使うので、他の機器に影響がでるんです。たとえば、電源を入れると照明の方で電圧が下がって照明が一瞬暗くなることだってあります。これはエアコンが電力を一気に使うことで建物全体の電圧が一瞬下がるからです。これを防ぐのがスターデルタ始動方式で、モーターが動き始めるときの電流を抑えることで、使う電流が安定します。電流が安定するので、他の機器への影響が減るんですね。

情報通信設備

情報通信設備は情報伝達をするための電気信号を使う、弱電と呼ばれる設備です。具体的には電話、インターホン、テレビ、インターネットなどです。
- **PBX**（機内電話交換機）：事業所内などでの電話で、内線と外線を効率的かつ経済的に行う装置です。
- **LAN**（構内情報通信網）：同一建物内等に分散配置されたパソコンやプリンター等の端末同士をつないで、データのやりとりを効率的に行う設備です。

避雷設備

避雷設備は建物に落ちた雷を、建物に影響がないように地面に逃がす設備です。具体的には避雷針やそのアースなどで、高さ20mを超える建築物に必要です。引下げ導線には、鉄、銅、アルミの他、建築物等の鉄骨や相互接続した鉄筋も利用できます。とにかく安全に雷を地面に逃がせればいいので、安全なルートを作れればなんでもOKです。

───── 一 問 一 答 で 理 解 度 チ ェ ッ ク ─────

 フリーアクセス方式は、フロアダクト方式に比べて、配線の自由度が高く、配線の収納容量も多い。　　答え　◯

12 時間目 昇降機設備・防火・防災設備 防災設備は大事だけど 普段は目に見えない

ナナメ読みでおさらい

昇降機は大きな建物には欠かせない存在です。50階まで階段で登りたくないですよね。なので、効率よく安全に人を高層階に上げるために様々な工夫や決まりがあります。また、災害時などの万が一のために、建物には防災設備が備わっています。普段は目に見えませんが、用語や決まりをしっかり覚えておきましょう。

じっくり理解

昇降機設備

昇降機設備はエレベーターやエスカレーター、小荷物専用昇降機などです。それぞれに計画上の大切な点や安全のための決まりがあります。

エレベーター

- **計画上の注意点**：事務所ビルの乗用エレベーターは、利用するピーク時（通常は出勤時）の5分間当たりの人の量で台数や仕様を計画します。事務所ビルでの平均運転間隔は貸ビルの場合で40秒以下、1社専用ビルの場合で30秒以下が適切です。長くエレベーターを待つのは嫌なので、エレベーター1台当たりの受け持ちフロア数は、10〜15階までです。それを超えると、

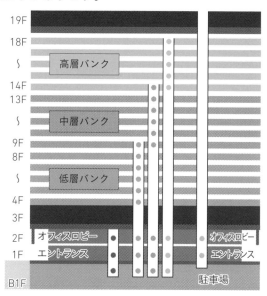

図1：エレベーターのバンク分け

1分以上エレベーターを待つこともあるので、サービスの質が低下します。

エレベーターの速度制御方式で一番採用されているのはVVVF制御と呼ばれるもので、電圧と周波数を同時に連続的に変化させ、荷重などの負荷に応じて電動機のスピードを制御します。

- **エレベーターの防災対策**：昇降路内に人を入れない、地震や火事のときはすぐにエレベーターを止めて近くの階に止めるといったことが挙げられます。具体的には、エレベーターの昇降路内には、エレベーターに必要のない給水や排水等の配管設備

を設置してはいけません。昇降路内はとても危ないので、点検などで入る回数を可能な限り減らしたいからです。ただし、光ファイバーケーブルは設置することができます。また、エレベーターの防火対策として、地震時管制運転装置に使用するP波感知器は、S波より先に来るP波を正確に感知する機能があるものを、昇降路底部か建物の基礎に近い階に設置します。一般用のエレベーターは、火災時に速やかに安全な避難階に止めて、乗客がかごから出た後に運転を中止させます。地震でエレベーターがその場で止まってしまうと閉じ込めの危険がありますし、大地震でかごが落下したら危ないからです。

エスカレーター

●**計画上の注意点**：エスカレーターはエレベーターの十数倍の輸送能力があります。百貨店等の大型店舗ビルに両方設置する場合、エスカレーターで客を輸送する割合を80〜90％で計画します。

●**エスカレーターの決まり**：エスカレーターの勾配は、基本的に30°以下とします。勾配が30°を超える場合には制限がより厳しくなり、勾配は35°以下、踏段の定格速度は30m/分以下、揚程は6m以下、等の制限を受けます。他にも、踏段の幅は1.1m以下、踏段の端から手すりの上端部の中心までの水平距離は25cm以下と決まっています。

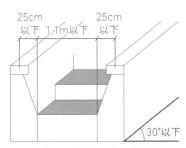

図2：エスカレーターの寸法

●**エスカレーターの安全上のポイント**：エスカレーターの手すりの上端の外側から水平距離50cm以内で天井等と交差する部分には、保護板を設けなければいけません。エスカレーターから乗り出したり、手を出したりした人が挟まれてしまうからです。また、エスカレーターの乗降口で、ハンドレール折り返し部の防火シャッターが閉じ始

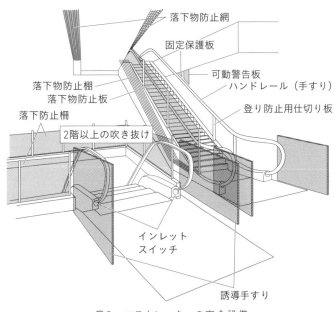

図3：エスカレーターの安全設備

Figure labels: 落下物防止網, 固定保護板, 可動警告板, ハンドレール（手すり）, 登り防止用仕切り板, 落下物防止棚, 落下物防止板, 落下防止柵, 2階以上の吹き抜け, インレットスイッチ, 誘導手すり

めたら、連動してエスカレーターを停止させます。

防災設備

　防災設備とは、災害が起きたときに安全に避難するための設備です。避難経路がわかりやすい誘導灯や、停電が起きたときの非常用の照明、火災が起きたことを感知する煙感知器など、たくさんの設備があります。

● **誘導灯**：避難誘導用の標識です。停電が起きたら、20分以上点灯するために非常電源も合わせて必要です。

● **非常用照明装置**：非常時に点灯し、30分以上点灯する必要があります。また、直接照明の場合は床面で1ルクス以上の明るさが必要です。

● **非常電源**：消火設備、防災設備が非常時に動かせるように必要です。電気配線は一般配線とは別回路とします。非常電源には非常電源専用受電設備、自家発電設備、蓄電設備、燃料電池の4種類があります。

● **自動火災報知機**：火災が起こったら自動で知らせてくれる設備です。何種類かあります。差動式熱感知器は温度の上昇率によって作動する方式の感知器です。定温式熱感知器は一定の温度以上になると作動します。煙感知器は煙で作動しますが熱では作動しません。光電池式スポット型煙感知器だと煙の濃度が一定以上で作動します。

　自動で知らせてくれる報知機以外にも、火災報知器に関する設備はあります。発信機は手動による押しボタンです。受信機は発信機・感知器からの信号で、火災場所を表示したり、非常ベルを鳴らしたりします。音響装置は決まった音量以上で知らせてくれます。

● **非常用エレベーター**：消防隊の消火活動用のエレベーターです。サービス用のエレベーターとして兼用もできます。非常時にはサービス用としては使えません。消防用のハシゴ車が達することのできない高さ31mを超える建築物に、設置が義務づけ

　誘導灯

　屋内
　消火栓

・自動火災報知機
・非常警報
・非常放送
・移動式粉末消火設備
・火災通報装置　等

自動火災報知設備等、消防用設備工事建物の面積により設置義務が決められている。

図4：防災・消防設備

られています。

- **階段部分等の区画**（竪穴区画）：階段、エレベーターなどの縦につながっている部分を区画します。竪穴は火事が起きた際に煙が一気に上層階まで広がってしまい、上層階の人の避難が間に合わなくなるので区画が必要です。

- **バルコニー**：下階からの延焼防止に有効です。バルコニーがあると火が窓から吹き出た際に上階の壁面を燃やさないので、上階への延焼を防止できます。また、避難経路としても有効です。

- **避難階段**：避難をスムーズに行うために防火性能を高めた、避難階までの直通の階段。屋内・屋外どちらでもOKです。

- **フラッシュオーバー**：爆発的に延焼する火災現象。フラッシュオーバーが起こると一気に火が燃え広がるので、フラッシュオーバーまでの時間を長くできるように計画します。

- **避雷針**：高さ20mを超える建物や工作物に必要です。避雷針が落雷を保護できる角度を保護角といいます。

消防設備

- **屋外消火栓設備**：屋外から建物の1階、2階の火災を消火し、隣接する建物への延焼を防止するための設備です。

- **屋内消火栓設備**：防火対象階ごとに設置して、消火活動を行うための設備です。1号と2号の種類があります。2号消火栓の警戒区域は半径15m以内です。1号は25m以内です。

- **スプリンクラー設備**：火災を自動感知して放水する設備です。初期消火にとても有効です。

- **水噴霧消火設備**：水を霧状にして消火する設備です。油火災にも効果を発揮します。

- **泡消火設備**：酸素供給の遮断と冷却効果で消火します。油火災にも有効です。

- **不活性ガス消火設備**：ガスを送り込むことで酸素の供給を減らし消火します。水で消火できない火災（電気火災など）に有効です。美術館、駐車場などにも使用されます。

- **粉末消火設備**：粉末で酸素の供給を遮断し消火します。液体燃料による火災に有効です。

- **ビルなどにおける消防隊消火活動**：屋外にある連結送水設備にポンプ車からの送水を接続することで、高層階に水を送り込んで消火活動をします。送水管の排水口は建物1階の道路側に設けます。連結散水設備は、地下での火災時に1階のポンプ車から送られた水を天井部分の散水ヘッドから散水します。消防ポンプ車から排水口・配管を通じて排水を行い、消火します。

- **閉鎖型スプリンクラー**：乾式・湿式・予作動式の3種類があります。ヘッド部分が

火災時に火を感知して散水します。乾式はヘッド部には水を入れておらず、湿式は水を満たします。

● **防火戸**：文字通り火を防ぐ戸が防火戸です。基本的に常閉で管理しますが、煙感知器と連動する場合は常開にすることもでき、火災が起きた際に自動で閉じるようにする必要があります。そのため、予備電源が必要です。

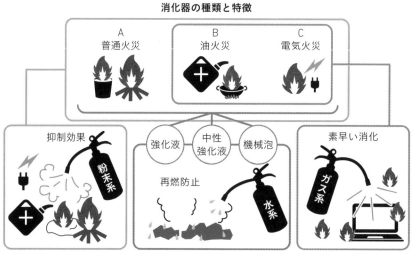

図5：消火設備の種類

一問一答で理解度チェック

1 屋内消火栓設備の2号消火栓の警戒区域は、原則として半径15m以内である。　答え　○

2 泡消火設備は電気室やボイラー室の消火設備として適している。　答え　✕

まなびなおし

3

法 規

01
時間目

用語の定義
用語を知らなきゃ会話もできない

ナナメ読みでおさらい

用語の定義は建築法規でも最初から最後まで使い、他の科目でも普通に使われます。基本中の基本なので、完全に理解しましょう。

じっくり理解

 建築物

● **建築物**：土地に定着する工作物のうち、屋根、柱または壁があるもの。地下または高架の工作物内に設ける事務所、店舗、興行場、倉庫等も建築物。
① 屋根と柱または壁があるもの
② 付属する門や塀
③ 地下や高架の工作物
④ 帆布などの膜材で造ったスポーツ練習場の上家など
⑤ 観覧のための工作物（これは屋根がなくても建築物）
　建築物ではないものは以下のものです。
　鉄道及び軌道の線路敷地内の運転保安に関する施設、跨線橋、プラットホームの上家、貯蔵槽などは建築物ではない。
● **建築**：建築物を新築、増築、改築、移転すること。
● **新築**：更地に新しく建築物を建てること。
● **増築**：現在ある建物に床面積を増やすこと。同じ敷地に別棟を建てる場合も増築。
● **改築**：建物の全部または一部を壊して、構造、規模、用途が同じような建物を造ること。
● **移転**：同じ敷地内で建築物を移動すること。

 特殊建築物

特殊建築物：専用住宅（戸建てや長屋）、事務所以外のほとんどの用途が特殊建築物。普通の建築物よりも制限が厳しい。たとえば、学校、体育館、病院、劇場、観覧場、集会場、展示場、百貨店、市場、ダンスホール、遊技場、公衆浴場、旅館、共同住宅、寄宿舎、下宿、工場、倉庫、自動車車庫、危険物の貯蔵場、と畜場、火葬場、汚物処理場などが特殊建築物。
　法別表1（い）欄に、耐火建築物や準耐火建築物としなければならない特殊建築物が

決められている。

　分類して覚えやすくするなら以下の通り。

① 不特定多数が利用する建物（劇場、百貨店）

② 生活を共有する施設（共同住宅、寄宿舎）

③ 医療、教育、児童福祉施設（病院、学校、図書館）

④ 危険物貯蔵施設

⑤ 都市計画上の配慮を要する施設（汚物処理場、火葬場）

⑥ その他（自動車車庫、倉庫）

 建築設備

　建築設備：日常生活に欠かせない水、電気、ガスや空気といったものを使えるようにする機械・配管・配線・器具そしてそのシステムのこと。

　たとえば、エレベーターやスプリンクラー設備、貯水槽は建築設備。かごの水平投影面積が$1m^2$以下でかつ天井高さが1.2m以下のダムウェーター（小荷物専用昇降機）は建築設備ではない。

　具体的には建築物に設ける次のものが建築設備。

① 電気、ガス、給排水、汚物処理の設備、換気、冷暖房

② 消火、排煙

③ 煙突、昇降機、避雷針

延焼の恐れのある部分

　延焼の恐れのある部分：隣地境界線や道路中心線、建築物相互の中心線から1階では3m以下、2階では5m以下の距離にある建築物の部分。

　延焼の恐れのある部分にある開口部は防火設備が必要になる。外壁は防火構造が求められる。

　なお、公園や広場、川などに面する場合や耐火構造の壁に面する部分は除外される。

　製図試験でも使うので必ず覚えよう。

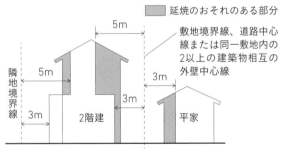

図1：延焼の恐れのある部分

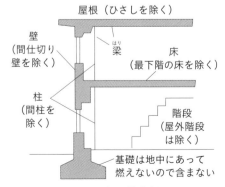

図2：主要構造部

主要構造部

　主要構造部：柱、梁、床、壁、屋根、階段の6つ。

　構造上重要ではない最下階の床、屋外階段、間仕切壁、ひさし、基礎、土台などは主要構造部ではない。構造耐力上主要な部分と間違いやすいので注意が必要。

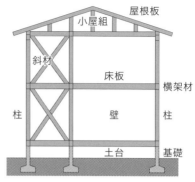
図3：構造耐力上主要な部分

 ## 構造耐力上主要な部分

　構造耐力上主要な部分：基礎、基礎ぐい、壁、柱、小屋組、土台、斜材などで、建築物に作用する荷重（自重、風荷重、積雪荷重、積載荷重、風圧）や震動、衝撃などの外力を支えるもの。

　主要構造部（柱、梁、床、壁、屋根、階段）とは別物なので注意。

 ## 大規模の修繕・模様替え

　大規模の修繕・模様替：主要構造部（柱、梁、床、壁、屋根、階段）の1種類以上の半分以上について修繕、模様替えをすること。構造耐力上主要な部分を修繕しても大規模の修繕には該当しない。

 ## 耐火建築物

　耐火建築物：① 主要構造部（柱、梁、床、壁、屋根、階段）が耐火構造で、かつ②外壁の開口部で延焼の恐れのある部分に防火設備がある建築物を言う。

不燃材料、準不燃材料、難燃材料

　不燃材料、準不燃材料、難燃材料は
① 延焼しない
② 防火上有害な変形、溶融、亀裂を生じない
③ 避難上有害な煙、ガスを発生しない（外部仕上は除く）
　の3つの性能を満たした材料である。不燃材料は20分間、準不燃材料は10分間、難燃材料は5分間炎に耐えてその性能を満たす。

性能規定なので、難燃材料とするといった指定の場合は上位の性能である準不燃材料や不燃材料でもよい。

不燃材料の例としては、ガラス、レンガ、漆喰、磁器質タイルなどがある。準不燃材料は厚さ9mm以上の石こうボード。難燃材料は厚さ7mm以上の石こうボード。

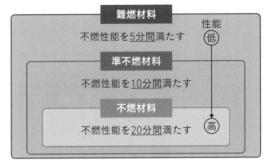

図4：不燃材料、準不燃材料、難燃材料

学びなおし 3

法規

地階

その階の床が地盤面より低く、床面から地盤面までの高さがその階の天井高さの1/3以上のものをいう。

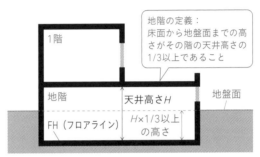

図5：地階

避難階

直接地上に通じる出入口がある階。通常は地上1階が避難階。斜めの敷地など、高低差がある敷地に建物が立っている場合は、避難階が複数になることもある。

屋上のヘリポートや避難バルコニーなどがあっても、地上に直接通じていないので避難階ではない。

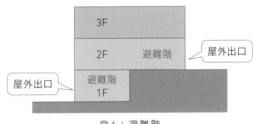

図6：避難階

その他重要用語

● **耐火性能**：通常の火災が終了するまでの間、建築物の倒壊、延焼を防止するために建築物の部分に必要な性能。主要構造部（柱、梁、床、壁、屋根、階段）は階数によって30分〜3時間、構造上問題になる変形、溶融、破壊に耐えられる性能。さらに、遮熱性と遮炎性は30分〜1時間必要。

● **準耐火性能**：耐火性能の劣化版。火災の延焼を抑制するために建築物の部分に必要な性能。主要構造部（柱、梁、床、壁、屋根、階段）は30分〜45分間、構造上問題になる変形、溶融、破壊に耐えられる性能。さらに、遮熱性と遮炎性は30分〜45分間必要。

● **防火性能**：外壁や軒裏に必要な性能。建築物の周囲で発生する火災から建築物が延焼しないように、加熱開始後30分間、構造上問題になる変形、溶融、破壊をしない。

耐火イメージ
建築物内で発生した火災を一定
時外部に出さない。また、その
建築物が倒壊しないこと。

防火イメージ
近隣火災の火の粉等により、炎
が室内に達するような延焼を防
ぐこと。

図7：耐火と防火のイメージ

外壁と軒裏は、加熱面以外に温度が伝わっても燃焼しないもの。

- **準防火性能**：防火性能の劣化版。周囲の火災から建築物が延焼しないように一定の効果を発揮するための外壁に必要な性能。

- **特定防火設備**：通常の火災で加熱開始後1時間、加熱面以外の面に火炎を出さない大臣認定のもの。①常時閉鎖か作動した状態にあるか、随時閉鎖か作動できる状態にあり、②煙や温度上昇により自動閉鎖したり作動したりし、③防火区画の種類に応じて遮煙性能を持ち合わせる。

- **防火設備**：通常の火災で加熱開始後20分間、加熱面以外の面に火炎を出さないもの。防火戸やドレンチャーなどで火炎を遮る。閉鎖したり作動したりした状態で避難に支障がない。

- **遮炎性能の技術的基準**：通常の火災で、加熱開始後20分間、加熱面以外に火炎を出さない。

- **準遮炎性能の技術的基準**：加熱開始後20分間、屋内限定で加熱面以外に火炎を出さない。

- **設計**：設計とはそのものの責任で設計図書を作成すること。

- **設計者**：責任を持って設計図書を作成した人のことをいう。

- **設計図書**：建築物などの工事用の図面と仕様書をいう。原寸図などは除く。

- **工事監理者**：責任を持って工事が設計図書通りに実施されているかを確認する人。工事を設計図書の通りに実施させることは含まない。

- **工事施工者**：建築物や敷地、準用工作物の工事を請け負った人、自分で工事をする人。

- **建築主**：工事の請負契約を注文した人。契約しないで自分で工事をする人も含む。

- **敷地**：1つの建築物または用途上分けられない関係にある2以上の建築物のある1まとまりの土地。

- **居室**：人が住居、執務、作業、集会、娯楽などのために継続的に使用する部屋。居室には天井高さや換気、採光等に関する決まりがある。

- **特定行政庁**：建築主事がいる市町村では市町村長。その他の市町村では都道府県知

居室 居間に含まれない

台所・食堂・居間など

玄関・廊下・浴室・便所など

図8：居室

事。

- **耐水材料**：耐水性の材料。レンガ、石、アスファルト、コンクリート、ガラスなど。
- **防煙壁**：間仕切壁や天井面から50cm以上下方に突き出した垂れ壁、その他煙の流動を妨げる効果のあるもの。不燃材料で造り、または覆われたもの。

一 問 一 答 で 理 解 度 チ ェ ッ ク

1 建築物の自重等を支える基礎杭は「主要構造部」である。 答え ✕

2 敷地に高低差のある場合は、建築物の避難階が複数となる場合がある。 答え ○

02 時間目 建築手続き バカにできない建築手続き

ナナメ読みでおさらい

建物を建てるにはいろんな手続きが必要です。こんな建物を造りますと申請したり、実際に申請した通りになっているか確認したりします。ここではそういった建築に関わる手続き関連を把握してください。

じっくり理解

確認申請の流れ

建築を行うには基本的には確認申請が必要です。確認申請とは、こんな建物を造りますよと図面を提出して、問題がないか確認を受けることです。

確認申請でOKが出れば、実際に工事を開始します。ですが、工事をしたら、図面通りじゃないといったことも考えられますよね？　ですので、工事の途中で、図面通りに造られているかを確認するために、指定された工程で検査を受けます。これが中間検査や完了検査です。

検査に合格すれば建物が使用可能になります。これが一般的な建物を計画して実際に使用できるようになる流れです。

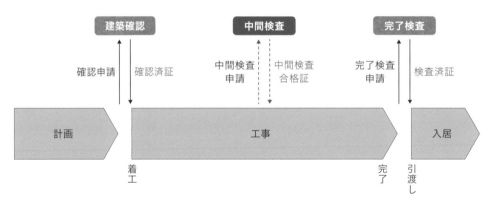

図1：確認申請の流れ

確認をしてもらう申請先は、建築主事という行政の人と、指定確認検査機関と呼ばれている民間の確認機関のどちらかを選べます。

中間検査【法第7条の3】

　中間検査は、大規模な工事などで、図面通りに造っているかを確認する検査です。一定の構造、用途、規模の建築物では、この辺で確認が必要だよなと特定行政庁がタイミングを指定して、確認します。この中間検査が必要な工程を特定工程と呼びます。たとえば、基礎工事に着手したタイミングや2階の床配筋工事をするタイミングです。小さい建物なら中間検査はありません。

木造	鉄骨造	鉄筋コンクリート造
①屋根工事の完了	①基礎工事の完了 ②1階の建て方完了	①基礎工事の完了 ②2階の床、はりの配筋 　工事の完了

図2：特定工程の例

　特定工程の工事が終了したときは、建築主は建築主事（行政）に工事終了日から4日以内に、中間検査申請が必要です。民間の指定確認検査機関に申請してもOKです。
　建築主事等は、中間検査申請の受理日から4日以内に検査を行い、問題がなければ建築主に中間検査合格証を交付します。
※ちなみに建築主事等とは、建築主事とその委任を受けた地方公務員のことを言います。

完了検査【法第7条第1項・第2項】【法第7条第4項・第5項】

　完了検査は、工事が完了した建物の使用をしていいかどうかを確認する検査です。確認申請で確認済証の交付を受けた工事を完了したときは、建築主は建築主事に工事完了日から4日以内に完了検査の申請をしなければいけません。もちろん民間の検査機関に申請してもOKです。
　建築主事等は、完了検査申請の受理日から7日以内に検査を行い、問題がなければ建築主に検査済証を交付します。検査済証を交付してもらって、建物が使用できます。

指定確認検査機関による完了（中間）検査

　指定確認検査機関とは、民間の検査機関です。基本的には行政の建築主事に確認を

お願いするのですが、建築主事もそんなにたくさんはいないので、民間の検査機関が行政の検査を代行しています。そのため、指定確認検査機関が行った検査は、建築主事が行ったものとみなされます。行政だろうと民間だろうと、検査の引受期間はそれぞれの工事後、4日以内です。

　民間の検査機関である指定確認検査機関が検査を引き受けた場合は、建築主には検査を引き受けたことを証する書面を発行して報告し、行政の建築主事には引き受けたことを連絡します。問題がなければ、建築主に検査済証（中間検査の場合＝「中間検査合格証」）を交付します。検査済証を交付して、検査結果を特定行政庁に報告します。民間で合格でも行政で不合格の場合は、特定行政庁が建築主に是正措置を指示します。

仮使用の承認申請【法第7条の6第1項第1号】【法第7条の6第1項第2号】【法第7条の6第1項第3号】

　仮使用とは、検査済証をもらう前に建物を使用することです。普通は完了検査に合格しないと使用できません。ですが、ローリング工事のように造っては引っ越して壊しを繰り返す場合だと、完全に建物が完成する前に建物を使わないと計画が成り立ちません。なので、仮使用という制度があります。

　検査済証交付前に建築物の使用について建築主が、仮使用の承認の申請をしてOKをもらえれば、検査済証の交付前でも建築物の仮使用ができます。

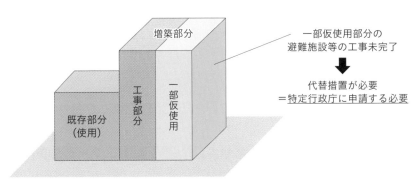

図3：仮使用申請の部分

　仮使用が認められる条件は以下の3つです。
①特定行政庁が、安全上、防火上及び避難上支障がないと認めた
②建築主事が安全上、防火上及び避難上支障がないと認めた
③完了検査の申請が受理された日から7日を経過した

維持保全【法第8条第1項・第2項】

　建物は造ったら終わりではありません。長く建物を使うので、放置していれば劣化

して違法な状態になることもあるでしょう。適法な状態を保つためには、所有者、管理者又は占有者は、「建築物の敷地、構造、建築設備を常時適法な状態に維持するように努めなければ」いけません。また、所有者又は管理者は、「維持保全に関する準則又は計画を作成」することが必要です。

違反建築物

　維持保全をしなかったり、申請をちゃんとしなかったりしなければ、法令違反の建築物ができあがります。違反建築物に対しても、ちゃんと決まりがあります。
　特定行政庁は、違反建築物を造った建築主、工事の請負人や現場管理者等に対して、工事の停止、建築物の除去・使用禁止等の措置ができます。また、違反建築物の設計者等に対する措置も行うことができます。設計の段階で申請をしなかったのか、維持保全をしなかったがために違反建築物になったかで、措置の対象が変わります。

定期報告

　建物の維持保全をちゃんとしているかどうかって何もしなかったらわかりません。なので、ある一定規模や特殊な用途の建築物は所有者、管理者に定期報告が義務付けられています。
　具体的には以下の建物です。
①特殊建築物で、特定行政庁が指定するもの。
②事務所等の建築物で、階数が5階以上、延べ床面積1000m²超のもの。
　建築物の所有者、管理者は、建築物の敷地、構造、建築設備について、定期に1級、2級建築士、建築物調査員の誰かに調査させ、その結果を特定行政庁に報告しなければいけません。
　一方で、行政側からも定期報告してくださいねと求めることができます。特定行政庁、建築主事又は建築監視員は、建築物の設計者に対して、建築物の敷地、構造、建築設備又は用途に関する報告を求められます。12条報告と呼ばれています。

建築工事届・建築物除却届

　建築を計画する場合や建て終わった場合にも届け出が必要でしたが、工事を開始する場合や、解体工事をする場合にも届け出が必要です。たとえば、建築物を建築する場合だと、建築主の建築工事届が必要です。建築物を解体して除去する場合だと、工事を施工する者が建築物除却届を建築主事を経由して、都道府県知事に届け出なければいけません。ただし、除外規定もあって、建築物か工事部分の床面積の合計が10m²以内の場合は提出しなくてもOKです。

建築確認申請が不要な建物でも、「建築工事届」は必要なので注意が必要です。

道路位置指定申請【令第144条の4】【法42条第1項第5号】

大きな敷地にいくつかの建物を建てようと思えば、私道を計画する必要があるでしょう。そんなときも申請が必要です。道路法等によらないで、道に関する基準に適合する道を築造する場合に行う申請を道路位置指定申請と言います。道路を造る予定の人が、特定行政庁に届け出なければいけません。

道路にはいくつかの種類があります。詳細は16時間目で記載する道路の項目を見てください。

一 問 一 答 で 理 解 度 チ ェ ッ ク

1 木造3階建て一戸建て住宅の新築工事について検査済証を受ける前に使用する場合は、仮使用の認定を受ける対象となる。　　答え ○

2 建築物である認証型式部材等で、その新築の工事が建築士である工事監理者によって設計図書の通り実施されたことが確認されたものは、完了検査において、その認証による型式に適合するものとみなす。　　答え ○

03 時間目 確認申請 確認申請こそ設計の最初の関門

ナナメ読みでおさらい

確認申請は一級建築士にとっては避けて通れない申請です。小さな建物では必要ありませんが、中規模以上や特殊な建物ではほとんど必要です。ここでは確認申請が何なのか、どんなときに必要か、といったことを理解しましょう。

じっくり理解

確認申請とは

- **確認申請**：建物を建てる前に図面を見て、適法かどうか確認することです。建築主は、建築物の工事着手前に、建築主事に確認申請書を提出して、その計画が法に適合することを確認してもらい、確認済証の交付を受けなければいけません。また、確認済証の交付を受けた後に計画を変更する場合にも、計画変更の確認を受ける必要があります。

確認申請が必要な場合

確認申請が必要な場合は多岐にわたります。基本的に必要ですが、それ以外の場合でも必要なパターンは多いです。可能なら暗記してください。

- **特殊建築物の場合【法第6条第1項第1号】**：床面積が200m²を超えるもの。用途変更をして、特殊建築物になる場合も同じです。類似の用途での変更は確認申請が不要です。
- **仮設建築物の場合【法第85条】**：全国で必要です。ただし、災害時の応急仮設建築物、仮設の工事現場事務所等は不要です。
- **建築設備を設置する場合【法第87条の4・令第146条】**：全国で必要です。
- **除外規定【法第6条第2項】**：防火地域・準防火地域内以外で、床面積10m²以内の増築、改築、移転する場合（※新築は除外されていません）。

規模と構造、工事種別			地域・地区	都市計画区域 防火・準防火地域	都市計画区域	準都市計画区域、準景観地区	その他の地域
大規模	木造 下記のいずれか ・階数3以上 ・延べ面積500m²超 ・軒の高さ9m超 ・高さ13m超	木造以外 下記のいずれか ・階数2以上 ・延べ面積200m²超	新築	○	○	○	○
			増築など 10m²超	○	○	○	○
			増築など 10m²以内	○	—	—	—
			大規模の修繕・模様替え	○	○	○	○
			上記以外の工事	—	○	○	○
小規模（4号建築物）	木造 下記をすべて満たす ・階数2以下 ・延べ面積500m²以下 ・軒の高さ9m以下 ・高さ13m以下	木造以外 下記をすべて満たす ・平屋建て ・延べ面積200m²以下	新築	○	○	○	○
			増築など 10m²超	○	○	○	○
			増築など 10m²以内	○	—	—	—
			大規模の修繕・模様替え	—	—	—	—
			上記以外の工事	—	—	—	—

表1：確認申請が必要な場合

特殊建築物とは

オフィスなどの一般的な建物ではなく、劇場や病院など不特定多数の人がたくさん集まったり、避難が大変だったりするものが該当します。01時間目で勉強しましたが復習しましょう。

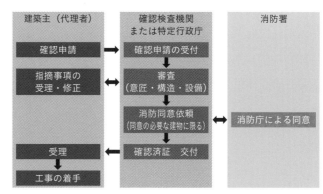

図1：確認申請の流れ

- **劇場など**：劇場、映画館、演芸場、観覧場、公会堂、集会場その他
- **病院など**：病院、診療所、ホテル、旅館、下宿、共同住宅、寄宿舎その他、類するもの（児童福祉施設等）
- **学校など**：学校、体育館その他、類するもの（博物館、美術館、図書館）
- **百貨店など**：百貨店、マーケット、展示場、キャバレー、カフェ、ナイトクラブ、バー、ダンスホール、遊技場その他、類するもの（公衆浴場、料理店、飲食店）
- **倉庫など**：倉庫その他
- **自動車車庫など**：自動車車庫、自動車修理工場その他、類するもの
- **児童福祉施設等など【令第19条】**：児童福祉施設、助産所、老人福祉施設、有料老人ホームなど

工作物の確認申請【法第88条・令第138条】

政令で指定された工作物を築造する場合には、確認済証の申請が必要です。

- 煙突（高さ6mを超える）
- 鉄筋コンクリート造の柱、鉄柱、木柱等（高さ15mを超える）
- 広告塔、広告板、装飾塔、記念塔等（高さ4mを超える）
- 高架水槽、サイロ、物見塔等（高さ8mを超える）
- 擁壁（高さ2mを超える）
- 観光用の乗用エレベーター、エスカレーター
- 高架の遊戯施設（コースターなど）
- 原動機付きの回転する遊戯施設（観覧車、飛行塔など）
- 特定の「駐車施設」、「製造施設」、「貯蔵施設」他

指定確認検査機関による確認

指定確認検査機関という民間の検査会社が確認を行ったものは、建築主事の確認を受けたものとみなされます。指定確認検査機関は、確認済証を交付したことを特定行政庁に書類の提出をして報告します。

民間がOKといっても行政の特定行政庁がNGなら確認済証は無効とされることもあります。

一問一答で理解度チェック

1 木造、延べ面積500m²、高さ8m、地上2階建ての事務所の屋根の過半の修繕は確認申請が必要。

答え

04 時間目
面積・高さの算定
算入される部分とされない部分を覚えよう

ナナメ読みでおさらい

面積や高さには様々な基準があります。面積だったら建築面積と敷地面積と延べ面積で全然違いますし、面積に算入しない部分もそれぞれ違います。ここではそういった基準、基本を理解しましょう。

きくりん先生のつまずき解消のコツ・やさしい解説

計算や緩和条件が出るから、繰り返し練習しよう。緩和条件はものによって違うから間違えやすいので注意しよう。

じっくり理解

敷地面積【令第2条第1項第1号】

- **敷地面積**：敷地を真上から見たときの水平投影面積のことです。図1のCです。CにはBも含まれますよ。

- **敷地面積に算入されない部分**：実際には敷地であっても、計算上では敷地の面積から引く部分があります。具体的には、道路とみなされる部分は算入しません。道路は4mないと車がすれ違えません。そうなると、4mに満たない道路は4mにする必要があるので、敷地を削って道路扱いされます。敷地を道路扱いする場合は2種類です。道路の向こう側が普通の土地か、水面や線路などの動かせない場所かで分かれます。

道路の向こう側が普通の土地の場合は、道路の中心線から2m後退した位置（図2左のセットバック部分）を道路境界線とみなします。この場合、道路の中心線より2mずつ振り分けて敷地面積を削ります。

反対側が水面や線路敷地など、これ以上後退できない場合は、向こう側の道路境界線から4mの線（図2右のセットバック部分）を道路境界線として敷地を削ります。計算するときは単純で、道路の反対側から4m測ればOKです。道路とみなされる部分は建ぺい率や容積率の計算をするときも敷地面積には算入されません。建築も制限されます。

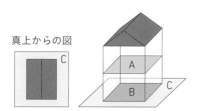

真上からの図

敷地面積＝C、建築面積＝A＝B
床面積＝AまたはB、延べ面積＝A＋B

図1：面積の種類

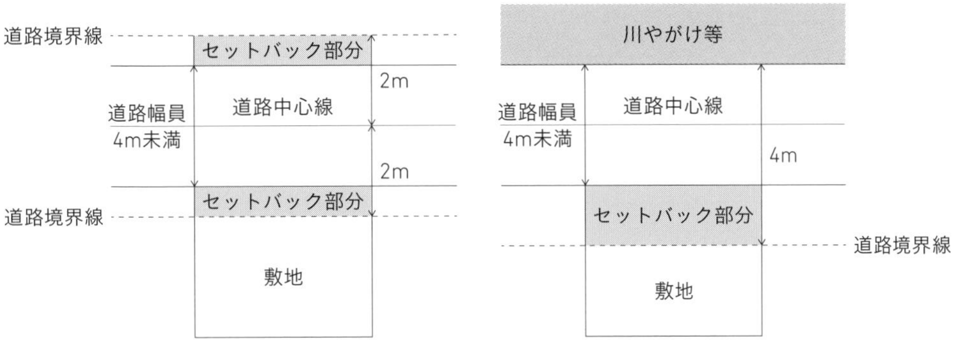

図2：敷地面積の除外

建築面積【令第2条第1項第2号】

- **建築面積**：建築物の外壁や柱の中心線で囲まれた部分を真上から見たときの水平投影面積です。図1のBです。
- **建築面積に算入されない部分**：地下階で地面より上の部分が1m以下の部分は算入しません。一方で、地面より上の部分が1mを超える場合は建築面積に算入するので注意が必要です。また、軒、ひさし等は、先端から1m後退した部分までは建築面積に算入しません。

床面積【令第2条第1項第3号】

- **床面積**：建築物の各階、又はその一部で、壁などの中心線で囲まれた部分を真上から見た水平投影面積のことです。図1のAやBです。
- **床面積に算入されない部分**：ピロティ、ポーチ、バルコニー、吹抜け等は算入しません。外に開放されている屋外階段等も含みません。

延べ面積【令第2条第1項第4号、令第2条第3項】

- **延べ面積**：建築物の各階の床面積の合計です。塔屋、地階もすべて合計します。図1のA＋Bです。
- **延べ面積に算入されない部分**：容積率を算定するときの延べ面積は、下記は算入しません。
  地階（住宅部分に限る）（延べ面積の1/3まで）
  車庫（延べ面積の1/5まで）
  備蓄倉庫（延べ面積の1/50まで）
  蓄電池設置部分（延べ面積の1/50まで）

自家発電設備設置部分（延べ面積の1/100まで）

貯水槽設置部分（延べ面積の1/100まで）

宅配ボックス設置部分（延べ面積の1/100まで）

※延べ面積は容積率を算定する場合の床面積（法52条）とは違うので注意してください。

建築物の高さ【令第2条第1項第6号】

● **建築物の高さ**：建築物の高さは、地盤面から測ります。道路高さ制限を検討する場合は、地盤面からの高さではなく、道路の路面の中心からの高さを使います。

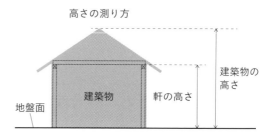

図3：建築物と軒の高さ

● **建築物の高さに算入する場合、算入されない場合**：通常の建築物の高さを求める場合、建築面積の1/8以下の塔屋等は、12mを限度として高さに算入しません。絶対高さ、日影規制に建築物の高さを用いる場合は、塔屋等は5mを限度として算入しません。また、棟飾、防火壁の屋上突出部等は、高さに算定しません。なお、避雷設備の検討、北側高さ制限に建築物の高さを用いる場合、塔屋等はすべて算入します。

軒の高さ【令第2条第1項第7号】

● **軒の高さ**：地盤面から小屋組や横架材を支持する壁、敷桁、柱の上端までの高さです。

階数【令第2条第1項8号】

● **階数**：地階と地上階の階の数の合計です。

● **階数に算入されない場合**：階数に算入しない場合は2種類です。地下の場合と屋上の塔屋の場合です。地下階の場合は、階段室、倉庫、機械室等に使われていて建築面積の1/8以下しかない場合は階数として計算しません。屋上の塔屋の場合は、階段室、昇降機塔、

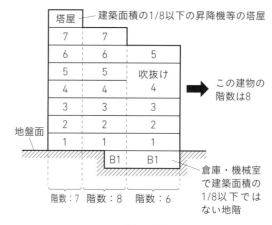

図4：階数の考え方

物見塔等の用途で建築面積の1/8以下の場合は階数に数えません。ただし、避雷設備を検討する場合の階数では、建築面積が1/8以下の場合であっても階数に入れます。

なお、吹抜がある場合は吹抜以外の部分で階数が最大のものを階数として使います。

地盤面【令第2条第2項】

● **地盤面**：建築物が周囲の地盤と接する位置の平均高さにおける水平面をいいます。地盤面の高低差が3mを超える場合、3m以内ごとの平均の高さをそれぞれの地盤面として扱います。

--- 一 問 一 答 で 理 解 度 チ ェ ッ ク ---

1 建築物の屋上部分で、水平投影面積の合計が当該建築物の建築面積の1/8以下の塔屋において、その一部に休憩室または物置を設けたものは、当該建築物の階数に算入する。　　答え ◯

2 避雷設備の設置を検討するに当たっての建築物の高さの算定について、建築物の屋上部分である階段室で、その水平投影面積の合計が当該建築物の建築面積の1/10の場合においては、その部分の高さは、当該建築物の高さに算入しない。　　答え ✕

05 時間目 天井高さ・床高・階段 快適さや安全性から決まった寸法を 把握しよう

ナナメ読みでおさらい

天井高さが低すぎると、頭がぶつかったり手を上げたときに当たったりして過ごしにくいですよね？ ですので、天井高さには決まりがあります。同じように階段の決まりも安全性や使い勝手で決まっています。ここでは、天井高さと階段の決まりについて把握しましょう。

じっくり理解

 天井の高さ【令第21条】

- **天井の高さの決まり**：居室の天井高さは、2.1m以上にする決まりがあります。低すぎると頭がぶつかるので、最低限度だけが決まっています。天井高さは床面から測りますが、1室で天井高さが異なるときもありますよね？ 平均の高さが2.1m以上なら問題ありません。

  ※天井高さの決まりは居室に限定されています。居室とは、居住、作業、娯楽などで継続的に使用する室と建築基準法で決められています。具体的に言うと、寝室、台所、リビング、事務室などです。寝室は寝るのに継続的に使いますし、事務室は作業をするのに使いますよね。一方で居室でない部屋は、便所、納戸、廊下などです。便所で1時間も作業をするというのは考えにくいですよね。継続的に何かをするかどうかが居室かを判断する上でのポイントです。

- **天井高さの計算方法**：

  天井高さは室断面積/底辺 か 室容積/床面積で計算して求めます。天井も床面も傾斜がなく平たい場合は、計算をしなくても天井高さがすぐわかりますが、天井が斜めだったり、床面に段差があったりする場合は、天井の平均高さを求める必要があります。

  計算例は以下の通りです。

  天井の傾斜や床面の段差がある程度決まっている場合は以下の計算式を使います。

  天井高さ＝室断面積/底辺

  $\quad\quad\quad = \{(2.0+2.4)\times 3/2\}/3 = 2.2[\text{m}]$

  天井の勾配が一様な場合は、こちらの計算の方が楽です。

  天井高さ＝$(2.0+2.4)/2 = 2.2[\text{m}]$

  図1のように天井高さや床の高さが場所によって変わる場合は、次の計算式を使って算出しましょう。

$$\begin{aligned}天井高さ &= 室容積/床面積\\
&= \{(1\times 2\times 2)+(2\times 2\times 2.4)\}/(3\times 2)\\
&= 2.26\,[\mathrm{m}]\end{aligned}$$

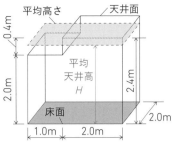
図1：複雑な天井の高さ

 ## 床の高さ【令第22条】

　木造の場合、最下階の床の高さが決まっています。
①直下の地面から床仕上面までの高さを45cm以上確保。
②外壁の床下部分に、壁の長さ5m以下ごとに面積300cm²以上の換気孔を設置し、ねずみなどの侵入を防ぐための格子や網を設ける。

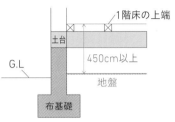
図2：最下階の床の高さ

　この規定のポイントは、地面が水分を含んでいることです。木造の床が地面に近かったり換気口がなかったりして通気がうまくいかないと、床が腐ってしまいます。そのため、床下をコンクリート、たたき等で施工するなどの防湿措置をした場合は床が腐りにくくなりますから、最下階の床の高さは制限されません。

階段【令第23条〜第27条】

　階段の寸法は、主に安全性から決まっています。たくさんの人が利用する階段であれば、幅は広く使いやすい寸法でないといけません。一方で、たまにしか使わない階段であれば、使えれば十分なので寸法のしばりも緩いです。その原則を理解したうえで、階段の決まりを覚えていきましょう。

建築物の種類	階段の幅	けあげ	踏面	勾配（最大値）
小学校	140cm以上	16cm以下	26cm以上	約32°
中学校等	140cm以上	18cm以下	26cm以上	約35°
直上階の居室が200m²超の地上階	120cm以上	20cm以下	24cm以上	約40°
それ以外の用途	75cm以上	22cm以下	21cm以上	約46°
住宅（共同住宅の共用部以外）	75cm以上	23cm以下	15cm以上	約57°

表1：階段の幅、けあげ、踏面の寸法規定

●**階段の寸法**：①階段及び踊場の幅、けあげ、踏面の寸法は表1の通りに決まっています。ただし、直通の屋外階段の幅は90cm以上、直通でなければ60cm以上であればOKです。また、住宅の階段だと、けあげは23cm以下、踏面は15cm以上で設定します。

- **回り階段の場合**：回り階段だと踏面寸法は場所によって変わりますよね。なので、測定する位置も決まっています。踏面寸法は、踏面の狭い方の端から30cmの位置で測定します。

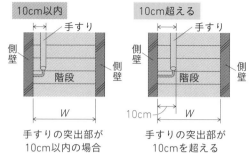

図3：手すりがある階段の幅

- **階段の幅や踊場の幅の注意点**：注意が必要なのが、階段や踊場の幅は仕上の有効幅で測定する点です。除外規定もちゃんとあります。小さな手すりなら昇降の邪魔になりません。そのため、手すり等は幅が10cmまで除外して計算します。

- **踊場の決まり**：踊場も大勢が使うか、限られた人が使うかで寸法が変わります。学校、劇場、店舗等の階段であれば、高さが3m以内ごとに踊場が必要です。その他の階段は4m以内ごとに踊場があれば十分です。なお、直階段の踊場の踏幅は、1.2m以上確保します。

- **階段手すり**：階段には、どちらか一方の側に手すりが必要です。手すりがないと危ないですから。さらに、階段や踊場の両側には側壁を設けます。階段に手すりや側壁がなかったら、階段から落ちる危険があるからですね。なので、手すりが設けられた側の側壁はなくてもOKです。

また、階段の高さが1m以下の場合には手すりや側壁がなくても問題ありません。

階段の幅が広いパターンもありますよね。階段の幅が3mを超える場合は、中間に手すりを設けます。ただし、けあげが15cm以下、かつ、踏面30cm以上の場合、中間手すりはなくてもOKです。

- **傾斜路・スロープ**：階段に代わる傾斜路の場合、勾配は1/8以下にしないといけません。急な勾配は危ないからです。また、滑る危険性もあるため、表面は粗面とし、滑りにくい材料で仕上げます。

- **特殊な階段**：一般の人が使用しないような階段の場合、階段・踊場・手すりの規定は適用しません。具体的には、昇降機機械室用階段、物見塔用階段などが該当します。ただし、昇降機機械室用階段だけは、けあげ23cm以下、踏面15cm以上とし、両側に側壁又は手すりが必要です。

一 問 一 答 で 理 解 度 チェック

1 物品販売業を営む店舗における高さ3mの階段で、幅が4m、けあげが15cm、踏面が30cmの場合においては、中間に手すりを設けなくてもよい。

答え

採光
採光用の窓の面積を
計算できるようになろう

ナナメ読みでおさらい

採光の問題では主に4つが問われます。採光上有効な窓の面積、必要な窓の大きさ、その窓で何m^{2}までの部屋が計画可能か、境界との距離は何m必要か、です。用語の理解と同時に計算式の作り方を理解し、法令集のどこにその数値が載っているかを把握しましょう。

じっくり理解

 採光とは

居室には明かりを取るための窓が必要ですよね。居室に明かりを入れて明るくすることを採光といいます。明かりの必要度合によって必要な窓の大きさも変わるので、その居室の用途や広さ、用途地域などで、必要な開口部の大きさが変わります。また、隣にビルが建っていたら光が入りにくいですよね？ そのため、隣地境界までの距離で窓の採光上の有効面積が変わります。

 必要採光面積【法第28条第1項】

住宅や学校などの居室のうち、居住のための居室は採光用の開口部が一定の面積以上必要です。その採光に必要な面積を必要採光面積と言います。住宅の場合は、居室の床面積に対して1/7以上の開口部を設けます。その他の建築物は、令第19条に定められているので確認しておきましょう。

採光に必要な部分の必要開口部面積【令第19条】

ざっくり把握するなら、子供向けの教室や保育室は1/5、病室や宿泊室、寝室は1/7、その他の教室や病院住宅関連の談話室などは1/10と覚えておけば問題ありません。

注意点は、ふすまや障子等の開放しっぱなしにできるもので仕切られた2室は1室とみなして良い点です。ふすまや障子なんて最近は使わないのでわかりやすく言うと、部屋の幅に対して建具の幅が半分以上あれば2室は1室とみなしてOKです。

たとえば、小中学校の教室では、教室の面積の1/5以上の大きさ（有効面積）の窓が必要です。採光上では窓の面積が大きければどれだけ大きくてもOKですが、断熱上

では不利になるので、採光や換気や断熱などのバランスを総合的に判断して開口部の大きさを決めます。

 ## 有効採光面積の算定 【令第20条】

有効採光面積は　開口部の面積×採光補正係数　で計算します。

窓が大きければたくさん採光できるから問題ないよね、というわけではなく、隣にビルが建っていたら光が入りにくいので、そのあたりを考慮

建築物の種類	居室の種類	有効採光面積
住宅	すべての居室	≧1/7
幼稚園、小学校、中学校、高等学校、中等教育学校	教室	≧1/5
上記以外の学校 （大学、専修学校など）	教室	≧1/10
病院、診療所	病室	≧1/7
	談話室、娯楽室	≧1/10
寄宿舎	寝室	≧1/7
下宿	宿泊室	≧1/7
児童福祉施設等 （幼保連携型認定こども園を除く）	寝室、保育室、訓練室等	≧1/7
	談話室、娯楽室	≧1/10
保育所、幼保連携型認定こども園	保育室	≧1/5

表1：採光に必要な有効採光面積

するために採光補正係数が定められています。境界線との距離や高さ、用途地域で計算式や値が変動するので、法令集で確認できるようにしましょう。

採光補正係数の算定

実際に採光補正係数を計算して求める場合の流れを確認しましょう。

用途地域	採光補正係数の算定式
住居系地域	$6 \cdot D/H - 1.4$
工業系地域	$8 \cdot D/H - 1$
商業系地域	$10 \cdot D/H - 1$

表2：採光補正係数の算定式

流れは簡単で①用途地域を見て居住系か工業系か商業系かを確認して計算式を把握し、②D/Hを計算して求めます。③その後、計算式に沿って計算すれば完成です。

注意点は、DやHがどこのことを言っているか、緩和規定がどんなものかを把握することです。

D/Hは採光関係比率とも言います。Dが窓の直上の最も突出した部分から隣地境界線までの水平距離、Hが窓の直上の最も突出した部分から窓の中心までの距離です。文章にするとわかりにくいですが、図1で見るとすぐわかりますね。緩和規定は、Dは境界線が道に面している場合は道の向こう側の境界線を使用し、公園や川だったら境界線までの距離に公園や

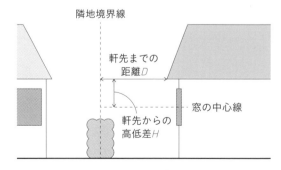

図1：DとHの場所

川の幅の半分を足して計算します。

他に全体の計算結果にも決まりがあり、以下のように計算します。

● 天窓の場合は、採光補正係数の計算結果を3倍とする（上限は3）。

● 採光補正係数の計算結果が3を超える場合は、3とする。

● 開口部の外側に幅90cm以上の縁側がある場合は計算結果を0.7倍する。

● 開口部が道に面する場合で計算結果が1未満の場合は、採光補正係数は1とする。

● 開口部が道に面しない場合で水平距離が限界条件以上であり、かつ、計算結果が1未満の場合は、採光補正係数は1とする。

● 開口部が道に面しない場合で水平距離が限界条件未満であり、かつ、計算結果がマイナスの場合は、採光補正係数は0とする。

では、実際の計算例を用いて説明しましょう。

商業地域にある病院の病室の場合でDが1.35m、H_1が4.5mとすると1階の計算式は

① 商業地域なので商業系用途地域 $D/H \times 10 - 1$を使用します。

② D/Hを計算すると$1.35/4.5 = 0.3$

③ 計算式に沿って採光補正係数を計算すると$0.3 \times 10 - 1 = 2$です。

④ この後は、有効採光面積が 開口部の面積×採光補正係数 で計算するので、実際の窓の大きさを求めます。実際の窓の大きさが$3m^2$とすると、有効採光面積は$3m^2 \times 2 = 6m^2$です。

⑤ 法令集の表により、病室の場合は1/7が必要開口部面積なので、$6m^2 \times 7 = 42m^2$の広さまで居室を計画可能だという計算になります。

開口部1： D_1 / H_1
開口部2： D_2 / H_3、またはD_2 / H_2の小さいほうの値

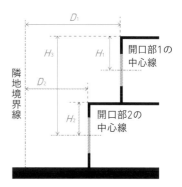

図2：段差がある時のDとH

それ以上の大きい部屋を計画したい場合は、窓の面積を大きくするか、Dの距離を大きくして隣地境界線から離す必要があります。

一 問 一 答 で 理 解 度 チ ェ ッ ク

1 小学校の教室の窓その他の開口部で採光に有効な部分の面積は、原則として、当該教室の開口部ごとの面積に、それぞれ採光補正係数を乗じて得た面積を合計して算定する。

答え ◯

07
時間目

環境設備 換気・遮音ほか
快適な環境は法律で決まっている
から作られる

ナナメ読みでおさらい

火を使う部屋で換気をしなかったら酸欠になりますよね。そうならないためにも、安全性に配慮されて換気能力は決められています。ここでは換気や給排水など生活環境に関わる法律を勉強しましょう。

きくりん先生のつまずき解消のコツ・やさしい解説

換気や遮音は環境・設備でも出題されるから、きっちり覚えよう。覚えておけば環境・設備でも法規でも点数が取れるようになるよ。

じっくり理解

換気の必要な居室【法第28条第2項〜第4項】

　居室には換気のための窓などの開口部が必要です。特に、劇場、映画館、演芸場、観覧場、公会堂、集会場など人がたくさん集まるような居室には換気設備を設置します。

- **居室に設ける換気の開口部**：換気用の窓や開口部の面積は、部屋の大きさで変わります。居室の床面積の

換気窓：床面積の1/20以上

両開き窓　　　引き違い窓
窓面積全体の1/2が
換気に有効な面積

図1：換気窓の有効換気面積

1/20以上です。ただし、換気設備を設ける場合は強制的に換気できるので、有効換気面積を確保しなくても問題ありません。

- **有効換気面積**：換気可能な実際の開口部の面積です。たとえば、引き違い窓の場合は、窓を開けても半分が閉まっているので、開口部全体の面積の1/2になります。なお、ふすま、障子等で仕切られた2室は1室とみなして、換気面積を決定します。

- **不特定多数が集まる居室や火を使う居室の換気**：人がたくさん集まる部屋や、火を使う部屋は空気がたくさん必要なので、換気設備を設置します。ただし、密閉式燃焼器具を設けた室は、火を使う部屋でも酸素が消費されないので、換気設備を設置しなくても問題ありません。

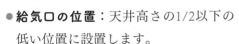

必要有効換気量の計算

　必要な換気量の計算方法も法律で定められています。1時間あたりにその部屋でどれくらいの換気が必要なのかを計算します。計算式は試験で出題されるので覚えておきましょう。

$Vr = nAh$

Vr：必要有効換気量［m³/時］

n：住宅などの居室は0.5、その他の居室は0.3

A：居室の床面積（常時開放された開口部を通じて相互に通気が確保される廊下などの部分を含む）［m²］

h：居室の天井高さ［m］

劇場等の換気設備

　劇場、映画館、演芸場、観覧場、公会堂、集会場等、不特定多数の人が集まる用途の居室に設置する換気設備は、機械換気設備か中央管理方式の空気調和設備にしないといけません。不特定多数の人が集まると、窓があっても開放されないこともあるからです。そのため機械換気や機械空調で強制的に換気します。

　なお、高層の建物や大規模地下街の換気状況は、ちゃんと動いているか監視します。換気設備が動いていないと酸素が供給されないからです。具体的には、高さ31mを超える建築物や床面積の合計が1000m²を超える地下街の機械換気設備、中央管理方式の空気調和設備の作動状態は、中央管理室で監視します。

火気使用室の換気設備

　調理場などの火を使う部屋の換気設備は給気口の位置や構造などに決まりがあります。うまく空気が循環してくれないと、酸欠になってしまうので、制限は厳しめです。

図2：給気口の位置

- 給気口の位置：天井高さの1/2以下の低い位置に設置します。
- 排気口の位置：天井から80cm以内の高さに設置して換気扇を付けます。排気口は直接外気に開放するか、排気しやすい立上り部分がある排気筒に直結させます。
- 排気口の構造：直接外気に開放された排気口、排気筒の頂部は、外気の流れで排気ができない、なんてことが起きない構造にします。また、火を使用する設備の近くに設ける排気フードは不燃材料で造ります。

学びなおし

3

法規

便所の換気

　便所には採光及び換気のための直接外気に接する窓が必要です。臭いですからね。
ですが、水洗便所の場合は窓じゃなく機械換気設備などでもOKです。

 自然換気設備の構造

　自然換気設備の構造にも様々な決まりがあります。
①給気口と排気筒をつける。
②給気口の位置は、天井高さの1/2以下にして常時外気に開放させる。
③排気口は給気口より高い位置に設け、常時開放された構造とし、排気筒の立上り部
　分に連結する。
④排気筒は立上りがあって外気の流れで排気が邪魔されない構造とし、直接外気に開
　放する。
⑤排気筒には、排気口を除き、開口部を設けない。
⑥給気口、排気口、排気筒は、雨、ねずみ、虫、ほこりなどを防ぐ設備にする。
　わかりやすい決まりばかりですが、しっかりと把握しましょう。

 遮音

　長屋、共同住宅の各住戸間の界壁は、小屋
裏又は天井裏まで通し、遮音性能があるもの
にしないといけません。隣の家の音が響くの
は嫌ですよね。天井裏から声が響くこともあ
るので、こういった決まりがあります。天井
に遮音性能がある場合は緩和されます。

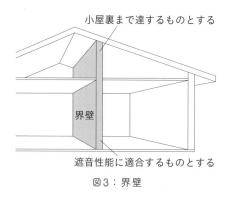

図3：界壁

 給排水その他の配管設備

　給排水などの配管設備も、換気設備のように決まりがあります。基本的には安全性
を考慮して決められています。
　たとえば、エレベーターに必要な配管設備を除く配管設備は、エレベーター内に設
置してはいけません。エレベーターの中に配管がたくさんあると、点検をするときに
エレベーターを止めないといけません。エレベーターの竪穴の中は非常に危険ですの
で、立ち入るのを最小限にするために決められています。
　他にも、圧力タンクや給湯設備には安全装置が必要です。圧力タンクは文字通り圧

力がかかり、給湯設備は水を温めるので水が気化して圧力が急激に高まることがあります。配管に過大な圧力がかかったら破裂して危ないですよね。ですので、安全装置が必要です。

　竪穴になる設備にも安全のために決まりがあります。階数が3以上の建築物、地階に居室を有する建築物、延べ面積が3000m²を超える建築物は、換気、暖房、冷房の設備の風道、ダストシュート等は、不燃材料で造ります。燃えやすいもので造ると、火事の際に風道に穴が開くと煙の通り道となって、火災が一気に建物中へ回ってしまうからです。

漏水検査

　改良便槽ならびに屎尿浄化槽及び合併処理浄化槽は満水して24時間以上漏水しないことを確かめます。漏水したら多大な影響が出ますよね。何かを溜めておいたりする場所は、漏水がないか検査をします。

一問一答で理解度チェック

1 集会場の用途に供する床面積300m²の居室には、換気に有効な部分の面積が15m²の窓を設けた場合においては、換気設備を設けなくてもよい。

答え

08 時間目 構造計算
計算するから安全性を担保できる

ナナメ読みでおさらい

構造計算は建物が倒壊しないために重要な計算です。どんな建物に計算が必要で、どんな種類の計算をしなければならないのか、正確に理解しましょう。

じっくり理解

構造計算が必要な建物【法第20条】

小規模な建物は構造計算が基本的に不要です。中規模以上の建物では構造計算が必要になります。構造ごとに計算が必要な規模は変わるので、ざっくりと把握してください。

どんな構造計算が必要か【令第81条・令第36条】

構造計算が必要な場合は4種類の計算を使い分けます。
①許容応力度計算（ルート1、ルート2）
②保有水平耐力計算（ルート3）
③限界耐力計算
④時刻歴応答解析
この4つを、建物の規模で使い分けます。

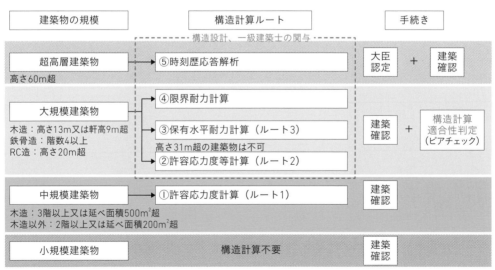

※国土交通省「構造計算適合性判定制度に係る関連データ」より作成

図1：建物の規模と構造計算ルート

- **高さ60m以下**：許容応力度計算、保有水平耐力計算、限界耐力計算のどれかで計算します。計算の結果は第三者機関が審査します。
- **高さ60mを超える**：国土交通大臣が定める計算方法で安全性を確かめ、国土交通大臣の認定を受けます。計算方法は基本的に時刻歴応答解析です。構造計算適合性判定は行わず、大臣認定を受けます。

許容応力度計算

　許容応力度計算とは「外力を受けて部材にかかる力（応力度）」が「部材の許容できる力（許容応力度）」以下におさまることを示す計算法です。

保有水平耐力計算【令第82条・令第82条の2〜4】

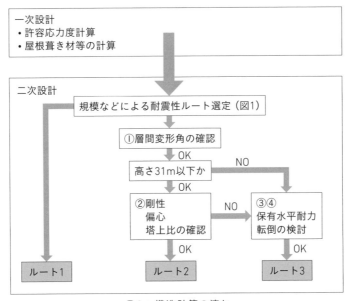

図2：構造計算の流れ

　保有水平耐力計算は、荷重や外力に対して、建築物の構造耐力上主要な部分が安全であることを確かめます。また、層間変形角、剛性率、偏心率、保有水平耐力も検討します。

①地震による層間変形角は1/200（支障がない場合は1/120）以内。

②高さが31m以下の場合、地上各階の剛性率と偏心率を計算。

③高さが31mを超える場合、地上各階の保有水平耐力を計算。

④屋根葺き材、外装材等が風圧に対して安全か確認。

限界耐力計算【令第82条の5】

限界耐力計算は、極めて稀に発生する積雪と暴風に対して安全性を確かめ、地震による変形と水平力に対して安全性を確かめる計算です。

時刻歴応答解析

時刻歴応答解析とは、地震などの外力が加わった際に時間の経過により建物の状態がどのように変化するかを解析する計算です。時間の経過によって物体が衝突したり、振動したり、揺れを吸収したりするのを計算するので、構造計算の中でとても詳細な計算です。いろんな地震に対して安全性を検証するので、一番安全性の高い計算方法です。

構造計算に必要な荷重

構造計算をするには、建物をモデル化する必要があります。そのままだと計算しづらいので、簡略化したモデルを用いて計算します。応力や揺れを計算するには、重さや外力の大きさが必要です。どんな種類の荷重があるか把握しましょう。

- **固定荷重【令第84条】**：建物自体が持つ重さのことです。移動しない荷重のことを言うので、躯体や仕上げ、設備などの建物を構成する荷重を言います。
- **積載荷重【令第85条】**：建築物の積載荷重は、実際の状況に応じて計算したり、用途から数値から求めたりします。法令集ですぐに引けるようにしておきましょう。
  ※倉庫業を営む倉庫の床の積載荷重は、実況に応じて計算した数値が3900N/m²未満であっても、3900N/m²とします。
- **積雪荷重【令第86条】**：積雪荷重は雪がどれくらい積もるかで変わります。ですので、屋根の形や降る雪の量で数値が変動します。また、屋根から雪が滑り落ちるような形にすれば、積雪荷重は低減できます。

①積雪荷重＝積雪の単位荷重×屋根の水平投影面積×その地方の垂直積雪量

②積雪の単位荷重は1cmごとに20N/m²

③屋根の積雪荷重（勾配60°以下）＝積雪荷重×屋根形状係数（μb）

$\mu b = \sqrt{\cos} (1.5\beta)$ 　　β：屋根勾配（単位：度）

- **風圧力【令第87条・H12告示1454号】**：風圧力＝速度圧×風力係数

風圧力を計算するとき、建築物の近くに風を遮る他の建築物等がある場合は、その方向における速度圧は1/2まで減らすことができます。

なお、板状の建築物、金網その他の網状の構造物の風力係数は1.4とします。煙突みたいな円筒形の構造物の風力係数は、0.7としなければいけません。風洞試験で決

める場合は、試験結果から値を決めます。

●**地震力【令第88条】**：地震力の計算は3つのポイントがあります。地上の計算、地下の計算、雪の影響です。

①地上部分の地震力＝上部の固定荷重と積載荷重（多雪区域は積雪荷重を加える）の和×地震層せん断力係数（C_i）

②地下部分の地震力＝固定荷重と積載荷重の和×水平震度（k）

③多雪区域における長期の応力度

　固定荷重＋積載荷重＋0.7×積雪荷重

材料による応力度【令第89条〜令第91条】

建築材料の種類によって長期の応力度と短期の応力度の割合が異なる値を取ります。この割合は、圧縮、引張、曲げ、せん断応力度ともに同じです。

	鉄筋・鉄骨 (鉄骨のせん断を除く)	コンクリート (圧縮)	木材 (積雪時を除く)
短期	F 長期の1.5倍	$\frac{2}{3}F$ 長期の2倍	$\frac{2}{3}F$ 長期の$\frac{2}{1.1}$倍
長期	$\frac{2}{3}F$	$\frac{1}{3}F$	$\frac{1.1}{3}F$

表1：材料による短期と長期の許容応力度

09
時間目

木造
実務であまり使わないけど
理解してないと恥ずかしい

ナナメ読みでおさらい

木造の建物を一級建築士が実際に扱うことは多くありません。二級建築士や木造建築士がいるからです。そのため、一般的な知識が抜けている人も多いでしょう。木造の部材ごとの決まりにどんなものがあるか理解しておきましょう。

じっくり理解

 木造の除外規定【令第40条】

木造には除外規定があります。茶室、あずま屋等、10m²以内の物置・納屋等には適用しません。まずはそれを把握してください。

 土台と基礎【令第42条】

柱の下部には土台を設けなければいけません。柱を直接基礎に緊結する場合は、土台はなしでも問題ありません。

 柱【令第43条】

- **柱の太さ**：柱の太さの基準は、柱の小径と梁等の横架材の距離によって決まっています。また、3階以上の建築物の1階の柱は、13.5cm以上にします。
- **柱を切り欠く場合**：柱の所要断面積の1/3以上を欠き取る場合は、補強が必要です。部分的に細くなった柱はそこから折れてしまうので、必ず補強しましょう。
- **柱の細長さ**：柱は細長さの規定もあります。有効細長比は150以下です。細すぎると座屈し、適切な荷重を支えられないからです。
- **隅柱と通し柱**：階数が2以上の建築物では、通常は隅柱を通し柱にします。隅柱を通し柱としない場合、接合部が通し柱と同等以上の耐力になるように補強が必要です。

 梁【令第44条】

梁、けたその他の横架材には、その中央部付近の下側に耐力上支障のある欠込みをしてはいけません。横架材は中央付近の下側に大きな応力がかかります。応力の大き

		柱の間隔が10m以上の柱または学校等の柱		左以外の柱	
		最上階の柱または平屋の柱	その他の柱	最上階の柱または平屋の柱	その他の柱
1	土蔵造り等の壁が重い建築物	1/22以上	1/20以上	1/25以上	1/22以上
2	1以外で屋根を金属板、石綿スレート等の軽い材料で葺いた建築物	1/30以上	1/25以上	1/33以上	1/30以上
3	1、2以外の建築物（日本瓦葺き等、重い屋根の建築物）	1/25以上	1/22以上	1/30以上	1/28以上

表1：柱の小径と横架材の距離の基準

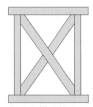

さで部材を選定しているので、中央付近の下部を欠込むと、横架材が折れます。

筋かい【令第45条】

- **引張筋かい**：木を使ったり鉄筋を使ったりします。木材の場合は1.5cm×9cm以上、鉄筋の場合は径9mm以上が必要です。
- **圧縮筋かい**：3cm×9cm以上の木材が必要です。
- **筋かいの端部**：柱と梁等の横架材の仕口の近くに、ボルト、かすがい、釘等で緊結します。

片筋かい　　たすき掛け筋かい

図1：筋かいの種類

- **筋かいの欠込み**：欠込みをしてはいけません。ただし、たすき掛け（筋かいを2つかける）ときに、補強をすれば欠込みしてもOKです。

軸組

木造は部材だけでなく骨組みである軸組にも決まりがあります。

- **壁・筋かいの配置**：木造建築物は、水平力に対する安全のため、各階の張り間方向及びけた行方向に、壁、筋かいをバランスよく配置しなければいけません。

※ただし、次の場合は筋かいなどはなくてもOKです。

①柱及び横架材に、基準に適合した集成材を使用し、柱の脚部がRC造の布基礎に緊結した土台又はRC造基礎に緊結している場合。

②方づえ、控柱、控壁があり構造耐力上支障がない場合。

　要は木造の剛性が足りないから筋かいや壁で剛性を補っているだけです。柱や梁、接合部の剛性が足りていて軸組がしっかりしている場合、無理に筋かいを入れなくて

学びなおし

3

法規

も問題ありません。

●**火打ち**：床組及び小屋ばり組の隅角には火打材が必要です。小屋組には振れ止めを設置しないといけません。

●**耐力壁**：階数が2以上又は延べ面積が50m²を超える建築物には、各階の張り間方向及びけた行方向のそれぞれについて、筋かい等を入れた壁が必要です。

壁 量

木造は筋かいを入れて壁の量で水平剛性を確保します。

●**必要な壁の量**：水平の力に耐える必要があるのは主に2つです。地震と風です。地震の場合は床面積に応じて算出（対地震力の数値×床面積）し、風の場合*h*は見付面積に応じて算出（対風圧力＝所定の数値×見付面積）します。両方計算して値が大きい方を採用します。

また、軸組は材料によって強さ（壁倍率）が違うので、種類によって倍率が定められています。たとえば、倍率が2.0倍の壁を用いた場合は倍率が1.0倍の壁を用いる場合に比べて、壁の量は半分で済みます。

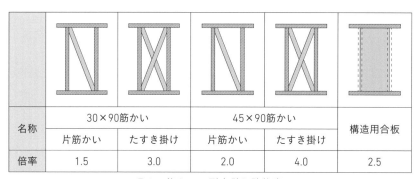

名称	30×90筋かい		45×90筋かい		構造用合板
	片筋かい	たすき掛け	片筋かい	たすき掛け	
倍率	1.5	3.0	2.0	4.0	2.5

図2：筋かい、耐力壁と壁倍率

地震力には、建物の種類や重さ（令第43条の表）によって、必要な壁量が変わります。また、その建物の階数と、どの階の壁量を求めるのかによっても数値が違います。重い建物ほど、下の階ほど壁量がたくさん必要です。また、建物の張り間方向とけた行方向の壁量は同じになるようにバランスを取って配置します。

―― 一 問 一 答 で 理 解 度 チ ェ ッ ク ――

2 構造耐力上主要な部分である柱の有効細長比は200以下としなければならない。

答え

ナナメ読みでおさらい

鉄筋コンクリートは基本となる構造です。部材によって鉄筋の決まりや断面の大きさの決まりなど、基礎的な知識で固まっています。施工でも構造でも出題されるので暗記しましょう。

じっくり理解

鉄筋の継手と定着【令第73条】

定着とは、鉄筋が応力を受けたときにコンクリートから抜け出さないように埋めておくことです。まっすぐに定着したり、折り曲げて定着させることがあります。丸鋼、異形鉄筋を使用した柱・梁の出隅部分、煙突では、鉄筋の末端をかぎ状（フック）に折り曲げてコンクリートから抜け出さないように定着させます。また、柱に取り付ける梁の引張鉄筋は、柱の主筋に溶接する場合を除き、柱に定着される部分の長さを鉄筋径の40倍（軽量骨材使用時50倍）以上とします。

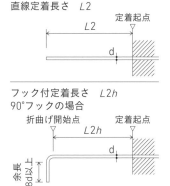

図1：鉄筋の定着

継手とは、鉄筋と鉄筋をつなぐ場合に用いられるものです。重ね継手や機械式継手があります。主筋等の継手の重ね長さは、引張力の最も小さい部分に設ける場合、主筋等の径の25倍（軽量骨材使用時30倍）以上、その他の部分に設ける場合は40倍（軽量骨材使用時50倍）以上としなければいけません。

L：重ね継手長さ

重ね継手

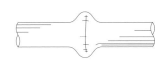

ガス圧接接手

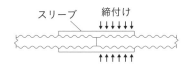

グリップジョイント工法
（特殊継手）

図2：継手の種類

コンクリートの強度【令第74条】

　コンクリートは最低強度のみ決まっています。コンクリートの4週圧縮強度は、12N/mm²（軽量骨材を使用の場合9N/mm²）以上とします。

コンクリートの養生【令第75条】

　コンクリートはあまりにも低温だと、固まりにくかったり強度が出にくかったりします。そのため、コンクリートの打ち込み中や打ち込み後5日間はコンクリート温度を2℃以上に保つことが必要です。

柱の構造【令第77条】

　柱の構造の決まりは、鉄筋と柱サイズの主に2種類です。鉄筋の決まりが多いので、正確に覚えましょう。

● **鉄筋の決まり**：柱の主筋は4本以上とし、帯筋と緊結します。帯筋は径6mm以上とし、間隔を柱頭柱脚部で10cm以下、柱中央部で15cm以下にします。なお、帯筋比は、0.2％以上が必要です。帯筋が少ないとコンクリートの拘束が弱くて期待された強度までもたないからです。また、柱主筋の断面積はコンクリート断面積の0.8％以上にします。

● **柱サイズの決まり**：柱の小径サイズが決まっており、支点間距離の1/15以上が必要です。

床版の構造【令第77条の2】

　床版の厚さは、8cm以上、かつ短辺方向の有効張り間長さの1/40以上が必要です。
　床版の最大曲げモーメントを受ける部分の引張鉄筋の間隔は、短辺方向では20cm以下、長辺方向では30cm以下、かつ、床版の厚さの3倍以下とします。

梁の構造【令第78条】

　梁は、上下に複数の配筋をした梁とし、あばら筋を梁の高さの3/4（臥梁（がりょう）にあっては30cm）以下の間隔で配置しなければいけません。

耐力壁【令第78条の2】

　ラーメン造などの耐力壁の厚さは、12cm以上必要です。壁式構造の耐力壁の長さは、45cm以上確保しましょう。

鉄筋のかぶり厚さ【令第79条】

　鉄筋に対するコンクリートのかぶり厚さの最小値は次表の通りです。基本なので全部覚えてください。

部位		最小かぶり厚さ
土に接しない箇所	耐力壁以外の壁、床	20mm
	耐力壁、柱、梁	30mm
直接土に接する箇所	壁、柱、梁、布基礎の立上り部	40mm
	基礎（布基礎の立上り部を除く）	60mm（捨てコン部は除く）

表1：最小かぶり厚さ

一 問 一 答 で 理 解 度 チ ェ ッ ク

1 高さが13mの鉄筋コンクリート造の住宅において、柱及び梁の出隅部分に使用する異形鉄筋の末端を、鍵状に折り曲げて、コンクリートから抜け出ないように定着した。

答え 　◯

その他の構造
鉄骨やブロックも多用するから
忘れるな

11時間目

ナナメ読みでおさらい

その他の構造には、補強コンクリートブロック造や鉄骨造があります。特に鉄骨造は建物で多用します。どちらも数字の暗記がメインなので確実に覚えましょう。

 じっくり理解

補強コンクリートブロック造【令第62条の2～6】

補強コンクリートブロック造は壁式構造の1つで、コンクリートブロックを積んで耐力壁にし、頂上部を臥梁にして床や屋根を載せた構造です。そのため、耐力壁と臥梁、ブロックの隙間の目地などに細かな規定があります。

● **耐力壁に関する決まり：**

①耐力壁に囲まれた部分の水平投影面積は、60m^{2}以下とします。材料がコンクリートブロックで強度もおおむね決まっているため、耐力壁の負担面積を考えると、60m^{2}以上の大空間を造るのは向いていません。

②各階の耐力壁の長さの合計は、その階の床面積1m^{2}につき15cm以上必要です。壁式構造ですから、耐力壁は最低でも15cm以上ないと成り立ちません。たとえば床面積が40m^{2}の場合は、40×15＝600となるので600cmの耐力壁が必要です。張り間方向、けた行方向それぞれ必要になります。

③耐力壁の厚さは15cm以上で、耐力壁の支点間距離の1/50以上必要です。

④耐力壁の鉄筋は端部や隅角部に径12mm以上の鉄筋を縦に配置し径9mm以上の鉄筋を縦横に80cm以内の間隔で配筋します。鉄筋で引張力に耐えます。

● **臥梁や目地の決まり：**

①耐力壁のてっぺんには、RC造の臥梁や屋根版を設置します。壁上部を連続的に固めることで構造耐力を確保します。階の継目や屋根の下に設置するのが一般的です。

②臥梁の有効幅は、20cm以上必要です。耐力壁の支点間距離の1/20以上を確保します。

③コンクリートブロックは、目地塗面の全部にモルタルが行きわたるように組積します。鉄筋を入れた空洞部や縦目地に接する空洞部は、モルタルなどを充填します。

補強コンクリートブロック造の塀【令第62条の8】

補強コンクリートブロックは塀としても使われます。ただし、塀が倒壊する事件が過去にあったため、規定は厳しく定められています。

高さは、2.2m以下とし、壁厚は15cm（高さ2m以下の場合10cm）以上とします。高すぎる塀は危険ですし、薄い塀だと支えきれないからです。

また、壁頂や基礎には横に、壁の端部や隅角部には縦に、径9mm以上の鉄筋を入れます。壁内には、径9mm以上の鉄筋

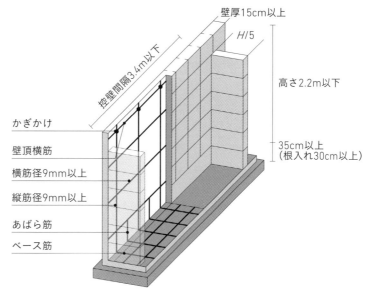

壁厚15cm以上

控壁間隔3.4m以下

H/5

高さ2.2m以下

かぎかけ

壁頂横筋

横筋径9mm以上

縦筋径9mm以上

あばら筋

ベース筋

35cm以上（根入れ30cm以上）

図1：ブロック塀のポイント

を縦横80cm以下の間隔で配置します。鉄筋の末端はかぎ状に折り曲げて定着させます。

控壁は、長さ3.4m以下ごとに設置し、径9mm以上の鉄筋を入れます。控壁の出は塀の高さの1/5以上で計画します。短すぎると転倒の危険が高まります。

基礎高さは35cm以上必要で根入れの深さを30cm以上確保します。

鉄骨造【令第63条〜令第70条】

- **材料の決まり**：構造耐力上主要な部分の材料は、炭素鋼、ステンレス鋼を使います。圧縮応力や接触応力が作用する部分のみ、鋳鉄が使えます。圧縮材では有効細長比は柱では200以下、梁などでは250以下と決められています。細長いと座屈して強度低下するからです。

- **柱脚部の決まり**：柱の脚部は、アンカーボルトなどにより基礎に緊結しなければいけません。しかし、滑節構造（ローラー）の場合は圧縮と引張だけ伝達できればいいので、緊結しなくてOKです。

- **接合部の決まり**：鋼材の接合は、炭素鋼では高力ボルト接合、溶接接合、リベット接合のどれかを使い、ステンレス鋼では高力ボルト接合、溶接接合等を使います。高力ボルト、ボルト、リベットは鋼材に穴を開けるため、穴が近すぎると破断してしまいます。そのため、穴の相互間の中心距離は、径の2.5倍以上必要です。高力ボルトの孔径（D）は、dが27mm未満の場合は、d+2mm以下、dが27mm以上の場合は、d+3mm以下で穴を開けます（dはボルトの直径）。ボルト孔径（D）は、dが20mm未満の場合は、d+1mm以下、dが20mm以上の場合は、d+1.5mm以下となり、高力ボルトの場合と孔径が変わるので注意してください。

12 時間目　防火区画があれば火災でも安心 どんなときに区画が必要か覚えよう

ナナメ読みでおさらい

防火区画とは、火災が発生した際に被害を最小限に抑えるために、建築物を区画したものです。面積区画、高層区画、竪穴区画、異種用途区画の4つについて、どんなときに区画が必要なのか、面積や階数も含めて覚えましょう。

じっくり理解

面積区画【令第112条第1項〜第4項】

面積区画は、面積で区画の位置を決めます。水平区画と呼ばれることもあるでしょう。面積区画は3種類のパターンを覚え、除外規定と緩和規定を理解してください。

- **パターン1**：耐火構造や準耐火構造の建築物：床面積の合計1500m²以内ごとに防火区画をします。
- **パターン2**：特定避難時間倒壊等防止建築物で避難時間が1時間未満の場合か、準防火地域内の準耐火建築物の45分耐火構造の場合：床面積の合計500m²以内ごとに防火区画し、かつ、区画壁は準耐火構造で小屋裏や天井裏に設置します。
- **パターン3**：パターン2の避難時間が1時間以上か1時間準耐火構造の場合：床面積1000m²以内で防火区画をします。
- **除外規定**：劇場、映画館、観覧場、集会場、体育館、工場等用途上大空間が必要でやむを得ないものは除外されます。
- **緩和規定**：スプリンクラー等の消火設備を設けた場合床面積の規制は半分に緩和できます。

高層区画【令第112条第7項～第9項】

高層区画は階数で区画位置が決まります。建築物の11階以上では、各階の床面積100m²以内ごとに防火区画が必要です。

- 緩和規定：壁、天井の下地と仕上げが準不燃材料の場合は200m²、不燃材料の場合は500m²に緩和されます。

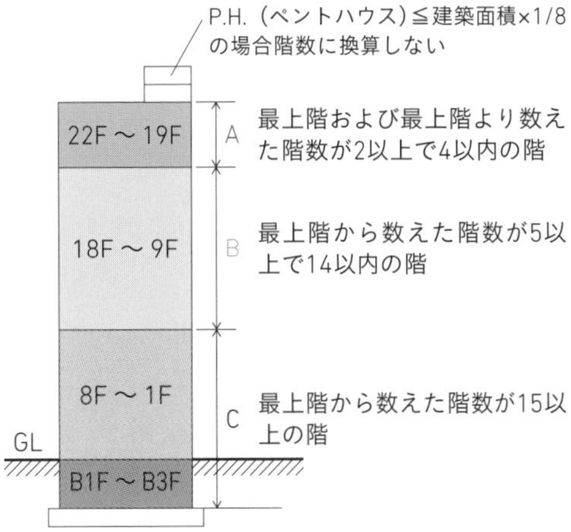
P.H.（ペントハウス）≦建築面積×1/8
の場合階数に換算しない
22F～19F
18F～9F
8F～1F
B1F～B3F
GL
A
B
C
最上階および最上階より数えた階数が2以上で4以内の階
最上階から数えた階数が5以上で14以内の階
最上階から数えた階数が15以上の階
図1：高層区画

竪穴区画【令第112条第11項】

竪穴区画は高さ方向に火災が広がるのを防ぐための区画です。吹抜けや階段、エレベーターなどで使用されます。具体的には、準耐火構造で、地階や3階以上に居室がある住戸、吹抜け、階段、昇降路、ダクトスペース等は防火区画が必要です。

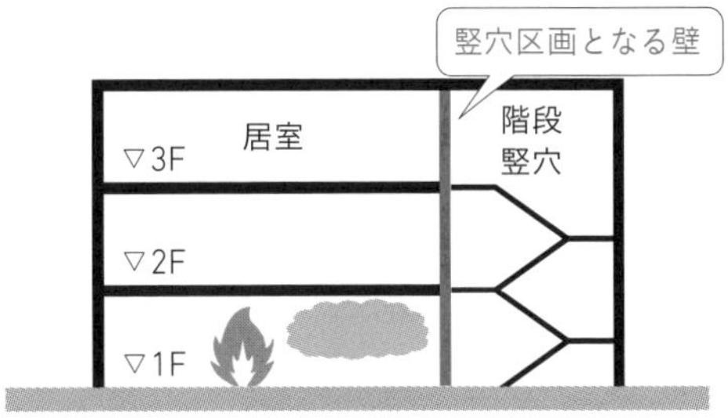
竪穴区画となる壁
居室
階段
竪穴
▽3F
▽2F
▽1F
図2：竪穴区画

火や煙は上に上がっていきます。なので、階段やエレベーターシャフトなど、縦につながっている空間を区画することは大切です。また、階段は避難経路にもなるので特に大切です。

異種用途区画【令第112条第18項】

異種用途区画は、用途が違う部分を区画するものです。1時間準耐火構造とした床、壁、特定防火設備で防火区画をする必要があります。たとえば、集合住宅と病院が一緒になった建物などがありますよね。そういった場合は、どちらかで火災が発生しても他方に火災が広がらないように区画します。

全館避難安全検証法による適用除外【令第129条の2】

全館避難安全検証法により安全性が確かめられた建築物については、高層区画、竪穴区画、異種用途区画の規定を適用しません。防火区画は安全に避難をするために決められたものなので、安全性が確かめられたら防火区画は不要です。

防火区画を貫通する配管等【令第112条第20・21項】

防火区画は壁ですから、給水管や配電管、空調の風道などはどうしても壁を貫通せざるを得ません。そのため、給水管、配電管等が防火区画の床、壁を貫通する場合、管と区画の隙間をモルタル等の不燃材料で埋めます。また、換気、暖房、冷房の設備の風道が区画を貫通する場合は、自動閉鎖式の特定防火設備を設置します。

防火壁【法第26条・令第113条】

耐火・準耐火建築物を除く建築物は、延べ面積1000m²以内ごとに防火壁で区画をします。防火壁の構造は耐火構造とし、防火壁の開口部の幅と高さは、それぞれ2.5m以下とします。防火壁と防火区画は似ているようで性能などが少し違うので、別で覚えてください。

界壁、間仕切壁、隔壁【令第114条】

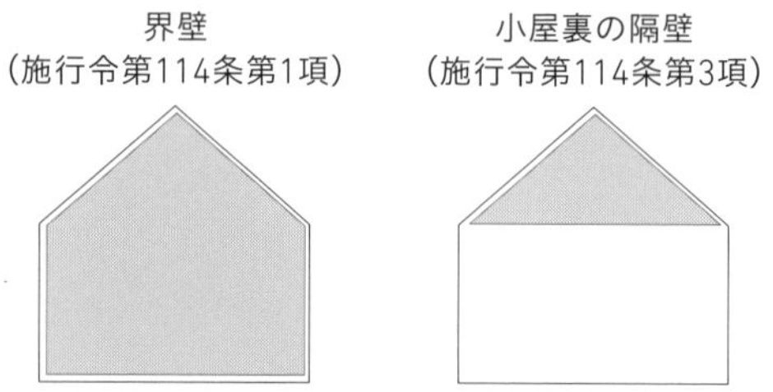

● 学校、病院、診療所、児童福祉施設等、ホテル、旅館、下宿、寄宿舎、マーケットの防火上主要な間仕切壁：防火上主要な間仕切壁を準防火構造とし、小屋裏や天井裏まで壁を通します。

界壁
（施行令第114条第1項）

小屋裏の隔壁
（施行令第114条第3項）

図3：隔壁と界壁

● 防火上主要な間仕切壁：防火区画とは違いますが、3室以下かつ床面積100m²以下で区画します。

● 長屋又は共同住宅の界壁：準耐火構造とし、小屋裏、天井裏まで壁を通します。

● 建築面積300m²超えの建築物の小屋組が木造の場合の天井や隔壁：小屋裏の直下の天井をすべて強化天井とするか、けた行間隔12m以内ごとに小屋裏に準耐火構造の隔壁が必要です。

一 問 一 答 で 理 解 度 チェック

1 主要構造部を耐火構造とした建築物で、自動式のスプリンクラー設備を設けたものについては、床面積の合計に応じて区画すべき防火区画の規定が緩和される。

答え ◯

13 時間目 火事でも安心の耐火建築物 耐火建築物の基準と性能を覚えよう

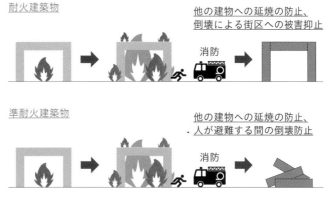

ナナメ読みでおさらい

耐火建築物は、火災のときに避難が完了するまでに建物が倒壊しないように、丈夫な構造としたものです。耐火建築物、準耐火建築物があります。ここでは、どんな建物を耐火建築物、準耐火建築物としなければならないのか、そして耐火建築物、準耐火建築物に求められる性能を覚えましょう。

じっくり理解

復習が必要な用語

学びなおし

3

法規

- **特殊建築物**：専用住宅、事務所以外のほとんどが特殊建築物です。普通の建築物よりも制限が厳しいです。たとえば、学校、病院、劇場、集会場、百貨店、市場、遊技場、公衆浴場、旅館、共同住宅、工場、倉庫、危険物の貯蔵場、火葬場、汚物処理場などが特殊建築物です。

図1：耐火構造と準耐火構造の違い

- **主要構造部**：柱、梁、床、壁、屋根、階段の6つです。防火上主要な部分を指します。

- **延焼の恐れのある部分**：隣地境界線から3m以下、5m以下の部分です。条件により異なります。具体的に言うと、1階では隣地境界線や道路中心線、建築物相互の中心線から3m以下、2階では5m以下の距離にある建築物の部分です。延焼の恐れのある部分の開口部には防火設備が必要になります。外壁には防火構造が必要です。

- **耐火建築物**：主要構造部が耐火構造で、延焼の恐れのある開口部に防火設備がある建築物をいいます。

耐火・準耐火としなければならない特殊建築物 【法第27条・別表第1・令第110条】

把握すべきは用途、階数、面積の3つです。この3つの組み合わせで耐火建築物か、準耐火建築物かが決まります。用途は法令集の別表1を確認してください。（ろ）欄・（は）欄（1）（5）（6）が耐火建築物、（は）欄（2）〜（4）・（に）欄（5）（6）が準耐火建築物です。

（い）欄：用途	（ろ）欄：階	（は）欄：床面積の合計	（に）欄：床面積の合計
（1）項	3階以上	200m² (屋外観覧席1000m²) 以上	
（2）項	3階以上	300m²以上 (2階の部分)	告示により
（3）項	3階以上	2000m²以上	耐火建築物
（4）項	3階以上	500m²以上 (2階の部分)	
（5）項	—	200m²以上 (3階の部分)	1500m²以上
（6）項	3階以上	—　　　②	150m²以上　　③

表1：耐火・準耐火の基準
（耐火建築物）　　（準耐火建築物）

耐火構造【法第2条第7号、令第107条】

耐火構造とは、火災の発生時に倒壊しないように丈夫な構造としたものです。躯体が燃えずに残ります。具体的に言うと、主要構造部を鉄筋コンクリートなどの構造で造り、火災による熱が一定の時間加えられた場合に、大きな変形、溶融、破壊、損傷が発生しないものをいいます。

準耐火構造【法第2条第7号の二・令第107条の2】

準耐火構造は、躯体が燃えつつも、避難の時間の間は倒壊しないものです。主要構造部を準耐火性能のある構造で造り、大きな変形、溶融、破壊、損傷が、主要構造部では45分間、屋根と階段では30分間、発生しないものをいいます。

防火構造 【法第2条第8号・令第108条】

外壁、軒裏の構造で防火性能を持つものです。鉄網モルタル塗等で、非損傷性や遮熱性が求められます。30分耐えれば防火性能があり、20分耐えれば準防火性能があります。

図2：防火と耐火のイメージ

14 時間目 有事の際の拠り所、避難施設 安全に避難するための基準を 理解しよう

ナナメ読みでおさらい

避難施設は避難のときに使う通路にあるすべてのものです。部屋から扉をくぐって廊下に出たら、階段を通って屋外の出口に避難します。屋上に避難することもあるでしょう。その避難をスムーズにするために、出口の方向や廊下の幅、階段の構造、非常用照明や排煙設備など多くのものが決まっています。

じっくり理解

避難施設の適用の範囲【令第117条】

避難施設は有事の際に避難をするための施設なわけですから、避難が難しい建物や、たくさんの人が集まるような建物には避難施設を設置します。基準は4種類あるので覚えましょう。

①図1（1）項〜（4）項に掲げる特殊建築物。
②階数3階以上の建築物。
③採光に有効な開口部面積が床面積の1/20未満の居室を有する階。
④延べ面積が1000m²を超える建築物。

特殊建築物
(1)劇場、映画館、演芸場、観覧場、公会堂、集会場等
(2)病院、診療所(病床有)、ホテル、旅館、下宿、共同住宅、寄宿舎等
(3)学校、体育館等
(4)百貨店、マーケット、展示場、キャバレー、カフェー、ナイトクラブ、バー、ダンスホール、遊技場等

3階以上の建築物

採光・排煙無窓居室を有する建築物

延べ面積※が1000m²超の建築物
※敷地内すべての建築物の合計

図1：避難施設の適用範囲

客席からの出口の戸【令第118条】

劇場、映画館、演芸場、観覧場、公会堂、集会場の客席からの出口の戸は内開きがNGです。非常時にたくさんの人が押し寄せると、内開きだと開かなくなるからです。

廊下の幅【令第119条】

廊下の幅は、用途による分類と、中廊下か片廊下の違いで変わります。学校の廊下であれば、中廊下なら2.3m以上、片廊下なら1.8m以上必要です。病院や共同住宅の共用廊下、200m²を超える階の廊下なら中廊下で1.6m以上、片廊下で1.2m以上あれば

学びなおし 3 法規

OKです。なお、地下の場合は100m²を超えるときに規制されます。

直通階段の設置【令第120条】

建築物の避難階以外では、避難階か地上に通ずる直通階段が必要です。なお、居室から直通階段までの歩行距離は、規定の距離以下にする必要があります。規定の歩行距離は、居室の用途や無窓かどうか、主要構造部の構造に応じて変わります。

構造　　　　　　　　　　　　　　　居室の種類	主要構造部が準耐火構造であるかまたは不燃材料で造られている場合	左欄に掲げる場合以外の場合
第116条の2第1項第1号に該当する窓その他の開口部を有しない居室または法別表第1（い）欄（4）項に掲げる用途に供する特殊建築物の主たる用途に供する居室	30m	30m
法別表第1（い）欄（2）項に掲げる用途に供する特殊建築物の主たる用途に供する居室	50m	30m
上記に掲げる居室以外の居室	50m	40m

表1：直通階段への歩行距離

2以上の直通階段の設置【令第121条】

たくさんの人が使う建物や大きな建物の避難階以外の階には、2以上の直通階段が必要です。用途と面積で規定されます。ざっくり言うと6階以上の建築物は居室があれば2以上の直通階段が必要です。5階以下の建築物は一定規模以上の面積があると直通階段が必要になります。詳しく確認していきましょう。

①劇場、映画館、演芸場、観覧場、公会堂、集会場の階で客席がある階。

②物販の店舗で床面積の合計が1500m²を超える階で、売場がある階。

③キャバレー、カフェー、ナイトクラブ、バーの階で、客席がある階。

(5階以下の階の居室の床面積の合計が100m²を超えずに避難上有効なバルコニー等があるもの、避難階の直上階か直下階でその階の居室の床面積合計が100m²を超えないものは緩和されます。)

④病院、診療所の病室の床面積の合計か、児童福祉施設等の居室の床面積の合計が、それぞれ50m²を超える階。

⑤ホテル、旅館、下宿の床面積の合計、共同住宅の床面積の合計、寄宿舎の床面積の合計が、それぞれ100m²を超える階。

　※対象となるのは宿泊室・居室・寝室なので、廊下や便所などの面積は含まれません。

⑥6階以上に居室がある階、5階以下の階で床面積の合計が避難階の直上階なら200m²を、その他の階なら100m²を超える階。

　※準耐火構造か不燃材料なら、①〜⑥の面積は2倍で考えます。たとえば、50m²は100m²、100m²は200m²、200m²は400m²とします。【第2項】

※2以上の直通階段が必要な
　階で歩行経路のすべてに共
　通の重複区間がある場合、
　重複区間の長さは、歩行距
　離の最大限度の1/2を超え
　てはいけません。【第3項】

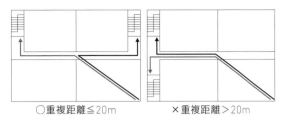

○重複距離≦20m　　×重複距離＞20m

図2：歩行距離の重複距離

※小規模建築物の2以上の直通階段の緩和

　階数が3以下で延べ面積が200m²未満の小規模な建築物で一定の用途のものは、直通階段の部分とそれ以外の部分とを防火区画した場合に、2以上の直通階段は設置不要です。

避難階段の設置と構造【令第122条・令第123条】

　階段を避難階段とするかどうかは、階数と店舗面積で決まります。5階以上か地下2階以下なら避難階段、15階以上か地下3階以下なら特別避難階段とします。ただし、耐火構造で100m²ごとに防火区画された場合は避難階段としなくてもOKです。なお、3フロア

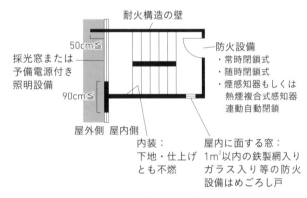

耐火構造の壁

50cm≦

採光窓または
予備電源付き
照明設備

防火設備
・常時閉鎖式
・随時閉鎖式
・煙感知器もしくは
　熱煙複合式感知器
　連動自動閉鎖

90cm≦

屋外側　屋内側

内装：
下地・仕上げ
とも不燃

屋内に面する窓：
1m²以内の鉄製網入り
ガラス入り等の防火
設備はめごろし戸

図3：避難階段の構造

分を1500m²以上の店舗にするなら避難階段が必要です。この売場が5階以上なら1つ、15階以上にあるなら全部を特別避難階段にします。

　また、屋外に設ける避難階段は耐火構造とし、地上まで直通にしなければいけません。

屋外への出口【令第125条】

　物販の床面積が1500m²を超える店舗は、避難階の屋外出口の幅の合計は、床面積が最大の階における床面積100m²につき60cmの割合で計算した数値以上とします。たとえば、300m²の階があったら、60×3=180cm以上の出口の幅が必要です。

屋上広場等の手すり【令第126条】

　屋上広場や2階以上にあるバルコニー等の周囲には、高さ1.1m以上の手すり壁、さく、金網を設置します。低い手すりだと危ないからです。

学びなおし

3

法規

排煙設備【令第126条の2】

　劇場、病院、共同住宅、学校、百貨店などの特殊建築物で、延べ面積500m²を超えるものには、排煙設備を設置します。

　ただし、次のものは排煙設備はなくてもOKです。

①病院などの特殊建築物で床面積が100m²の場合と、共同住宅における住戸で床面積が200m²以内の場合で、準耐火構造の床、壁、防火設備で区画されたもの。

②学校等。

③階段、昇降路、乗降ロビー。

排煙設備の構造【令第126条の3】

- **防煙区画**：排煙設備は床面積500m²を超えるときに設置するので、500m²以内ごとに防煙壁で区画します。

- **風道の構造**：排煙後、風道などの煙に接する部分は不燃材料で造ります。煙は高音なの

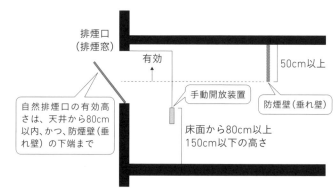

図4：排煙設備の構造

で、燃えたりすると危ないですし、適切に排煙できないからです。

- **排煙口の決まり**：排煙口は、防煙区画部分から排煙口までの水平距離が30m以下となるように計画します。また、手動開放装置を設けて、自動で開かない場合でも手で開けられるようにしないといけません。手動の開放装置には細かい基準があります。壁に設置するときは床面から80cm以上1.5m以下の高さに、天井から吊り下げて設置する場合は、床面から1.8mの高さに設け、使用方法を表示します。

- **排煙機の設置と除外規定**：また、排煙機を設置する決まりです。除外規定として、排煙口の開口面積が防煙区画部分の床面積の1/50以上あり、直接外気に接する場合は排煙機はなくてもOKです。

- **排煙設備の監視**：床面積が1000m²を超える地下街では、排煙設備の制御や作動状態の監視は、中央管理室で行うものとしなければいけません。

非常用の照明装置・進入口【令第126条の4～7】

- **非常用照明の設置基準**：劇場、病院、共同住宅、学校、百貨店などの特殊建築物や、

階数が3以上で延べ面積500m²を超える建築物の居室、廊下、階段等には、非常用の照明装置を設けなければいけません。被災時は停電することもあるので、非常用の電源で最低限の照明を確保し、安全に避難できるように決まっています。ただし、一戸建ての住宅、長屋・共同住宅の住戸、病院の病室、学校等は非常照明はなくても良しとされています。

- **非常用照明の構造**：非常用の照明装置は、直接照明としなければいけません。直接明かりを灯して、明るい廊下で避難をします。
- **非常用進入口の設置基準**：安全策として、避難できなかったときのために、建築物の高さ31m以下の部分にある3階以上の階には、非常用進入口を設けます。ただし、火災の発生の恐れの少ない階等で、その直上階や直下階から入れる場合は、非常用進入口はなくてもOKです。また、非常用の進入口には奥行き1m以上、長さ4m以上のバルコニーを設けます。進入しやすくするためです。なお、非常用エレベーターを設置している建築物には、非常用の進入口を設けなくても問題ありません。

避難上の安全の検証を行う建築物の階に対する基準の適用 【令第129条】【令第129条の2】【令第128条の6】

- **階避難安全検証法**：階避難安全検証法によって、安全性が確かめられた建築物には、廊下の幅、直通階段、排煙設備等の避難施設に関する規定が一部免除されます。
- **全館避難安全検証法**：階避難の場合に免除項目に加えて、高層区画、竪穴区画、異種用途区画の規定が一部免除されます。
- **区画避難安全検証法**：階避難安全検証法の規定を区画部分に適法したものです。排煙設備の設置、排煙設備の構造、特殊建築物等の内装などの規定が適用されません。

図5：避難安全検証法

--- 一 問 一 答 で 理 解 度 チ ェ ッ ク ---

1 病院における患者用の廊下で、その両側に病室がある場合の
当該廊下の幅員は1.8m以上としなければならない。

答え

15 時間目

火災の広がりを遅くする 内装制限 どんな建物が制限を受けるか 理解しよう

ナナメ読みでおさらい

内装制限は、部屋の内装を燃えにくくして火災の広がりを遅くするために、内装の材料をします。どんな建物が制限を受けるのか、逆に制限を受けない建物はどんなものなのかを、しっかりと理解しましょう。

きくりん先生のつまずき解消のコツ・やさしい解説

内装制限では確認するフローチャートを覚えよう。フローチャートさえ覚えておけば、細かい数字は法令集で確認できるよ。

じっくり理解

内装制限
【法第35条の2・令第128条の3の2・第128条の4・第128条の5】

　建築物は、用途や規模などによって壁・天井の内装を準不燃材料、難燃材料で仕上げなければいけません。これが内装制限です。注意点は、床は内装制限の対象にならないことです。

　準不燃材料や難燃材料という材料で仕上げなければいけませんが、必ずしもその材料を使う必要はありません。たとえば、不燃材料であれば、不燃材料で仕上げなければいけませんが、準不燃材料であれば、準不燃材料か不燃材料で仕上げればOKです。難燃材料の場合は、難燃材料、準不燃材料、不燃材料のいずれかで仕上げれば問題ありません。内装を燃えにくくするための規制ですので、より燃えにくい材料を使うのはOKです。

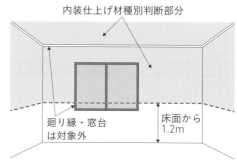

図1：内装制限を受ける部分

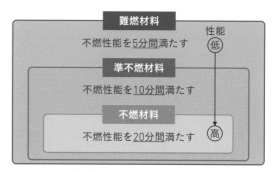

図2：難燃材料や不燃材料（01時間目図4再掲）

154

内装制限を受ける建築物
【法第35条の2・令第128条の3の2・第128条の4】

内装制限を受ける建築物かを判断するには主に2つを確認します。特殊建築物かどうかと、建物の規模です。図3、図4を見て確認しましょう。

※以下も内装制限を受ける建築物に含まれます。

耐火建築物等：耐火建築物又は特定避難時間倒壊等防止建築物（1時間以上）

図3：内装制限の対象か確認フローチャート

特殊建築物の種類	内装制限のかかる床面積の合計（規模別）		
① 劇場、映画館、演芸場、観覧場、公会堂、集会場	耐火建築物の規模	客席が400m²以上	左図の規模別の条件に当てはまる場合、下記の内装制限が必要。
	準耐火建築物(イ)の規模 準耐火建築物の規模 その他建築物の規模	客席が100m²以上	**居室など** 壁・難燃以上 （床面上1.2m以下除く） 天井・難燃以上 （3階以上に居室を有する者は準不燃以上）
② 病院、診療所、ホテル、旅館、下宿、共同住宅、寄宿舎、児童福祉施設等	耐火建築物の規模 準耐火建築物(イ)の規模	3階以上の部分が300m²以上	
	準耐火建築物の規模	2階以上の部分が300m²以上	
	その他建築物の規模	200m²以上	**通路階段など** 壁・天井とも準不燃以上
③ 百貨店、マーケット、展示場、キャバレー、カフェー、バー、遊技場、公衆浴場、飲食店又は物品販売業を営む店舗	耐火建築物の規模	3階以上の部分が1000m²以上	
	準耐火建築物の規模	2階以上の部分が500m²以上	
	その他建築物の規模	200m²以上	
④ 自動車車庫、自動車修理工場、映画スタジオ又はテレビスタジオ	耐火建築物の規模 準耐火建築物(イ)の規模 準耐火建築物の規模 その他建築物の規模	すべて	**居室など** 壁・天井とも準不燃以上
⑤ 地下又は地下工作物内に上記①、②、③の用途の居室を有するもの	耐火建築物の規模 準耐火建築物(イ)の規模 準耐火建築物の規模 その他建築物の規模	すべて	**通路・階段など** 壁・天井とも準不燃以上

図4：特殊建築物の場合の内装制限

準耐火建築物等：準耐火建築物又は特定避難時間倒壊等防止建築物（45分間以上1時間未満）

⑥床面積50m²を超える排煙無窓居室：排煙無窓居室とは、窓等で排煙のために開放できる部分（天井から下方80cm以内にある部分）の面積が、床面積の1/50未満の居室です。

⑦採光無窓居室：温湿度調整を必要とする作業室等の居室で、必要採光面積を確保できない居室です。

⑧以下のすべての建築物（学校等を除く）。

● 階数3以上、かつ、延べ面積500m²を超える建築物。

● 階数2、かつ、延べ面積1000m²を超える建築物。

● 階数1、かつ、延べ面積3000m²を超える建築物。

⑨階数2以上の住宅で、最上階を除く火気使用室。

住宅以外で耐火建築物以外の、火気使用室（内装の制限を受ける調理室等と呼びます）。

適用除外【令第128条の5第7項】

　内装制限の規定は、スプリンクラー設備、水噴霧消火設備、泡消火設備等で、自動式のものや、排煙設備を設けた建築物の部分には適用しません。

一問一答で理解度チェック

1 内装制限を受ける地上2階建ての有料老人ホームにおいて、当該用途に供する居室の壁及び天井の室内に面する部分の仕上げを、難燃材料とした。

答え　○

16 時間目 敷地と接する道路 道路にカウントされる条件を覚えよう

ナナメ読みでおさらい

建物がある敷地は必ず道路と接しています。そうしないと、建物を造ることも壊すこともできないからです。道路と接していないと、人の出入りもしにくいですよね。ここでは、何が道路なのか、道路に決まりはあるのか、といったことを覚えていきましょう。

じっくり理解

道路の定義【法第42条第1項】

道路には大きく分けると2種類あります。4m以上の道路と、昔からある4m未満の道路です。メインの「道路」は、幅員4m以上（指定区域では6m以上）で、その中にも5種類の道路があります。

種類	内容
1項1号	道路法による道路（国道、都道、区道など）
1項2号	開発許可などにより築造された道路
1項3号	建築基準法の適用および都市計画区域に指定される
	以前から存在した4m以上の道
1項4号	計画道路
1項5号	位置指定道路
42条2項	法の適用以前から存在した4m未満の道

表1：道路の定義

位置指定道路の基準【法第42条第1項第5号、令144条の4】

位置指定道路とは、新しく造る道で行政が指定したものです。位置指定道路として行政が指定するには、以下の条件を全部満たす必要があります。

①基本は両端が他の道路に接続したもの。袋路状道路でも次の条件のどれかに当てはまればOK。
  （1）延長が35m以下で、終端が公園・広場等で自転車の転回が可能。
  （2）延長が35m以上でも、35m以内ごとに自転車の転回広場を設けた場合。
  （3）幅員が6m以上。
②道路の交差する部分は2m幅の二等辺三角形のすみ切を設置する。
③砂利敷や舗装などぬかるみにならない構造。
④縦断勾配は12％以下で階段でない。階段や勾配が急だと車が通れません。
⑤道、敷地内の排水に側溝、街渠等を設置する。

2項道路（みなし道路）【法第42条第2項】

古い道路は4m未満の場合でも道路とみなされます。狭いので規制があります。

学びなおし 3 法規

たとえば、4mの幅員を確保するために、道路の中心線から2m後退した線を道路境界線とみなします。具体的には、道路の中心線より2mずつ振り分け、敷地の一部が道路になります。道路となるので、自己所有地でも敷地面積からは除かれ、建築物を立てることはできません。

反対側が水面などで後退できない場合は、反対側から4mの線を道路境界線として、敷地の一部を道路とします。もちろん、建ぺい率や容積率の計算のときも敷地には算入されません。

 ## 接道【法第43条第1項】

建築物の敷地は、道路に2m以上接しなければいけません。車が通れないので、消火活動の際に困ります。安全に通れる場所に敷地がある場合は、2m未満でも問題ありません。

具体的には、自動車のみの交通道路、地区計画区域内の道路、利用人数が少なくて行政が交通安全防火など問題なしと認めるもの、敷地周囲に空地があって問題ないと建築審査会の同意を得た場合、仮設建築物の場合です。

また、地方公共団体は、特殊建築物や大規模建築物に対して、条例で制限を付けることができます。

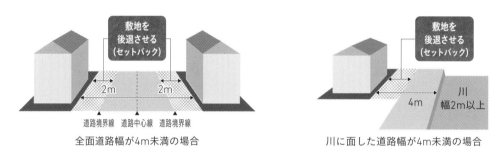

全面道路幅が4m未満の場合

川に面した道路幅が4m未満の場合

図1：2項道路の道路境界線

道路内の建築制限・許可【法第44条・令第145条第2項】

道路内には、建築物、擁壁、塀は建築できません。当たり前ですが、道路に建物があったら邪魔ですからね。なので、2項道路などで道路とみなされる敷地の部分にも建築はできません。

ですが、例外もあります。たとえば、地下街などは道路の敷地内ですが建築できます。また、交通に影響がなければ、公衆便所や歩廊、渡り廊下なども行政が許可すれば建築OKです。災害時や工事用の仮設建築物も、道路に造るのは問題ありません。

私道の変更又は廃止の制限【法第45条】

私道の変更や廃止によって道路に接しなくなる場合、特定行政庁は私道の変更や廃止を禁止したり制限したりすることができます。

壁面線【法第46条】【法第47条】

道路に建築できないように、行政は壁面線を指定して、建築を制限することができます。たとえば、行政が開放感のある道路にしたいと思ったら、関係者に意見を聞いて建築審査会の同意を得ることで、壁面線を指定できます。壁面線を指定することで、建築物の壁、柱や高さ2mを超える門、塀は、壁面線を越えて建築できません。逆に考えると、高さ2m以下の門や塀なら建築できます。一方で、地下の部分は道路に影響がないので、壁面線の影響を受けずに建築できます。

一 問 一 答 で 理 解 度 チ ェ ッ ク

1 壁面線が指定されている敷地において、建築物に付属する高さ1.8mの塀を壁面線を越えて設置した。　　答え　○

町の秩序を守る用途制限
場所で建てるものが
制限されるから快適

ナナメ読みでおさらい

用途制限とは、都市や町の秩序を守るために設けられた、建築物の使用用途に関する基準です。用途地域は全部で13に分かれています。大きく分けると3種類で、住居系、商業系、工業系です。それぞれの地域で建築できるもの、建築できないものなどの基準があるので、じっくり理解していきましょう。

じっくり理解

用途地域【法第48条・別表第2】

第一種 低層住居専用地域	低層住宅のための地域。小規模店舗や事務所を兼ねた住宅や、小中学校などが建てられる。
第二種 低層住居専用地域	主に低層住宅のための地域。小中学校などのほか、150m²までの一定のお店などが建てられる。
第一種 中高層住居専用地域	中高層住宅のための地域。病院・大学・500m²までの一定のお店などが建てられる。
第二種 中高層住居専用地域	主に中高層住宅のための地域。病院・大学などのほか、1500m²までの一定のお店や事務所など必要な利便施設が建てられる。
第一種住居地域	住居の環境を守るための地域。3000m²までの店舗、事務所、ホテルなどは建てられる。
第二種住居地域	主に住居の環境を守るための地域。店舗、事務所、ホテル、カラオケボックスなどは建てられる。
準住居地域	道路の沿道において、自動車関連施設などの立地と、これと調和した住居の環境を保護するための地域。
田園住居地域	農業と調和した低層住宅の環境を守るための地域。住宅に加え、農産物の直売所などが建てられる。
近隣商業地域	まわりの住民が日用品の買い物をするための地域。住居や店舗のほかに小規模の工場も建てられる。
商業地域	銀行、映画館、飲食店、百貨店などが集まる地域。住宅や小規模の工場も建てられる。
準工業地域	主に軽工業の工場やサービス施設等が立地する地域。危険性、環境悪化が大きい工場のほかは、ほとんど建てられる。
工業地域	どんな工場でも建てられる地域。住宅やお店は建てられるが、学校、病院、ホテルなどは建てられない。
工業専用地域	工場のための地域。どんな工場でも建てられるが、住宅、お店、学校、病院、ホテルなどは建てられない。

表1：用途地域の種類

別表第2では、（い）〜（は）、（ち）項に建築することができる建築物、それ以外の項には、建築することができない建築物が書かれています。これを1つずつ覚えるのは難しいので、図1で概念を理解し

① 建築できるものが増える

> (い)項　第一種低層住居専用地域
> (ろ)項　第二種低層住居専用地域
> (は)項　第一種中高層住居専用地域

② 建築できるものが増える

> (い)項　第一種低層住居専用地域
> (ろ)項　第二種低層住居専用地域
> (ち)項　田園住居地域

③ 建築できないものが減る

> (に)項　第二種中高層住居専用地域
> (ほ)項　第一種住居地域
> (へ)項　第二種住居地域
> (と)項　準住居地域
> (り)項　近隣商業地域
> (ぬ)項　商業地域
> (る)項　準工業地域

④ 建築できないものが増える

> (を)項　工業地域
> (わ)項　工業専用地域

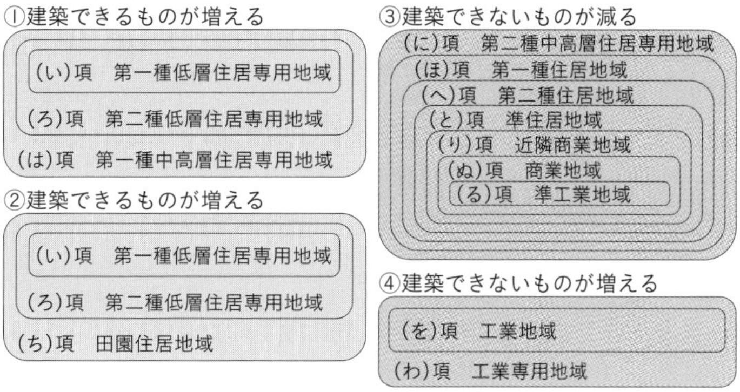

図1：用途地域の全体概念

学びなおし **3**

法規

てください。概念を理解したら、法令集で調べられるようにしておきましょう。

一種低層で建築可能なものは二種低層でも可能ですし、二種低層でも建築可能なものは、一種中高層でも可能です。

商業系になる程、建築できるものが多くなります。

工業専用地域は工場などを建てるので、騒音や煙などが発生します。住環境としてはあまりよくないので制限が厳しく、建築できないものが多いです。

敷地が2種の用途にわたる場合【法第91条】

建築物の敷地が用途地域の内外にまたがっている場合、その敷地の半分以上が入っている敷地の用途制限を適用します。

カラオケボックスは第一種住居では不可で商業なら建築可能です。図3の敷地の場合は、第一種

図2：敷地が2種にわたる場合

住居の方が広いので、敷地全体が第一種住居として用途地域の制限を受けます。商業地域ならカラオケボックスは建築できますが、この敷地内であれば、第一種住居とみなされるので建築できません。ただし、この考え方（広い方ですべてを考える）は容積率や建ぺい率、高さ制限などに関しては、適用されませんので注意してください。

建築物の用途制限

用途地域ごとに用途制限があります。法令集には文章として書かれているので難しく感じますが、表にするとわかりやすいです。表2が用途制限の表です。覚える必要はありません。調べることができるようにしておきましょう。法令集を読んで、自分でこの表を作ってみると理解が深まります。表を作れるようになると、用途制限は理解できているでしょう。

用途地域内の建築物の用途制限	
住宅、共同住宅、寄宿舎、下宿、兼用住宅で、非住宅部分の床面積が、50m²以下かつ建築物の延べ面積の2分の1未満のもの	

店舗等	店舗等の床面積が150m²以下のもの
	店舗等の床面積が150m²を超え、500m²以下のもの
	店舗等の床面積が500m²を超え、1500m²以下のもの
	店舗等の床面積が1500m²を超え、3000m²以下のもの
	店舗等の床面積が3000m²を超え、10000m²以下のもの
	店舗等の床面積が10000m²を超えるもの
事務所等	1500m²以下のもの
	事務所等の床面積が1500m²を超え、3000m²以下のもの
	事務所等の床面積が3000m²を超えるもの
ホテル、旅館	
遊戯施設・風俗施設	ボーリング場、水泳場、ゴルフ練習場、バッティング練習場等
	カラオケボックス等
	麻雀屋、パチンコ屋、勝馬投票券発売所、場外車券場等
	劇場、映画館、演芸場、観覧場、ナイトクラブ等
	キャバレー、料理店、個室付浴場等
公共施設・学校等	幼稚園、小学校、中学校、高等学校
	病院、大学、高等専門学校、専修学校等
	神社、寺院、教会、公衆浴場、診療所、保育所等
工場・倉庫等	倉庫業倉庫
	自家用倉庫
	危険性や環境を悪化させるおそれが非常に少ない工場
	危険性や環境を悪化させるおそれが少ない工場
	危険性や環境を悪化させるおそれがやや多い工場
	危険性が大きいかまたは著しく環境を悪化させるおそれがある工場
	自動車修理工場

表2：建築物の用途制限

 第1種低層住居専用地域内に建築できる兼用住宅【令第130条の3】

　第1種低層住居専用地域内で、延べ面積の1/2以上が居住用に使い、事務所、店舗等の床面積が50m²以下の兼用住宅のうち、次のものは建築することができます。

①事務所

②日用品販売の店舗、食堂、喫茶店

③理髪店、美容院、クリーニング取扱店、質屋、貸衣装屋、貸本屋

④洋服店、畳屋、建具屋、自転車屋、家庭電気器具店等（原動機出力0.75kW以下）

⑤パン屋、米屋、豆腐屋、菓子屋等（原動機出力0.75kW以下）

⑥学習塾、華道教室、囲碁教室等

⑦美術品、工芸品を制作するためのアトリエ、工房（原動機出力0.75kW以下）

敷地に空間を確保する建ぺい率
日照や風通しを確保するのに必要

ナナメ読みでおさらい

建ぺい率とは、土地の中で建物を建てられる面積の割合です。敷地の周囲に空間を確保することで、日照や風通しを確保したり、火災の延焼を周囲に広げにくくしたりする効果があります。ここでは、どんな制限があって、どんな緩和があるのかを把握しましょう。

じっくり理解

建ぺい率の制限【法第53条第1項】

建ぺい率とは、建築の敷地に対する割合をいい、次式によって計算できます。制限がなければ、敷地をフルに使って建築できます。

建ぺい率＝建築面積／敷地面積

敷地が2以上の用途地域にわたる場合【法第53条第2項】

建築物の敷地が2つ以上の用途地域にまたがっている場合の建ぺい率は、それぞれの建ぺい率の限度から建築面積の限度を求めて合計し、その合計の建築面積を敷地面積で割って求めます。

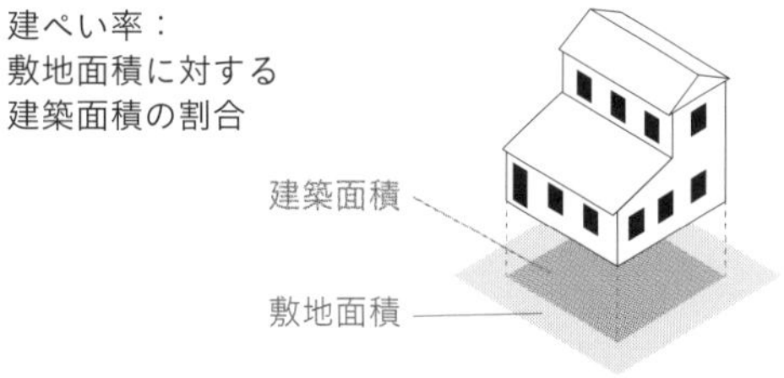

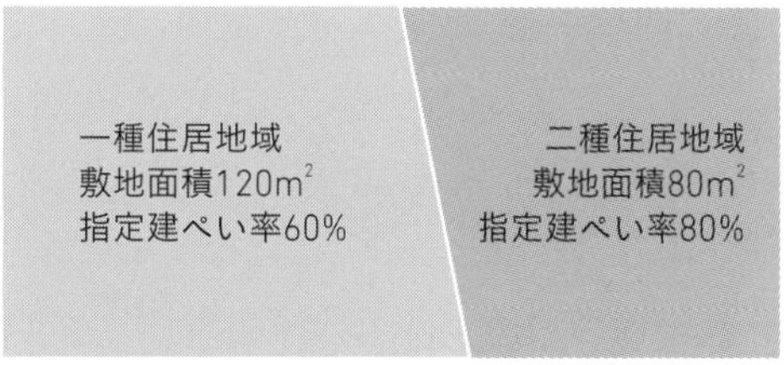

建ぺい率：
敷地面積に対する
建築面積の割合

建築面積

敷地面積

$$建ぺい率（\%）＝\frac{建築面積}{敷地面積}\times 100$$

図1：建ぺい率のイメージ

一種住居地域
敷地面積120m²
指定建ぺい率60%

二種住居地域
敷地面積80m²
指定建ぺい率80%

図2：2つの用途地域にまたがる敷地

例題）

図2のように2つの用途地域にまたがっている敷地において、建築することのできる建築物の建築面積の最高限度と建ぺい率を考えてみましょう。

解法）

各用途地域の建ぺい率の限度に、それぞれの敷地面積を乗じ、それらのすべてを合計します。

一種住居地域：$120m^2\times 6/10＝72m^2$

二種住居地域：$80m^2\times 8/10＝64m^2$

建築面積の最高限度：$72＋64＝136m^2$

建ぺい率：建築面積の最高限度/敷地面積＝136/(120＋80)=68/100

200m²の敷地に、68%の広さで建築できるということです。

建ぺい率の緩和【法第53条第3項】

次のどちらかの場合は、建ぺい率の割合にそれぞれ10%を、両方の場合には20%を加算して計算します。

①防火地域内にある耐火建築物、準防火地域内にある耐火建築物等か準耐火建築物等。

②角地にある建築物。

隣地側に壁面線の指定などがある場合【法第53条第5項】

敷地の隣地に壁面線の指定や壁面の位置制限がある場合、行政が問題ないと認めて建築審査会の同意を得て許可したときは、建ぺい率は緩和されます。特殊な緩和条件なので、そういうものがあるということを覚えておきましょう。

建ぺい率の適用除外【法第53条第6項】

次の建築物は、建ぺい率の制限がありません。敷地をフルに使って建築できます。

1. 建ぺい率の限度が8/10の地域内で、防火地域内の耐火建築物。
2. 巡査派出所、公衆便所、公共用歩廊等。
3. 公園、広場、道路、川の内にある建築物で、行政が問題ないと認めて建築審査会の同意を得て許可したもの。

敷地が防火地域内の内外にわたる場合【法第53条第7項】

建築物の敷地が防火地域の内外にまたがっている場合、敷地内のすべての建築物が耐火建築物であれば、敷地全体が防火地域とみなして建ぺい率の制限を適用します。つまり、建ぺい率の緩和を受けることができます。

一問一答で理解度チェック

1 工業地域内にある建築物の敷地が防火地域及び準防火地域にわたる場合において、その敷地内の建築物の全部が耐火建築物であるときは、都市計画において定められた建ぺい率の限度にかかわらず、建ぺい率の限度の緩和の対象となる。　答え ◯

19 時間目

建物の大きさが決まる容積率
緩和条件や計算方法を理解しよう

ナナメ読みでおさらい

容積率は敷地に対してどれくらいの延べ面積を作れるかという割合です。建物の大きさを制限するために設けられたルールです。階数が増えるほど容積率は大きくなります。容積率は緩和条件や計算方法がたくさんあるので、じっくり理解しましょう。

きくりん先生のつまずき解消のコツ・やさしい解説

容積率は計算問題が出ます。2つの敷地にまたがる場合の計算方法、緩和する条件、特定道路がある場合の計算方法の3つを重点的に練習しよう。

じっくり理解

容積率の制限【法第52条第1項・第2項】

容積率とは、建築物の延べ面積の敷地面積に対する割合です。

容積率＝延べ面積/敷地面積

容積率の限度は、都市計画によって決められた値です。ですが、前面道路幅員が12m未満の場合は、用途地域の種類に応じて、算定された容積率と比較し、厳しい方の数値が適用されます。

前面道路幅員に乗じる数値は、住居系用途地域は4/10（行政が定めたら6/10）、その他の用途地域か用途地域の指定のない区域は6/10（行政が定めたら4/10か8/10）となります。

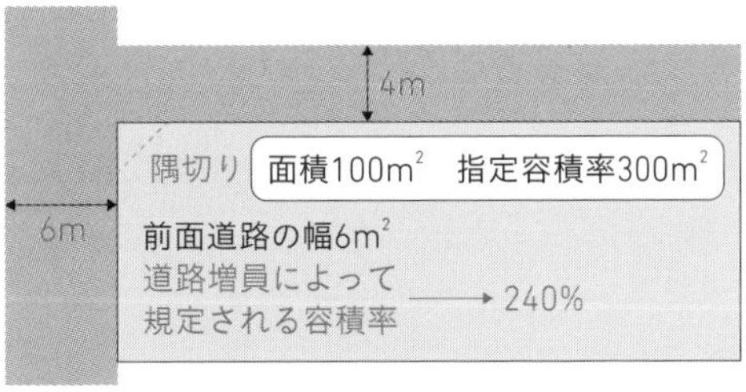

例）前面道路の幅員が6mの場合（図2）

住居系地域で指定容積率が30/10の場合は、前面道路の幅員に4/10をかけた値＝24/10と都市計画で定められた数値30/10を比較して小さい方になります。

敷地面積が100m²なので、100×24/10＝240m²

つまり、延べ面積は240m²まで建築可能ということです。

容積率：
敷地面積に対する
延べ面積の割合

2階床面積 25m²
1階床面積 50m²
敷地面積100m²

$$容積率（\%）＝\frac{延べ面積}{敷地面積}×100$$

図1：容積率

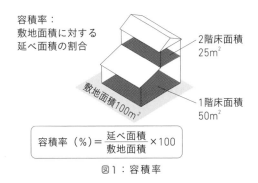

隅切り　面積100m²　指定容積率300m²
前面道路の幅6m²
道路増員によって → 240%
規定される容積率
4m
6m

図2：容積率の計算

学びなおし 3　法規

※敷地が2以上の道路に接するときは、そのうちの最大の道路幅員を前面道路幅員とします。

敷地が2つ以上の用途地域にわたる場合【法第52条第7項】

建築物の敷地が2つ以上の用途地域にまたがっている場合、建築することができる延べ面積の限度は、それぞれの敷地面積と容積率の限度から、個々の延べ面積の限度を求めて合計します。

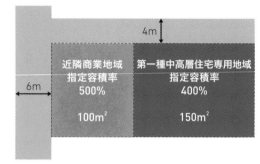

図3：2つの用途地域の容積率の計算

例題）図3のような敷地において、建築することができる建築物の延べ面積の最高限度を求めなさい。ただし、図に記載されているものを除き、地域、地区等及び特定行政庁の指定等はないものとし、建築物には、共同住宅、自動車車庫等の用途に供する部分及び地階はないものとする。

解答）近隣商業地域の敷地部分
- **指定容積率：50/10＞前面道路容積率：6×6/10＝36/10**
- **建築可能な延べ面積：100m^2×36/10＝3600m^2**

第一種中高層住居専用地域の部分
- **指定容積率：40/10＞前面道路容積率：6×4/10＝24/10**
- **建築可能な延べ面積：150m^2×24/10＝3600m^2**

（前面道路の幅員は①②共に6mであることに注意してください）

敷地全体の建築可能な延べ面積の最大値3600＋3600＝7200m^2

地階部分の容積緩和【法第52条第3項】

地階のうち、天井が地盤面から高さ1m以下にある住宅や、老人ホーム等の部分の床面積は、建築物の住宅部分の床面積の合計の1/3を限度に延べ面積に算入しません。

例題）図4の専門住宅を建築する場合、容積率を算定する際の延べ面積はいくらか。

ただし、自動車車庫等の用途に供する部分はないものとする。

解答）住宅の地階の床面積は、住宅の用途に供する部分の床面積の合計の1/3を限度として延べ面積に算

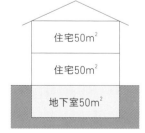

図4：地下室がある場合の容積率

入しない。

$$(50＋50＋50)×1/3=50m^2$$

∴50m²を限度に地階の床面積に算入しない。

容積率を算定する際の延べ面積は？

$$50＋50＋(50－50)＝100m^2 となります。$$

あくまでも、容積率を計算するときの緩和規定です。延べ面積が減ることはありません。

共同住宅の共用の廊下等に対する緩和【法第52条第6項】

容積率を計算する場合、エレベーターの昇降路の部分、共同住宅や老人ホーム等における共用の廊下と階段の部分の床面積は、延べ面積に算入しません。

第一種住居地域等の内にある住宅の容積率の緩和【法第52条第8項】

第一・二種住居地域、準住居地域、近隣商業地域、商業地域、準工業地域で、敷地内に一定規模以上の道路に接する空地があり、敷地面積が一定規模以上の住宅の容積率は、規定の1.5倍まで緩和されます。敷地の広い住宅は容積率が緩和される、程度に覚えておけば十分です。

特定道路による容積率の緩和【法第52条第9項・令第135条の18】

敷地が幅員6m以上12m未満の前面道路に接しているとき、この前面道路が敷地から幅員15m以上の特定道路に70m以内の範囲で接する場合は、前面道路の幅員を割り増しして容積率を計算することができます。前面道路が12m未満の場合は幅

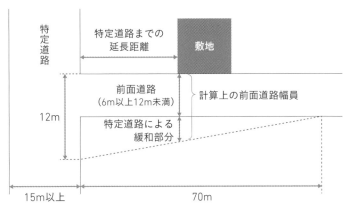

図5：特定道路の容積率の緩和

員×指定の数値で制限が決まることがあるので、前面道路が広くなると、延べ面積を大きくできます。

$$Wa＝\{(12－Wr)(70－L)\}/70$$

Wa：前面道路に割り増しされる幅員 ［m］

Wr：前面道路幅員［m］

L：特定道路から敷地までの距離［m］

自動車車庫、備蓄倉庫等に対する緩和
【令第2条第1項第4号・令第2条第3項】

自動車車庫、備蓄倉庫部分、蓄電池設置部分、自家発電設備設置部分、貯水槽設置部分、宅配ボックス設置部分は、一定の割合は床面積に算入しなくてOKです。

自動車車庫：床面積の合計の1/5を限度として延べ面積に算入しません。

備蓄倉庫部分：1/50

蓄電池設置部分：1/50

自家発電設備設置部分：1/100

貯水槽設置部分：1/100

宅配ボックス設置部分：1/100

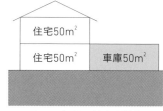

図6：車庫に対する緩和

たとえば、図6の建物の場合、延べ床面積は150m²です。そのうち、自動車車庫に対しては150m²の1/5、つまり30m²が緩和されます。容積率の計算対象となる延べ面積は150－（30）＝120m²です。

※この緩和規定は、あくまでも容積率を算定する場合に適用されます。

一問一答で理解度チェック

1 建築物の地階でその天井が地盤面からの高さ1m以下にあるものの老人ホームの用途に供する部分の床面積は、原則として、当該建築物の老人ホームの用途に供する部分の床面積の合計の1/3を限度として、容積率の算定の基礎となる延べ面積に算入しない。

答え

住環境に影響の大きい高さ制限
計算方法と緩和規定を理解しよう

ナナメ読みでおさらい

高さ制限には4種類あります。絶対高さ、道路斜線、隣地斜線、北側斜線です。隣の建物がすごく高かったら日射がまったく当たらないですよね。近隣の住環境に大きな影響を与えないように高さ制限が決められています。ここでは、それぞれの計算方法と緩和規定を理解しましょう。

じっくり理解

絶対高さ制限
【法第55条第1項】

第一種低層住居専用地域と第二種低層住居専用地域、田園住居地域の建築物の高さは10m以下か12m以下とします。これを絶対高さ制限といいます。

10mまたは12mまで

第一種低層住居　第二種低層住居　田園住居地域
専用地域　　　　専用地域

図1：絶対高さ制限

道路斜線制限【法第56条第1項第1号】

道路斜線制限は、道路の反対側から空中に斜線を引いた部分に建物を建てられない制限のことです。斜めの勾配は法別表3（に）に、斜線の限度の距離は（は）に書いてあります。

図2のA点における高さの限度は、道路の反対側までの距離に、別表第3（に）欄の数値、住居系地域なら1.25、商業系、工業系なら1.5をかけて計算した高さになります。

たとえば、前面道路の幅員が6m、道路境界線から高さを測るA点までの距離が3mの場合、A点の建築可能な高さ限度は

住居系地域だと　$(6+3) \times 1.25 = 11.25$m

その他の地域では　$(6+3) \times 1.5 = 13.5$mとなります。

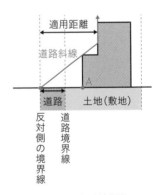

適用距離

道路斜線

A

道路　土地（敷地）

反対側の境界線　道路境界線

図2：道路斜線制限

道路斜線　後退緩和規定【法第56条第2項】

　前面道路の境界線からセットバックした建築物は、反対側の境界線から、セットバックした距離の分、境界線を外側に緩和して計算できます。たとえば、道路境界線から2m後退して建築する場合、後退した2m分だけ、外側から計算します。

　2mセットバックしている場合、さきほどと同じ条件で、前面道路の幅員が6m、道路境界線からA点までの距離が3mとすると、A点における建築可能な高さの限度は

　住居系地域では（2＋6＋2＋3）×1.25＝16.25m

　その他の地域だと（2＋6＋2＋3）×1.5＝19.5mとなります。

　※後退距離は道路境界線から建物までの距離が一番近いところです。

道路斜線　後退緩和規定適用範囲【令第130条の12】

セットバックの緩和には条件があります。

● 物置などの場合は以下の条件を満たす場合、本体の方の後退距離を使用します。

　1.　軒の高さが2.3m以下で、かつ、床面積の合計が5m²以内。

　2.　前面道路に面する長さが、敷地の前面道路に接する部分の長さの1/5以下。

　3.　前面道路の境界線までの水平距離のうち最小のものが1m以上。

● ポーチなどで、2と3に該当し、かつ、高さが5m以下。

● 道路沿いの高さが2m以下の門や塀（高さが1.2mを超える場合は、1.2mを超える部分が網状）。

　軒の高さが2.3m、床面積が5m²を超える物置、2mを超える門や塀がある場合は、後退距離は門や塀までの距離です。

　接道長さの1/5を超える幅がある物置がある場合も後退距離は物置までの距離です。

　道路境界線に沿って高い塀を設ける場合は、後退距離は0mになります。

　物置などが条件に適合しない場合、後退距離は物置までの距離となります。適合する場合は本体までの距離です。

道路斜線　2方向による緩和規定【令第132条第1項】

　前面道路が2以上ある場合、広い方の道路境界線から、広い道路の幅員の2倍の距離、かつ、35m以内の部分は、狭い道路も、広い方の道路の幅員があるものとして計算します。

　さらに、狭い道路の中心線から10mを超える部分も、広い方の道路の幅員を使って、計算できます。

　狭い方の道路幅員で道路斜線の検討をするところは、白抜き部分だけです。

　たとえば、図3のC点における高さの限度を考える場合、通常南側の道路はBmの道

路として計算しますが、西側に広い
道路が接道していますので、この緩
和規定を適用することができます。
つまり、南側の道路もAmの幅員と
考えることができるのです。

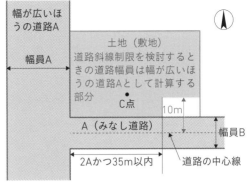

図3：2方向道路の緩和

道路斜線　水面などがある場合の緩和規定【令第134条第1項】

　前面道路の反対側に公園、広場、水面がある場合、前面道路の反対側の境界線は、
その部分も道路として考えて良いです。

　道路境界線から建物が後退している場合は、後退した距離の分、さらに遠くから計
算することができます。

道路斜線　敷地が高い場合の緩和規定【令第135条の2第1項】

　敷地の地盤面が、前面道路より1m以上高い場合、その前面道路は、高低差から1m
を減じたものの1/2だけ高い位置にあるものとして計算します。

　道路に対する高さの制限は、道路の中心の高さを基準に計算していますが、敷地が
道路よりも高い場合は、その分建物を高くすることができないので不利です。

　それだと不公平なの
で、道路を少し高い位置
で考えてもいいという規
定です。

　図4の右上の図の場合
で高低差が2mだとする
と、2mから1mを引き、
それを2で割ります。

　（2-1）÷2＝0.5

　つまり、0.5m分は道
路を高くすることができ
るのです。この場合、普
通に高さ制限の計算をし

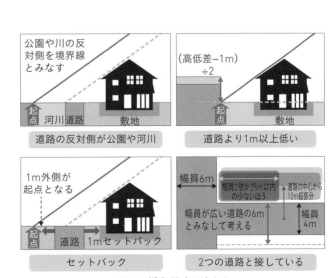

図4：緩和規定のまとめ

た値に、道路が下がっている分の1.5mを減じた値が、高さの限度となります。

隣地斜線【法第56条第1項第2号】

　隣地斜線制限とは、隣地境界線までの水平距離に、住居系地域では、1.25を乗じたものに20mを、商業系・工業系地域では、2.5を乗じたものに31mを加えたものを超えた部分に建築できない制限です。

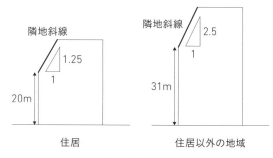

図5：隣地斜線

　20mを超える部分で建物が後退している場合、その後退距離を水平に加えたものになります。

　高さを測るA点が隣地境界線から2mの場合の計算方法は、

　住居系地域の場合2×1.25＋20＝22.5m

　商業・工業系地域の場合2×2.5＋31＝36mとなります。

　建物も2mセットバックしている場合は

　住居系地域の場合（2＋2）×1.25＋20＝25m

　商業・工業系地域の場合（2＋2）×2.5＋31＝41mです。

隣地斜線　水面等がある場合の緩和規定【令第135条の3第1項第1号】

　建築物の敷地が公園、広場、水面に接する場合は、境界線は、それらの幅の1/2だけ外側に緩和されます。

　道路斜線にも同じような規定がありますが、道路斜線は水面などの幅すべてですが、隣地斜線の場合は、半分の幅です。

隣地斜線　敷地が低い場合の緩和規定【令第135条の3第1項第2号】

　敷地の地盤面が隣地より1m以上低い場合、敷地の地盤面は高低差から1mを減じたものの1/2だけ高い位置にあるものとして計算します。少し建物を高くできます。

北側斜線【法第56条第1項第3号】

　北側斜線制限とは、前面道路の反対側の境界線、隣地境界線までの真北方向の水平距離に1.25を乗じて得たものに、第一種・第二種低層住居専用・田園住居地域内の場合は5mを、第一種・第二種中高層住居専用地域内の場合は10mを加えたものを超え

た部分に建築できない制限です。北側に住んでいる方の日当たりに配慮した高さ規定です。この規定が適用されるのは、5つの用途地域だけです。

高さを測るA点が北側隣地境界線から2mの場合の計算方法は、

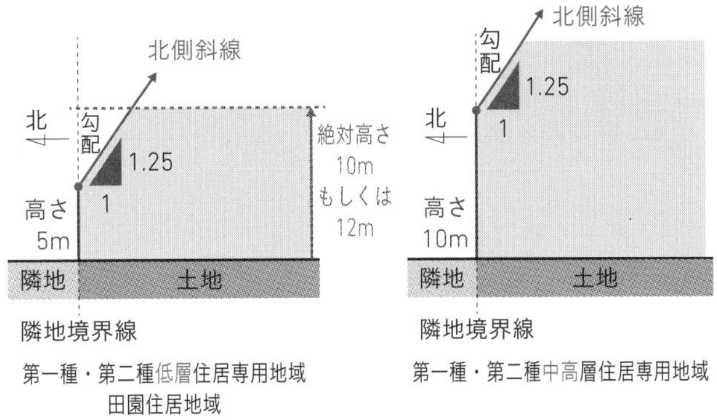

第一種・第二種低層住居専用・田園住居地域の場合、2×1.25＋5＝7.5m

第一種・第二種中高層住居専用地域内だと2×1.25＋10＝12.5mとなります。

北側が道路だと道路斜線と北側斜線の両方が制限され、厳しい方を使う点に注意してください。

図6：北側斜線制限

（左図）北側斜線　北　勾配　1.25　1　高さ5m　隣地　土地　隣地境界線　第一種・第二種低層住居専用地域　田園住居地域

（右図）北側斜線　北　勾配　1.25　1　絶対高さ10mもしくは12m　高さ10m　隣地　土地　隣地境界線　第一種・第二種中高層住居専用地域

北側斜線　水面などがある場合の緩和規定【令第135条の4第1項第1号】

北側の前面道路の反対側に水面、線路敷がある場合や接する場合は、その境界線はこれらの幅の1/2だけ外側にあるものとして計算します。隣地斜線の緩和規定と同じです。1/2だけ外側にあるものとして計算できます。道路斜線の場合はすべてなので、間違えやすいため注意してください。

北側斜線　敷地が低い場合の緩和規定【令第135条の4第1項第2号】

建築物の敷地の地盤面が北側より1m以上低い場合においては、高低差から1mを減じたものの1/2だけ高い位置にあるものとみなします。この高低差による緩和規定は、道路斜線、隣地斜線ともに同じで、少し有利になります。

21 時間目　日照を確保する日影規制 日影時間を判断できるようになろう

ナナメ読みでおさらい

日影規制とは、建物が立つことで日照が当たらなすぎる建物をなくすための規制です。日影図を作成して、何時間日影に入っているかを確認します。どこの範囲が規制の対象となるのか、どんな建物が規制されるのか、緩和規定は何かを理解しましょう。

じっくり理解

日影規制の適用【法第56条の2第1項・別表第4】

　日影規制とは、建築物を造ることで敷地周辺の土地に一定時間以上の日影を作らないためのものです。地方公共団体が条例で対象地域や制限される日陰時間を定めています。

　冬至日の真太陽時による午前8時から午後4時までの間に、条例で定める時間以上、日陰となる部分を作ってはいけません。北海道の場合は、午前9

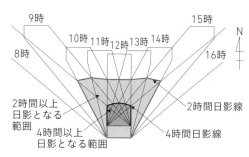

図1：等時間日影図（学びなおし2 01時間目図5再掲）

時から午後3時までの時間の日陰が対象となります。日影図を作って判断します。

　日影図とは、建物の影がどのように落ちるかを図にしたものです。1時間ごとにどんな日影ができるかを作図することで、どこにどれくらいの時間日影ができるかがわかりやすく表現されます。

　図1のグレーのところが連続して影ができるところです。場所によって影ができる時間が2時間連続だったり、4時間連続だったりします。

対象区域【法56条の2第1項・第4項・法57条の5第4項・法60条第3項】

　日影規制の対象区域は、第一・二種低層住居専用地域、田園住居地域、第一・二種中高層住居専用地域、第一・二種準住居地域、近隣商業地域、準工業地域、用途地域の指定のない区域です。

　日影規制を受けない区域の高さ10mを超える建築物で、冬至日において日陰が対象区域内に生じる場合は、当該対象区域内にある建築物とみなして日影規制を適用しま

す。

　なお、高層住居誘導地域内の建築物や、特定街区内の建築物については日影規制の適用はありません。

　対象区域内に影を落とす場合は、区域外に建築する場合でも、適用を受けます。

対象建築物【法第56条の2第1項・別表第4】

　規制の対象となる建築物は次の通りです。用途地域の種類によって変わります。

①軒の高さが7mを超える建築物か地階を除く階数が3以上の建築物

（第一・二種低層住居専用・田園住居地域、用途地域の指定のない区域）

②建築物の高さが10mを超える建築物

（第一・二種中高層住居専用地域、第一・二種準住居地域、近隣商業地域、準工業地域、用途地域の指定のない区域）

　なお、屋上部分に階段室などの塔屋がある場合、塔屋部分の水平投影面積が建築面積の1/8以下のとき、高さが5mまでは建築物の高さに算入しません。

測定の高さ【法第56条の2第1項・別表第4】

　測定する位置は用途地域の区分によって変わり、平均地盤面から1.5m、4m又は6.5mの高さの水平面とします。平均地盤面からの高さは当該建築物が周囲の地面と接する位置の平均の高さを指します。

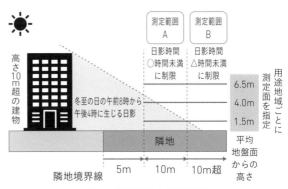

図2：測定高さと制限箇所

日影時間の測定【法第56条の2第1項・別表第4】

　日影時間の測定は2カ所で測定します。敷地境界線から5mを超え10m以内の範囲と、10mを超える範囲です。それぞれの範囲で日影時間が決められています。

　ただし、対象区域外の部分と対象建築物の敷地内は含まれません。

学びなおし **3**

法規

同一敷地内に2以上の建築物がある場合【法第56条の2第2項】

同一敷地内に複数の建築物がある場合は、1つでも規制の対象となったら、すべて日影規制を受けます。

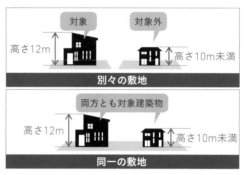

図3：同一敷地の日影規制

制限の緩和【法第56条の2第3項・令第135条の12】

①建築物の敷地が道路、水面、線路敷などに接する場合の敷地境界線は、幅が1/2だけ外側に緩和します。ただし、幅が10mを超える場合は、反対側の境界線より5m内側を敷地境界線とみなします。

②建築物の敷地の平均地盤が、隣地の地盤面より1m以上低い場合、地盤面は高低差から1mを減じたものの1/2だけ高い位置にあるものとみなして日影規制を緩和します。

火災防止に重要な防火・準防火地域
求められる基準と性能を覚えよう

ナナメ読みでおさらい

防火地域とは、建物が密集していたり電車が通っていたりして、火災が起きた場合に被害が大きくなる地域です。被害を小さくするために、建物に制限があります。防火地域、準防火地域のそれぞれに建つどんな建築物に、どんな性能が必要なのかを把握しましょう。

じっくり理解

防火・準防火地域内の建築制限【法第61条】

防火地域又は準防火地域内にある建築物は、外壁の開口部で延焼の恐れのある部分に防火戸や防火設備を設け、壁、柱、床、防火設備は火災による周囲への延焼を防止するために、国土交通大臣が定めた構造方法か国土交通大臣の認定を受けたものを使わないといけません。

ただし、門や塀で高さ2m以下のもの、準防火地域内にある建築物に附属するものは免除されています。

防火地域・準防火地域内の建築物の各部分及び防火設備の性能基準【令第136条の2】

建築物の性能は、地域・階数・規模によって基準があります。

①防火地域内で階数3以上か延べ面積が100m²を超えるもの、準防火地域内で地上の階数が4以上のもの、延べ面積が1500m²を超えるものの場合

イ・ロのいずれかを満たすこと

イ　主要構造部が耐火性能で、外壁開口部設備が遮炎性能を有する

	500m²以下	500m²～1500m²	1500m²超
4階以上の建物	耐火建築物		
1～3階の建物	準耐火建築物		

表1：防火地域の建築制限

	500m²以下	500m²～1500m²	1500m²超
4階以上の建物	耐火建築物		
3階の建物	・耐火建築物 ・準耐火建築物 ・一定の技術基準に適合	・耐火建築物 ・準耐火建築物	
1～2階の建物	木造建築は外壁や軒裏、開口部などに一定の防火措置が必要		

表2：準防火地域の建築制限

ロ　延焼防止時間が一定時間以上

※延焼防止時間とは、建築物の壁、柱、床その他の部分及び外壁開口部設備の構造並びに建築物の用途に応じて通常の火災による周囲への延焼を防止することができる時間をいう。

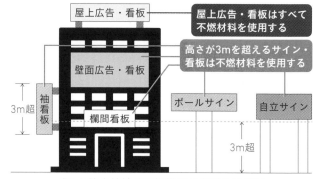

図1：防火地域の不燃措置が必要な工作物

屋上広告・看板

屋上広告・看板はすべて不燃材料を使用する

壁面広告・看板

高さが3mを超えるサイン・看板は不燃材料を使用する

袖看板

欄間看板

ポールサイン

自立サイン

3m超

3m超

②防火地域内で階数2以下で延べ面積が100m²以下のもの、準防火地域内において地上の階数が3以下で延べ面積が1500m²以下のもの、階数が2以下で延べ面積が500m²を超え1500m²以下のものの場合

イ・ロのいずれかを満たすこと

イ　主要構造部が準耐火構造で、外壁開口部設備が遮炎性能を有する

ロ　延焼防止時間が一定時間以上

③準防火地域内で地階を除く階数が2以下で延べ面積が500m²以下の木造建築物の場合

イ・ロのいずれかを満たすこと

イ　外壁及び軒裏で延焼の恐れのある部分が防火構造で、外壁開口部設備が遮炎性能を有する

ロ　延焼防止時間が一定時間以上

④準防火地域内にある地上の階数が2以下で延べ面積が500m²以下の木造建築物以外の場合

イ・ロのいずれかを満たすこと

イ　外壁開口部設備が遮炎性能を有する

ロ　延焼防止時間が一定時間以上

※防火地域内の看板、広告塔、装飾塔等の工作物で、屋上に設けるもの、高さが3mを超えるものは、主要な部分を不燃材料で造るか覆わなければいけません。

防火地域・準防火地域内のその他の制限

①屋根は不燃材料で造る。
②耐火構造で造られた外壁は、隣地境界線に接して設けることができる。

建築物が防火地域又は準防火地域内の内外にわたる場合【法第65条】

1つの建築物が、2以上の地域にまたがって建っている場合、制限の厳しい地域の規

定が適用されます。

　ただし、制限の緩い地域側で、防火壁で区画されている場合、防火壁より制限の緩い地域側に建つ建築物の部分には、制限の緩い地域の規定が適用されます。

　逆に、厳しい側に防火壁がある場合は、すべて厳しい側の制限を受けます。

　厳しい　防火地域　⇔　準防火地域　⇔　未指定地域　緩い

　この項目では、その建築は耐火建築物又は準耐火建築物にしなければならないか？という問題が出題されます。地域と規模、用途によって、その必要性が変わります。ここでの内容だけでなく、特殊建築物は耐火建築物にしなければいけません。ですから、地域、規模、用途をすべて調べる必要があります。

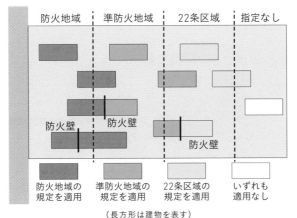

（長方形は建物を表す）
図2：防火地域の内外にまたがる場合

- - -

一 問 一 答 で 理 解 度 チ ェ ッ ク

1 防火地域内の建築物の屋上に設ける高さ2.5mの広告塔はその主要な部分を不燃材料で造り、または覆わなければならない。　答え

その他の規定では、建築基準法の中で、項目としてとりあげるほどでもないが、存在を知らないと困るよね、というものを集めています。今まで説明してきたことと被る部分もありますが、こんな規定があるんだと、軽い気持ちで読んでみてください。

じっくり理解

法の適用除外　国宝・重要文化財等【法第3条】

次の建築物は、建築基準法令の規定を適用しません。

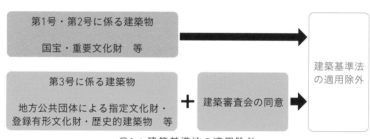
図1：建築基準法の適用除外

①国宝、重要文化財などに指定、仮指定された建築物。

②重要美術品等と認定された建築物。

③保存建築物として、行政が建築審査会の同意を得て指定したもの。

④重要文化財などの建築物や保存建築物の原形を再現する建築物で、行政が建築審査会の同意を得て、その再現を認めたもの。

⑤建築基準法令が施行や適用されるときに、すでにある建築物や工事中の建築物。

被災市街地における建築制限【法第84条第1項】

市街地に災害があった場合、都市計画のため必要があると認めるときは、行政は区域を指定し、災害が発生した日から1月以内の期限で、建築物の建築を制限、禁止できます。

仮設建築物【法第85条】

仮設建築物で以下のものは、建築基準法令が適用除外となります。

①非常災害があった場合、発生区域や隣接区域で行政が指定する区域内は、災害により破損した建築物の応急の修繕や、国、地方公共団体、日本赤十字社が災害救助のために建築するもの、被災者が使用するために建築する延べ面積30m²以内の応急仮設建築物で災害発生日から1月以内に工事に着手するものは建築基準法令の規定を適用しません。ただし、防火地域内は適用します。

②災害があった場合に建築する停車場、郵便局、官公署等の応急仮設建築物や、施工現場に設ける事務所、材料置場等の仮設建築物は建築基準法令の一部を適用しません。ただし、防火・準防火地域にある延べ面積が50m²を超えるものは、法第63条の屋根の防火規定を適用します。

※災害があった場合、官公署等の応急仮設建築物を建築した者は、その建築工事を完了した後3月を超えて当該建築物を存続しようとする場合には、超える日の前に、行政の許可を受けなければいけません。

③仮設興行場、博覧会建築物、仮設店舗等の仮設建築物について、行政は1年以内の期限を定めての建築許可が可能です。このとき、建築基準法令の一部を適用しません。

④国際的な規模の会議や競技会等の理由で1年を超えて使用する仮設興行場等で、行政が建築審査会の同意を得て許可したものは、建築基準法の一部の規定を適用しません。

伝統的建造物群保存地区【法第85条の3】

文化財保護法による伝統的建造物群保存地区は、市町村は国土交通大臣の承認を得て、建築基準法令の一部を適用しないことも、制限を緩和することもできます。

敷地面積の最低限度【法第53条の2】

用途地域内で敷地面積の最低限度がある場合、敷地面積はその値以上でなければいけません。ただし、最低限度は200m²以下とします。また、次のものは制限が除外されます。

①建ぺい率が8/10の地域で、防火地域の耐火建築物。

②公衆便所、派出所など、公益上必要なもの。

③敷地の周囲に広い公園などがあり、行政が許可したもの。

④行政が用途上、構造上やむを得ないと許可したもの。

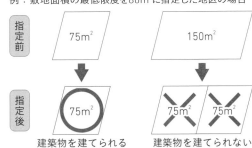

例：敷地面積の最低限度を80m²に指定した地区の場合

図2：敷地面積の最低限度

⑤制限の適用時に敷地面積がすでに限度以下のもの。

 建築協定【法第69条】

　建築協定とは、住宅地の環境や商店街の利便の維持増進のために、土地の所有者等が建築物や土地に対して、敷地、位置、構造、用途、形態、意匠、建築設備についての基準を定める制度です。建築協定を結ぶことができる区域は、市町村が条例で都市計画区域内に関係なく定めることができます。

 工作物への準用【法第88条・令第138条】

　次の工作物は、建築物と同じく確認申請の提出が必要となります。
①煙突で高さ6mを超えるもの
②RC造の柱、鉄柱、木柱等で高さ15mを超えるもの
③広告塔、広告板、装飾塔、記念塔等で高さ4mを超えるもの
④高架水槽、サイロ、物見塔等で高さ8mを超えるもの
⑤擁壁で高さ2mを超えるもの
⑥乗用エレベーター、観光用エスカレーター
⑦ウォーターシュート、コースター等の高架の遊戯施設
⑧メリーゴーラウンド、観覧車、飛行塔等の回転運動をする遊戯施設で原動機を使用するもの

 工事現場の危害防止

●**仮囲い【令第136条の2の20】**：木造建築物で高さ13mを超えるものや軒の高さ9mを超えるもの、木造以外の建築物で階数が2以上のものは、建築、修繕、模様替え、除却のための工事（「建築工事等」）を行う場合、工事期間中工事現場の周囲に地盤面より1.8m以上の仮囲いを設けなければいけません。

対象規模等	仮囲いの高さ
非木造 （2階以上）	1.8m以上
木造 （高さ13m超もしくは軒高9m超）	

※対象工事：建築、修繕、模様替え、除却
表1：仮囲いの設置基準

●**根切り工事、山留め工事等の危害の防止【令第136条の3】**：①建築工事等において、根切り工事、山留め工事、ウエル工事、ケーソン工事の基礎工事を行う場合は、地下に埋設されたガス管、ケーブル、水道管や下水道管の損壊による危害を防止しなければいけません。
②深さ1.5m以上の根切り工事を行う場合は、山留めが必要です。
③根切り、山留めは、工事の施工中は点検を行い、山留めを補強して排水を適切に

行うなど、安全な状態に維持します。

④山留めの主要な部分の構造計算は、鋼材やコンクリートの場合、断面に生じる応力度が短期応力に対する許容応力度を超えないことを確かめる必要があります。

● **基礎工事用機械等の転倒による危害の防止【令第136条の4】**：次の基礎工事用機械や移動式クレーンを使用する場合、敷板、敷角等の使用により、転倒による危害を防止しなければいけません。

①くい打ち機

②くい抜き機

③アース・ドリル

④リバース・サーキュレーション・ドリル

⑤せん孔機

⑥アース・オーガー

⑦ペーパー・ドレーン・マシーン

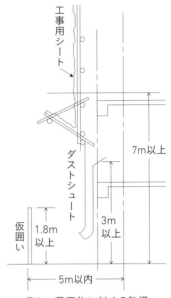

図3：落下物に対する防護

● **落下物に対する防護【令第136条の5】**：建築工事で、工事現場からの境界線が5m以内、地盤面からの高さ3m以上の場所から、くず、ごみ等の飛散する物を投下する場合、ダストシュートを用いるなど飛散を防止しなければいけません。

また、工事をする部分が境界線から水平距離5m以内で、地盤面から高さが7m以上あるとき、工事現場の周囲など必要な部分を鉄網、帆布で覆い、落下物による危害を防止する必要があります。

簡易な構造の建築物【令第136条の9】

簡易な構造の建築物や建築物の部分とは、次のものです。

一　壁を有しない建築物、開放性を有する建築物や部分で、次のいずれかに該当し、階数が1で床面積が3000m²以内のもの。

イ）自動車車庫

ロ）スケート場、水泳場、スポーツ練習場、その他の運動施設

ハ）不燃性の物品の保管、その他これと同等の火災の発生の恐れのない用途に供するもの

ニ）畜舎、堆肥舎、水産物の増殖場、養殖場

二　屋根及び外壁が帆布等の材料で造られている建築物や部分で、前号ロからニのいずれかに該当し、かつ、階数が1で床面積が3000m²以内のもの。

簡易な構造の建築物の制限の緩和【法第84条の2】

簡易な構造の建築物や部分は、次の法の規定が免除されます。
- 法第22条（屋根）〜法第26条（防火壁）
- 法第27条第1項・第3項（耐火・準耐火建築物としなければならない特殊建築物）
- 法第35条の2（特殊建築物の内装制限）
- 法第61条（防火地域内の建築物）〜法第62条（屋根）
- 法第67条第1項

建築基準関係規定【令第9条】

建築主事や指定確認検査機関が、確認申請による確認、完了検査、中間検査を行う場合に、計画や適法性を審査、検査すべき法令の規定を、建築基準関係規定といいます（法第6条第1項）。

消防法第9条、駐車場法第20条、下水道法第10条第1項、都市計画法第29条等のうち、建築物の敷地、構造、建築設備に関係するものが、建築基準関係規定です。

1の敷地とみなすこと等による制限の緩和【法第86条】

複数のまとまった建築物群は、総合設計したほうが良いものができ、制限が緩和されます。

①一団地内に複数ある建築物で総合的設計によって建築されるもののうち、行政が認めるものには、建築物が同一敷地内にあるものとみなして、法の制限を緩和します。

②一団の土地の区域内にすでにある建築物の位置と構造を前提として、総合的に設計して建築する場合、行政が認めるものには、建築物が同一敷地内にあるものとみなして法の制限を緩和します。

③同一敷地にあるとして制限を緩和するとき、行政は対象区域等を公告し、対象区域、各建築物の位置等を表示した図書を事務所に置き、一般の人が見られるようにしなければいけません。

④同一敷地にあるとして制限を緩和するときの従前の認定は、新規認定に係る公告があった日から無効になります。

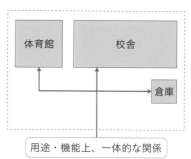

図4：同一敷地とみなす場合

24時間目 高齢者などに配慮したバリアフリー法 誰もが使いやすい空間にする

ナナメ読みでおさらい

バリアフリー法は、高齢者や障がい者などがスムーズに移動できるようにするための法律です。バリアフリー法ならではの用語を理解し、どんな建物に適用されるのか、どんな設備基準があるのかを把握しましょう。

じっくり理解

用語の定義

● **特定建築物【法第2条・令第4条】**：学校、病院、劇場、観覧場、集会場、展示場、百貨店、ホテル、事務所、共同住宅、老人ホーム、その他多数のものが利用する建築物で、これに附属する特定施設を含みます。

● **特別特定建築物【法第2条・令第5条】**：不特定多数の者が利用するものや高齢者、身体障がい者等が利用する特定建築物で、高齢者、身体障がい者等が円滑に利用できることが特に必要なものです。
※共同住宅は含まれていません。

● **建築物特定施設【法第2条・令第6条・規則第3条】**：出入口、廊下等、階段、傾斜路、昇降機、便所、敷地内の通路、駐車場、浴室、シャワー室などのことです。

特定建築物の建築等における義務等【法第14条・法第15条・令第9条】

特定建築物を造る場合は、規模によって義務や努力義務が生じます。

①床面積2000m²以上の特別特定建築物を建築する者、維持保全する者は、特別特定建築物を「建築物移動等円滑化基準」に適合させなければいけません。

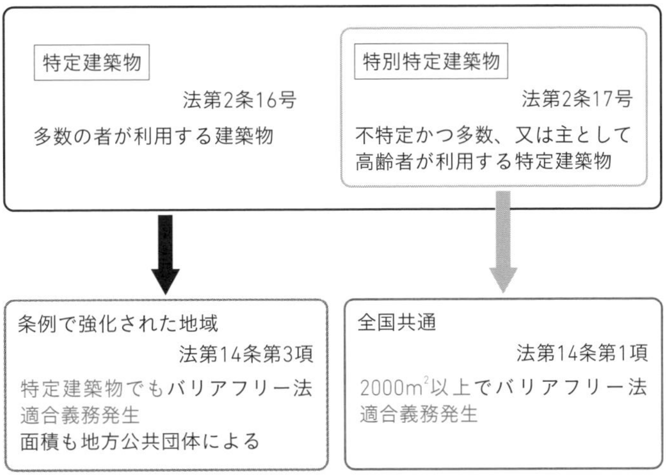

特定建築物	特別特定建築物
法第2条16号	法第2条17号
多数の者が利用する建築物	不特定かつ多数、又は主として高齢者が利用する特定建築物

条例で強化された地域	全国共通
法第14条第3項	法第14条第1項
特定建築物でもバリアフリー法適合義務発生 面積も地方公共団体による	2000m²以上でバリアフリー法適合義務発生

図1：バリアフリー法の適合義務範囲

②地方公共団体は、自然的社会的条件の特殊性に応じて、条例で特別特定建築物に特定建築物を追加したり、対象の建築物を2000m²未満で定めたり、「建築物移動等円滑化基準」に必要な事項を追加できます。

③上記の規定に違反しているとき、行政は、特別特定建築物の建築、維持保全するものに対して、猶予をつけて違反の是正を命ずることができます。

 ## 特定建築物の建築等における努力義務【法第16条】

特定建築物を建築する者、特定施設の修繕や模様替えをする者は、特定建築物や特定施設を建築物移動等円滑化基準に適合させるために努力しなければいけません。

 ## 建築物移動等円滑化基準の概要

● **廊下**：滑りにくい材料で仕上げます。

● **階段**：手すりを設置します。主たる階段を回り階段にするのはNGです。

● **傾斜路**：勾配が1/12を超えたり、高さが16cmを超えたりする傾斜がある場合は手すりを設けます。

● **ホテルまたは旅館**：客室が50以上ある場合は車いす使用者用客室を1/100以上造ります。

● **敷地内の通路**：階段や勾配が1/20を超える傾斜路がある場合は手すりを設けます。

● **駐車場**：車いす使用者用駐車場を1つ以上造ります。

一 問 一 答 で 理 解 度 チ ェ ッ ク

1　床面積の合計が2000m²の集会場の新築にあたって、建築確認の申請を受けた建築主事または指定確認検査機関は、建築物移動等円滑化基準に適合する計画であることを確認しなければならない。

答え　◯

地震による倒壊を減らす耐震改修促進法
既存不適格は耐震改修が必要

ナナメ読みでおさらい

耐震改修促進法とは、古い建物が新しい耐震基準に適合していないため、耐震改修を促すためにできた法律です。特定既存耐震不適格の建築物がどんなものか、耐震改修の計画の申請や変更にどんなものが必要かを把握しましょう。

じっくり理解

特定既存耐震不適格建築物の所有者の努力【法第14条】

特定既存耐震不適格建築物の所有者は、建築物の耐震診断を行い、必要に応じて耐震改修をするよう努力してください。

特定既存耐震不適格建築物【法第14条（かっこ書き）・令第6条】

特定既存耐震不適格建築物とは、既存の不適格建築物に対する法の適用除外を受けているもので、次の規模以上のものをいいます。
①階数が2で、床面積の合計が500m²以上の幼稚園、保育所
②階数が2で、床面積の合計が1000m²以上の小学校、中学校、特別支援学校、老人ホームほか
③階数が3で、床面積の合計が1000m²以上の学校、病院、劇場、観覧場、集会場、展示場、百貨店、事務所ほか
④階数が1で、床面積の合計が1000m²以上の体育館

建築物の耐震改修の計画の認定【法第17条】

耐震改修をしようとする者は、耐震改修の計画を作成し、行政の認定を申請できます。計画の認定を申請する場合に、記載が必要なのは次の通りです。
●建築物の位置、建築物の階数、延べ面積、構造方法及び用途、耐震改修の内容、耐震改修に関する資金計画、建築物の建築面積、耐震改修の実施時期
確認申請による確認や通知が必要な建築物の耐震改修を認定するときは、行政は建築主事の同意を得なければいけません。
確認申請による確認や通知が必要な建築物の耐震改修を認定したときは、確認済証

の交付があったものとみなします。この場合、行政はその旨を建築主事に通知します。

計画の変更【法第18条】

認定事業者は、認定を受けた「建築物の耐震改修の計画」を変更するとき、行政の認定を受けなければいけません。ただし、軽微な変更は再認定の必要はありません。

報告の徴収【法第19条】

行政は、認定事業者に対し、認定建築物の耐震改修の状況について報告を求めることができます。

通行障害建築物【令第4条】

地震があって建物が崩れた際に、通行の妨げになる可能性が高い建築物を、通行障害建築物と呼びます。通行障害建築物は前面道路の幅によって分けられます。道路の幅が12mを超えるときは道路の中心から45°の角度で線を引いたときにぶつかる高さを超えて建てられた建築物が、通行障害建築物です。12m以下のときは、道路との境界線から6mの位置から45°の角度で線を引いたときにぶつかる高さを超えて建てられた建築物が、通行障害建築物です。

ブロック塀も通行障害建築物となる場合があります。道路の中心から1/2.5の勾配の高さを超えるブロック塀が該当します。

道路の幅員が12mを超える場合
道路の中心から45°の角度で伸ばした斜線が建築物にかかるとき

道路の幅員が12m以下の場合
道路と敷地の境界から6mの位置を起点に45°の角度で伸ばした斜線が建築物にかかるとき

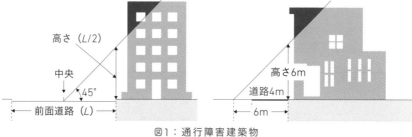

高さ（L/2）

中央

45°

前面道路（L）

高さ6m

道路4m

6m

図1：通行障害建築物

一 問 一 答 で 理 解 度 チ ェ ッ ク

1 本法の目的は、地震や津波により、倒壊する危険性のある建築物の建て替えを促進することにある。

答え ✕

26 時間目 業務範囲などが定められた建築士法 建築士の業務に関する常識を覚えよう

ナナメ読みでおさらい

建築士法とは、正しい知識を身に着けた人が設計や監理をするように定めた法律です。建築士によって設計できる建物の規模や構造が違います。業務範囲や罰則、免許登録、事務所登録など必要なことが定められているので、建築士を目指すあなたは、必ず理解しましょう。

じっくり理解

定義【法第2条第3項】

● **一級建築士**：国土交通大臣の免許を受け、設計、工事監理その他の業務を行う者。
● **二級建築士**：都道府県知事の免許を受け、設計、工事監理などの業務を行う者。

必要な資格と対象規模

延べ面積		木造			木造以外		すべての構造
		高さ≦13m かつ 軒高≦9m			高さ≦13m かつ 軒高≦9m		高さ>13m かつ 軒高>9m
		階数1	階数2	階数3以上	階数2以下	階数3以上	
延べ面積≦30		誰でもできる			誰でもできる		
30<延べ面積≦100					二級以上		
100<延べ面積≦300		木造以上					
300<延べ面積≦500							
500<延べ面積≦1000	一般				一級建築士のみ		
	特定						
1000<延べ面積	一般	二級以上					
	特定						

○：誰でもできる
：一級建築士、二級建築士、木造建築士でなければできない
●：一級建築士、二級建築士でなければできない
●：一級建築士でなければできない

表1：建築士ごとの業務を行う対象規模

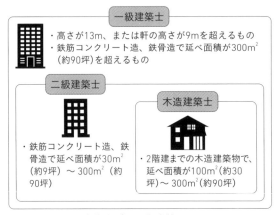

図1：建築士ごとの業務範囲イメージ

免許と登録等【法第4条・法第5条の2】

建築士試験に合格後、一級建築士なら国土交通大臣に、二級建築士、木造建築士なら都道府県知事に免許を申請し、登録することによって建築士となります。試験に合格した瞬間に建築士になれるわけではありません。

免許証交付の日から30日以内に住所等を国土交通大臣や都道府県知事に届け出る必要があります。

業務執行【法第18条】

設計を行う場合、業務は誠実に行い、法令や条例に適合するように設計を行わなければいけません。

工事監理を行う場合、設計図通りでないときはすぐに工事施工者に注意し、従わないときは建築主へ報告することが必要です。

延べ面積が2000m²を超える建築物の建築設備の設計、工事監理を行う場合は、建築設備士の意見を聴きます。

設計変更【法第19条】

他の建築士が設計した設計図書の一部を変更する場合、その建築士の承諾を得なくてはいけません。ただし、承諾が得られない場合は、自己責任で変更することができます。

業務に必要な表示行為【法第20条】

設計変更をした場合、その図書に一級、二級、木造建築士の表示をして、記名捺印します。

工事監理が終了した場合は、すぐにその結果を文書で建築主に報告します。

大規模な建築物等の設備設計、工事監理を行う場合に、建築設備士の意見を聴いたときは、その旨を設計図書に明示します。

その他の業務【法第21条】

建築士は、設計、工事監理のほかに次のような業務を行うことができます。

1) 建築工事契約に関する事務
2) 建築工事の指導監督
3) 建築物に関する調査・鑑定
4) 法令や条例に基づく手続きの代理

建築士事務所の登録と変更【法第23条】【法第23条の5】

他人から報酬を得て、建築士の業務を継続的に行う場合は、事務所の所在地を管轄する都道府県知事に事務所登録をします。

建築士事務所の開設者は、建築士である必要はありません。ただし、建築士ではない者が建築士事務所を開設する場合は管理建築士を置くことが必要です。

事務所登録の有効期間は5年間あります。更新をする際は、期間満了の日から30日前までに行わなければいけません。

建築士事務所の開設者は、登録事項に変更があった場合、2週間以内に都道府県知事に届け出が必要です。

建築士事務所の管理【法第24条】

一級建築士事務所は専任の一級建築士、二級建築士事務所は専任の二級建築士、木造建築士事務所は専任の木造建築士が、それぞれ管理しなければいけません。

● **帳簿**：建築士事務所の開設者は、保存帳簿を事業年度の末日から15年間保存します。
● **設計図書【規則第21条第4項】**：
 1) すべての建築物に：配置図、各階平面図、2面以上の立面図、2面以上の断面図が必要です。これがないと設計図書として認められません。
 2) 構造計算が必要な物件に追加：基礎伏図、各階床伏図、小屋伏図、構造詳細図、

構造計算書などです。構造図は構造計算が必要な物件だけ作成すれば問題ありません。

　設計図書（図面）の保存期間は作成した日から15年間です。保存帳簿の保存開始日と違うので、注意しましょう。

●**標識の掲示【法第24条の5】**：建築士事務所には、見やすい場所に建築士事務所の標識を掲示しなくてはいけません。

●**書類の閲覧【法第24条の6】**：建築士事務所には、業務の実績、ポートフォリオや経歴書と呼ばれるような、建築士としての実務の経験等を記載した書類を作り、設計等の依頼者から見せてほしいと言われたら、見せる必要があります。

　書面の交付【法第24条の8・法第22の3の3第1項】：建築士事務所の開設者は、設計受託契約や工事監理受託契約を締結したときは、次の事項を記載した書面を契約の委託者に交付しなければいけません。

●設計受託契約の場合、作成する設計図書の種類

●工事監理　受託契約の場合、工事と設計図書との照合方法及び工事監理の実施の状況に関する報告の方法

●設計・工事監理に従事することになる建築士の氏名、建築士の別等

●報酬の額・支払い時期

●契約解除に関する事項

●国土交通省令で定める事項

監督処分【法第26条】

　都道府県知事は、建築事務所の開設者が違反などをした場合には、建築事務所の閉鎖や登録を取り消します。また、戒告を与え、1年以内の期間を定めて建築士事務所の閉鎖や登録の取消しをすることができます。

一 問 一 答 で 理 解 度 チ ェ ッ ク

---

1 建築士は、工事監理を終了したときは、直ちに、その結果を工事監理報告書等により、建築主に、必ず書面にて報告しなければならない。

答え

学びなおし
3

法規

ナナメ読みでおさらい

建設業法は建築工事に関わる法律です。設計者と施工者は切っても切れない関係にあります。建設業法の許可が必要な条件や、技術者の配置など、工事監理をする上でも必要です。概要を把握しておきましょう。

じっくり理解

▌建設業の許可【法3条】

　建設業をするには工事の規模によって許可が必要です。原則許可が必要で、小さな工事は許可が不要になります。

● **許可不要な場合**（法3条、令1条の2）：許可が不要となる場合は2つのパターンに分けられます。建築一式工事を請ける場合と、一式ではなく工事を請ける場合です。

　建築一式工事：工事1件の請負代金が1500万円未満の工事か、延べ面積が150m²未満の木造住宅工事

　建築一式工事以外：工事1件の請負代金が500万円未満の工事

● **建設業許可を受けるところ**：許可が必要な場合も、どこにどれだけ営業所を設置するかで、許可を取るところが変わります。複数の都道府県に営業所を設ける場合は国土交通大臣の許可、1つだけの都道

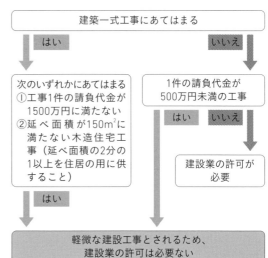

図1：建設業の許可が不要な場合

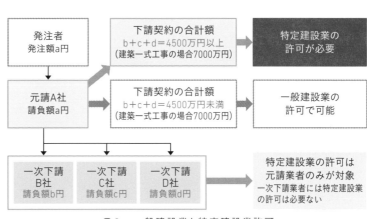

図2：一般建設業と特定建設業許可

府県内に営業所を設ける場合は都道府県知事の許可が必要です。

 一般建設業と特定建設業（法3条1項、令2条）：建設業の許可は、2種類あります。「一般建設業」と「特定建設業」です。

「特定建設業」の許可とは、発注者から直接請け負う1件の建設工事につき、4500万円（建築工事業は7000万円）以上の下請契約を締結して施工する者に対する許可です。一般建設業の許可は、「特定建設業」以外の建設業の許可です。建築工事業は建築一式工事のことです。

請負契約等【法19条〜法24条、令6条】

建設工事を請け負う場合には、様々な決まりがあります。契約書の決まりだったり、契約形態に制限があったりします。

● **契約書の決まり**：請負契約の当事者は、契約の締結のときに所定の事項を書面に記載し、署名や記名押印をして相互に交付しなければいけません。

● **請負内容の決まり**：建設業者は、その請け負った建設工事を一括して請け負わせたり、請け負ったりするのは禁止です。請負金を中抜きして下請負人に適正な工事費用が払われなくなりやすいからです。ですが、元請負人があらかじめ発注者に書面で承諾を得た場合は、請け負わせたり請け負ったりできます。しかし、その規定にも除外規定があり、多数が利用する施設等（共同住宅の新築工事）は、発注者の承諾があっても一括請負は禁止です。

下請業者がずさんな場合、発注者は下請業者の変更を請求できます。ですが、あらかじめ発注者に書面で承諾を得て選定した下請業者は変更できません。

元請負人は、請け負った建設工事を施工するために必要な工程の細目、作業方法などを定めるときは、あらかじめ、下請負人の意見を聞く必要があります。

主任技術者と監理技術者【法26条】

建設工事を施工するときは、主任技術者や監理技術者が必要です。主任技術者も、監理技術者も、施工計画や工程、品質などの管理や、指導監督をします。建設業者が

工事を施工するときは、主任技術者をすべての工事に置きます。建設業者が工事を請け負って、下請業者に任せる場合は監理技術者が必要です。この監理技術者は金額によって変わり、4500万円

役割	配置の条件と仕事内容
主任技術者	・すべての工事現場に配置が必要 ・工事現場の管理・監督が仕事
監理技術者	・請負金額4500万円以上の工事現場で主任技術者に代えて配置が必要 ・主任技術者と同じく、工事現場の管理・監督が仕事
現場代理人	・公共工事や大規模な民間工事で配置が必要 ・工事に関する最終判断や請負代金の請求などが仕事

表1：主任技術者と監理技術者

以上の工事（建築一式の場合は7000万円）を請け負う場合には監理技術者を配置します。

この主任技術者や監理技術者ですが、基本的にはいくつかの現場を兼任してもOKです。ですが、公共性のある工作物の重要な工事は、主任技術者や監理技術者を専任の者としなければいけません。具体的には、請負代金の額が4000万円（建築一式工事は8000万円）以上のもので、国や地方公共団体が注文者である工事、共同住宅等に関する工事です。

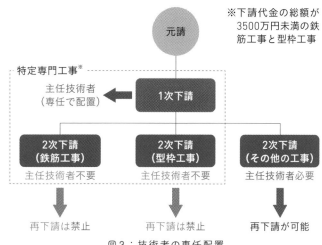

図3：技術者の専任配置

一 問 一 答 で 理 解 度 チ ェ ッ ク

1 「建設業法」に基づき、工事現場における建設工事の施工に従事するものは、主任技術者または監理技術者によるすべての指示に従わなければならない。

答え

28 時間目 都市計画法 住みやすい都市には計画が必要

ナナメ読みでおさらい

都市計画は、地域ごとにルールを定めることで、使いやすい都市にしていくための計画です。家の隣に工場があったらうるさく、粉塵も出るので、住みにくくなります。そうならないためにも、都市計画で用途を決めて開発します。

じっくり理解

都市計画【法第4条】

都市計画とは、都市が発展して使いやすくするために土地を利用したり、都市施設を整備したり、市街地を開発したりする計画をいいます。

区域区分【法第7条】

都市計画は市街化区域、市街化調整区域、非線引き都市計画区域の3つの区域に分けて計画します。

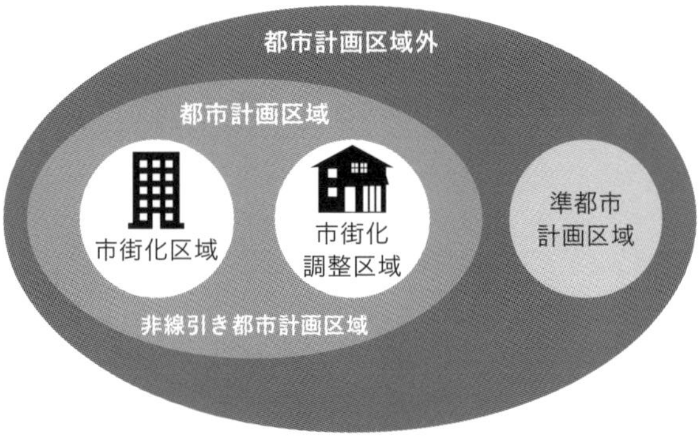

図1：都市計画区域の概念図

- **市街化区域**：すでに市街地になっている区域、10年以内に優先的かつ計画的に市街化すべき区域。
- **市街化調整区域**：発展しすぎないように市街化を抑制すべき区域。
- **非線引き都市計画区域**：上記以外の区域。

都市計画の区域には市街化区域と市街化調整区域が、準都市計画区域には用途地域が指定され、非線引き都市計画区域には用途地域と特定用途制限区域が指定されます。

都市計画区域は、都道府県知事が指定します。準都市計画区域は市町村が指定します。

地域地区【法第8条・第9条】

用途地域、特別用途地区、高度地区、特定街区、風致地区などの地域地区を定めます。建築基準法で定められた用途地域以外にもいろんな地区が都市計画法で定められています。用途地域の内容を復習しておきましょう。

▌開発許可

- **開発行為**：建築物の建築、特定工作物建設のために行う土地の区画形質の変更をいいます。

  例）宅地分譲、ゴルフ場造成など【法第4条第12項】

- **開発行為の許可【法第29条】**：開発をするには許可が必要です。各区域で一定規模以上の開発行為をする場合は、都道府県知事の許可を受けなければいけません。

- **開発許可制度の許可対象一覧**：図2参照

区画の変更	形状の変更	性質の変更
区画内に公共施設（道路・水路・公園等）を設けたり撤去したりすること	土地を切土・盛土して新たに造形すること	農地や雑種地など宅地以外を宅地に変えること

表1：開発行為

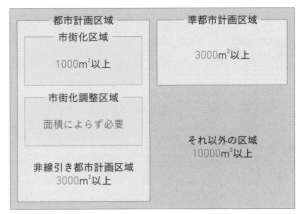

図2：開発許可が必要な面積

▌都市計画施設等の区域内における建築の規制

- **建築の許可【法第53条】**：都市計画施設の区域内、市街地開発事業地内に建築物を建築しようとする者は、都道府県知事等の許可を受けなければいけません。たとえば、道路を造る予定のところに建物を建てたら、道路を造れないですよね。都市計画の邪魔にならないために、施設の区域内の建築は許可制になっています。ただし、軽易な行為、非常災害のために必要な応急処置として行うものは除かれます。

- **許可の基準【法第54条】**：都道府県知事が許可する基準があります。ポイントは階数が2以下で地階がないことです。その他には、主要構造部が木造、鉄骨造、コンクリートブロック造などで、容易に移転、除去できればOKです。

一問一答で理解度チェック

1 都市計画施設の区域内において、木造、地上2階建ての建築物を新築する場合は、原則として、都道府県知事等の許可を受けなければならない。　　答え　○

もしもに備える消防法 建築設備は建築基準法と 消防法の2つを確認しよう

29 時間目

ナナメ読みでおさらい

消防法は建築物とは切っても切れない関係にあります。建物として成立していても、火災の危険性が高い建物は危ないです。ですので、消防法の基準を守ることはとても大切です。ここでは、どんな決まりが消防法にあるのかを理解してください。

じっくり理解

消防長等の同意（法7条1項、令1条）

建築主事、指定確認検査機関の確認、特定行政庁の許可等は、消防長か消防署長の同意が必要です。

ただし、防火地域・準防火地域以外にある専用住宅や兼用住宅については、同意不要です。

防火管理者（法8条）

学校、病院、工場、事業場等の防火対象物の管理について権限がある者は、一定の資格を持つ者から防火管理者を定め、防火管理上必要な業務を行わせなければいけません。

対象となる建築物は、次の通りです。

収容人員	用途
収容人員が10人以上	老人ホームなど、複合用途の防火対象物または地下街で老人ホームなどが含まれるもの
収容人員が30人以上	劇場や飲食店、百貨店など、旅館など、病院、デイサービス、幼稚園など、公衆浴場、複合用途
収容人員が50人以上	共同住宅、小中学校など、図書館や博物館など、公衆浴場、神社や工場、倉庫など、文化財

表1：防火管理者が必要となる対象建築物

防災管理者（法36条による法8条読み替え）

学校、病院、工場、事業場等の防火対象物を管理する権限がある者は、「防災管理者」を定め、防災管理上必要な業務を行わせなければいけません。

対象となる建築物（防災管理対象物＝自衛消防組織設置防火対象物）は、次の通りです。

用途：劇場や飲食店、百貨店など、旅館など、病院、学校、神社など、駐車場、その他の用途

規模：地階を除く階数が11以上の防火対象物で延べ面積が10000m²以上のもの
地階を除く階数が5以上、10以下の防火対象物で延べ面積が20000m²以上のもの 地階を除く階数が4以下の防火対象物で延べ面積が50000m²以上のもの
※（16）項、複合用途の場合は、該当用途部分が該当規模以上のもの
延べ面積1000m²以上の地下街

消防用設備等（法17条1項、令7条）

学校、病院、工場、事業場等で防火対象物の関係者は、消防用設備等を設置し、メンテナンスをする必要があります。政令で定める防火対象物は、別表1に掲げるものすべてです。

特定防火対象物（法17条の2の5第2項4号、令34条の4）

既存建築物（現存する建築物や工事中の建築物）は、この規定を適用せず、従前の規定を適用します。

既存建築物であっても、「特定防火対象物」は、消防用設備の設置やメンテナンスも規定に適合させなければいけません。

特定防火対象物：百貨店、旅館、病院、地下街、複合用途防火対象物、多数の者が出入りする防火対象物

屋内消火栓設備（令11条）

設置が必要な防火対象物は、別表1の用途と延べ面積で決まっています。別表1に記載の防火対象物で延べ面積が500m²以上のもの、その他は1000m²以上のもの、などです。設置する個数は以下の表のように緩和規定があります。

主要構造部	仕上	1つの屋内消火栓設備で受け持つ対象の面積
耐火構造	難燃材料	3倍
耐火構造	難燃材料としない	2倍
準耐火建築物	難燃材料	2倍

表2：屋内消火栓設備の設置個数の緩和規定

消火設備を設けた場合、屋内消火栓設備を設置しないこともできます。

スプリンクラー設備（令12条1項）

設置が必要な防火対象物は、屋内消火栓設備などと同様に、別表1の用途と延べ面積で決まっています。

別表1（6）項ロ：延べ面積が275m²以上

舞台部の床面積が地階、無窓階、4階以上は300m²以上、その他の階では500m²以上

別表1（1）項～（4）項、（5）項イ、（6）項、（9）項イの平屋建以外の防火対象物で、次のもの

● 別表1（4）項及び病院（（6）項イ）：3000m²以上

● その他：6000m²以上

地階、無窓階、4階以上10階以下の階で延べ面積があるもの

消火設備を設けた場合、スプリンクラー設備を設置しなくてもOKです。

屋外消火栓設備（令19条）

防火対象物のうち、床面積（地階を除いて1・2階部分の合計）が大きい場合には、屋外消火栓設備の設置が必要です。

耐火建築物：9000m²以上　準耐火建築物：6000m²以上　その他：3000m²以上

なお、消火設備を設けた場合、屋外消火栓設備を設置しなくてもOKです。

自動火災報知設備（令21条）

設置が必要な場合は、用途と面積によって変わります。

カラオケ、老人ホーム、テレビスタジオ、文化財などの防火対象物の場合は面積関係なしに設置が必要です。

劇場、キャバレーやダンスホール、飲食店、百貨店、ホテル、病院やデイサービス、幼稚園、複合施設などの防火対象物は、延べ面積が300m²以上のものが対象になります。

共同住宅、小中学校、図書館、公衆浴場、工場やテレビスタジオ、車庫や駐車場、

倉庫などの防火対象物の場合は、延べ面積500m²以上が対象です。

別表1に掲げる建築物の地階、無窓階、3階以上の階のときは、床面積が300m²以上で自動火災報知設備の設置が必要です。

消火設備を設けた場合、自動火災報知設備を設置しないこともできます。

 ## 非常警報器具又は非常警報設備に関する基準（令24条2項）

非常ベル、自動式サイレンや放送設備の設置が必要な場合は、ホテル、病院、公衆浴場などの防火対象物で、収容人員が20人以上のものです。

自動火災報知設備等を適切に設置した場合、非常ベル等を設置しなくてもOKです。

 ## 排煙設備に関する基準（令28条1項）

排煙設備の設置が必要な場合は、キャバレー、百貨店、車庫や駐車場などの防火対象物の地下や無窓階で、床面積が1000m²以上のものです。

排煙上有効な窓等の開口部がある部分は排煙設備を設置しないことができます。

 ## 重要用語・関連事項

消防用設備等：政令（令7条）で定める「消防の用に供する設備」「消防用水」、「消火活動上必要な施設」をいいます。「消防の用に供する設備」とは、消火設備、警報設備や避難設備のことです。

※非常用の昇降機は、「消防の用に供する設備」には含まれません。

─ 問 一 答 で 理 解 度 チ ェ ッ ク

1 博物館は特定防火対象物である。　　　　答え

30 時間目 知っておきたいその他の関係法令 建築に関わる法律を知ろう

ナナメ読みでおさらい

建築しようと思ったら建築基準法以外にも様々な法令の影響を受けます。たとえば、宅地を掘削して建築をしようとすれば、宅地造成等規制法が関わりますし、土地区画整理法にも関わるかもしれません。様々な法令があることを、ここでは理解しましょう。

じっくり理解

 宅地造成等規制法

● **工事の許可**：宅地造成工事規制区域内で宅地造成（宅地化のための土地の形質変更）に関する工事を行う場合、都道府県知事の許可が必要です。

許可が必要なパターンは4つあります。図の通りです。

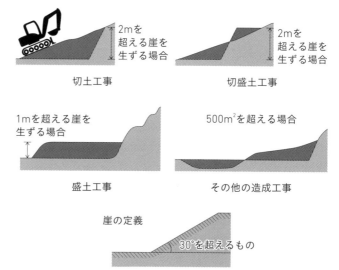

図1：宅地造成に許可が必要な場合

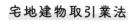 **宅地建物取引業法**

● **免許の種類**：2以上の都道府県に事務所を設置し業務を行う場合は国土交通大臣の、1の都道府県に事務所を設置し業務を行う場合は都道府県知事免許が必要です。
● **専任の宅地建物取引士の設置義務**：宅地建物取引業者は、事務所ごとに成年者である専任の宅地建物取引士が必要です。

 土地区画整理法

この法律は、土地区画整理事業の施行区域内で建築物の新築等をする者は、都道府県知事の許可（国土交通大臣が施行する事業では大臣の許可）を受けなければいけないという法律です。
● **土地区画整理事業**：都市計画区域内の土地で、公共施設の整備改善や宅地の利用の

増進を目的に行われる、土地の区画形質の変更や公共施設の新設、変更に関する事業をいいます。

民法

この法律は、財産、親族、相続など、日常生活に必要な権利、義務を定めた法律です。

● **境界線付近の建物の制限【民法第234条】**：建築物を建築する場合は、隣地境界線より50cm以上離さなければいけません。建築基準法とは少し違うので、注意が必要です。

● **眺望制限【民法第235条】**：隣地境界線から1m未満の距離の範囲内において、他人の宅地を眺望できる窓や縁側、ベランダを設ける場合は、目隠し等を設けなければいけません。

一 問 一 答 で 理 解 度 チ ェ ッ ク

1 宅地建物取引業法に基づき、宅地建物取引業者は、2以上の都道府県に事務所を設置し業務を営む場合は、都道府県知事の免許を受けなければならない。　　答え　✕

まなびなおし

4

構造

力と釣り合い
構造計算の基本中の基本

ナナメ読みでおさらい

釣り合いは構造計算の基本です。作用点、力点、反力、力の向きや大きさ、合成と分解、モーメントなどをすべて理解して、はじめて計算できるようになります。基本的な概念を理解して、他の計算の基礎を固めましょう。

じっくり理解

 力と釣り合い

力には3つの要素があります。作用点、方向、大きさです。どれだけの大きさの力が、どこから、どこに向かって作用しているかがわかって、はじめて計算できるようになります。

力が釣り合っている状態は、ものが静止している時です（図1）。動いていなければ力が釣り合っており、動いていれば力が釣り合っていません。

たとえば、座っている椅子は動いていないので力が釣り合っています。重力と体重と椅子の自重

図1：力と釣り合い

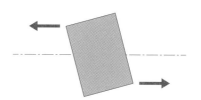

図2：釣り合っておらず回転する

の下向きの力が、床からの反力と釣り合いが取れている状態です。左からだけ引っ張ると左に動きますが、図1のように左と右の両方から同じ強さで引っ張ると、ものは動きません。図2のように力の作用点がずれていると、同じ力でも釣り合わず、回転してしまいます。力が作用する線が同じで反対向きの力が加わると、お互い打ち消し合って0になります。綱引きを考えると、引く力が釣り合っていなければ、強く引く方に綱は動きます。

動いていない時、力は釣り合っているので、力を合成すると力の総和は0です。X方向の総和、Y方向の総和、回転方向の総和がすべて0となります。

図3を見ると$F1$の人は一人で踏ん張って$F2$と$F3$の引っ張る力に耐えています。力の方向がそれぞれ違いますが、力を分解して合成すると、X方向の力の総和もY方向の力の総和も0となり、綱は引っ張っても動きません。

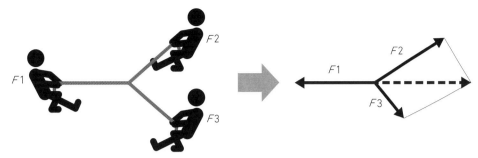

図3：3人の綱引きの力の釣り合い

モーメント

モーメントは回転運動させる力です。車のハンドルを動かせば、ハンドルは回ります。ねじを締めるのも、ドライバーを回して締めます。この回転させる力がモーメントです。

テコの原理と同じなので、モーメントは支点、力点、力の大きさの3つで表せます。支点と力点との距離×力の大きさがモーメントです。図4で言えばOが支点、Aが力点、Fが力の大きさです。Aに力を加えると、棒はモーメントを加えられるので回転します。

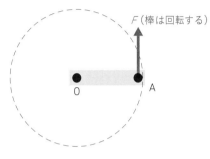

図4：モーメント

反力

反力は、文字通り反対向きの力です。た

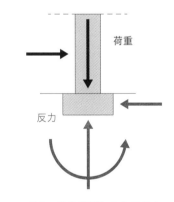

図5：柱や基礎にかかる反力

とえば、立っているときに体重が足にかかりますが、立っていても地面に沈んだりしません。地面の反力が体重と同じ力で押し返しているからです。物体が止まっている場合には、支点にかかっている力と逆方向の反力が同じ力でかかっています。図5のように反力には3種類あり、垂直、水平、モーメントの反力があります。

反力の求め方は、連立方程式を作ることから始まります。

釣り合いの式を作って、それを解けば求められます。

力の合成と分解

力は合成したり分解したりできます。たとえば、垂直な方向の力と水平な方向の力

を合成すれば、斜め方向の力に合成できます。

合成した力の大きさや方向を知るには図を書くのがわかりやすいです。図6の*P*1と*P*2を合成するには、*P*1と*P*2で平行四辺形や長方形を造り、その角まで線を引けば合成した力が求められます。

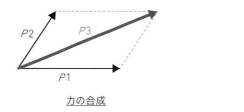

力の合成　　力の分解

図6：力の合成と分解の関係

逆に、斜め方向の力を、垂直方向と水平方向の2つの力に分解することも可能です。*P*3を*P*1と*P*2に分解できます。よく使うのは図7の学校の公式で使用した三角形の辺の長さです。覚えておきましょう。

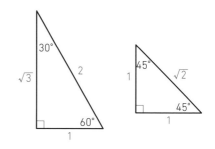

図7：三角形の辺の長さの公式

一問一答で理解度チェック

1 図8のモーメントM_Aは60kNである。

答え　○

図8：固定端の反力

2 図8の反力であるV_Aは5kNである。

答え　×

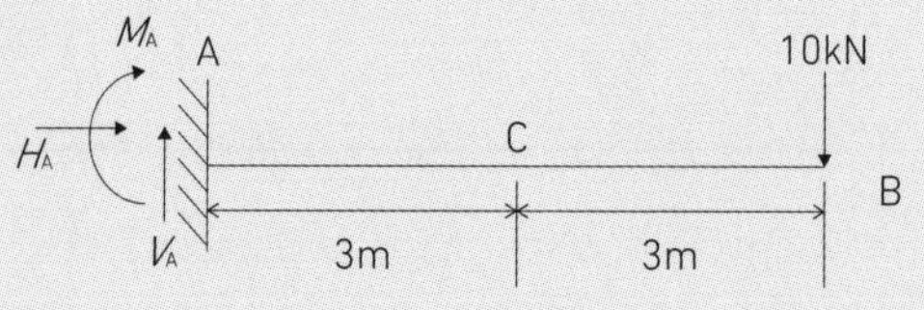

02
時間目

ギリギリ安定している静定構造物
構造計算の基本を学ぼう

建築物は静定と不静定の状態に分けられます。静定とはギリギリ安定している状態です。どこかが壊れたら建物が崩れます。構造計算の基本を学ぶのに、静定構造物は最適です。複雑なことを考えずに計算できるからです。ここでは、静定構造物の計算を通して、基本的な構造計算のルールを学びましょう。

じっくり理解

支点の種類

（支点：梁を支える部分）

支点の種類は3つ覚えておけば十分です。ピン、ローラー、固定端の3つです。それぞれ支える反力の数が違います。

力の置き換え

分布荷重になっている場合は、計算を簡単にするため、集中荷重に置き換えて計算します。

たとえば、人が立っていたら

支点名称	モデル図	拘束条件	反力数
ローラー	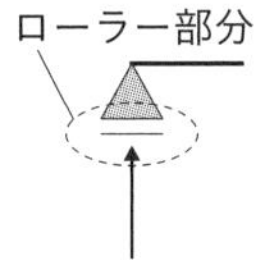 ローラー部分	鉛直支持※ 水平自由※ 回転自由 ※ローラーに直角な 方向のみ支持	1
ピン	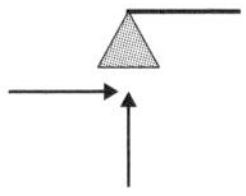	鉛直支持 水平支持 回転自由	2
固定端	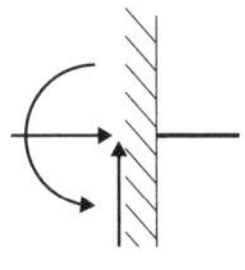	鉛直支持 水平支持 回転支持	3

図1：支点の種類

足の下に集中して荷重がかかりますが、タンスやカラーボックスのような下面が平らな家具だったら、家具の範囲に一様に荷重がかかりますよね。そんなとき、一様にかかっている前提で計算するとややこしいので、中心や重心に集中荷重がかかっているとみなして計算します。

図2は、梁に対して荷重がバランスよくかかっている事を示しています。W [kN/m] というのは、1mあたり、W [kN] の力がかかっているという事です。梁の長さがL [m] なので、全体では、WL [kN] の力がかかっている事になります。梁の中央に、WL [kN] の力がかかっていると考えてください。分布荷重の力の置き換え方は図2の通りです。力の大きさを求めて、重心を探し、それを集中荷重に変換します。

図3はちょっと特殊な分布荷重です。一番右側では、1mあたり2Nですが、左側では0Nになっています。この場合の全体の荷重は、三角形の面積が力の合計です。

$1N (2×1×1/2)$

力のかかる位置は、力の大きい側の右側から1/3のところで、重心の位置です。

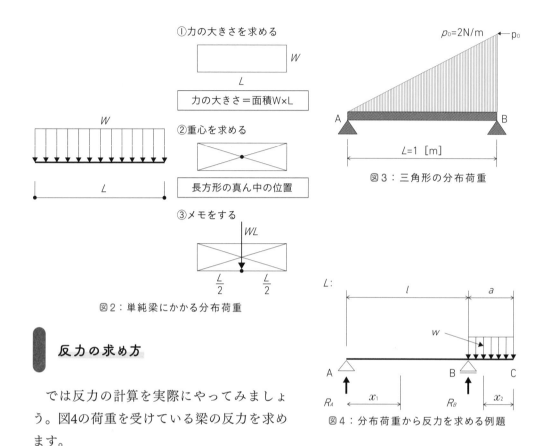

①力の大きさを求める

W

力の大きさ＝面積W×L

②重心を求める

長方形の真ん中の位置

③メモをする

WL

$\dfrac{L}{2}$　$\dfrac{L}{2}$

図2：単純梁にかかる分布荷重

$p_0=2N/m$　p_0

A　B

$L=1$ [m]

図3：三角形の分布荷重

$L:$

l　a

w

A　B　C

R_A　x_1　R_B　x_2

図4：分布荷重から反力を求める例題

反力の求め方

　では反力の計算を実際にやってみましょう。図4の荷重を受けている梁の反力を求めます。

　少し持ち出した部分がある梁に、分布荷重がかかっています。支えている部分は、左側がピンで右側がローラーです。荷重は分布荷重が作用しています。

　まずは、この荷重を置き換えてみましょう。分布過重は、W [kN] の力が、分布荷重の中心に作用している集中荷重に置き換える事ができます。

　次に反力を見てみます。左側の支点は、ピンなので、鉛直反力R_Aと水平反力があります。右側の支点は、ローラーなので、水平反力はありません。上からの力に対して支えるだけです。

　これで、この梁に作用するすべての力がそろいました。これらの力は釣り合っています。この釣り合っている事を利用して、反力を求めましょう。

　釣り合っているので、縦方向の力であるR_A [kN] ＋R_B [kN] とW [kN] は等しい。つまり、合計すると0になります。

　さらに、横方向のH_A [kN] と水平力がかかっていないので0。

　水平反力は計算できました。

　では、2つの鉛直反力はどうやって求めましょう？

　ここで、モーメントについて考えます。鉛直方向や水平方向と同時に、モーメント

も釣り合っていることを利用するのです。

　たとえば、Bにおけるモーメント（力×距離）を考えてみましょう。時計回りに回転する方向が＋でした。

　ピンにおける反力をR_A、ローラー側の反力をR_Bとします。左の荷重からモーメントを足していくと

　$R_A[\text{kN}] \times L[\text{m}] + R_B[\text{kN}] \times 0\text{m} + W[\text{kN}] \times a/2[\text{m}]$

　となり、これが＝0となるようにします。

　$R_A = W^2/2L\ [\text{kN}]$ と求めることができます。

　$R_A + R_B = W$なので

　$R_B = W - W^2/2L$

　となります。

曲げモーメントの求め方

　曲げモーメントとは、部材を曲げようとする力です。力×距離です。

　今この梁に作用している力は図5の通りです。この時の中央における曲げモーメントを求めます。

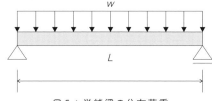

図5：単純梁の分布荷重

　水平に作用している力は、距離がありませんので、無視します。距離が0だとモーメントでも0です。つまり曲げようとする力は働きません。

　中央から左側のモーメントを求めます。

　$WL/2\ [\text{kN}] \times L/4\ [\text{m}] = WL^2/8\ [\text{kN·m}]$

　今求めたこの$WL^2/8\ [\text{kN·m}]$が、中央の部分を曲げようとする力、曲げモーメントです。

せん断力の求め方

　同じ梁を使ってせん断力を計算しましょう。梁の中央の位置におけるせん断力を求めます。水平方向の力は、同じように無視してください。

　中央から左側の荷重の合計を求めます。上向きの力を＋としてください。

　左側の荷重

　$W \times L/2 = WL/2\ [\text{kN}]$

たわみとたわみ角

　梁に荷重がかかると、梁が少し下に沈んでたわみδ（デルタ）が発生します。その時発生する角度をたわみ角θ（シータ）といいます。梁の長さをlとした場合のたわみと

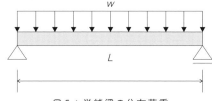

学びなおし 4

構造

たわみ角は図6のようになります。

（E：ヤング係数　*I*：断面二次モーメント）

どの式も、*L*には比例してE*I*には反比例しています。

	集中荷重P	等分布荷重W	モーメント荷重M
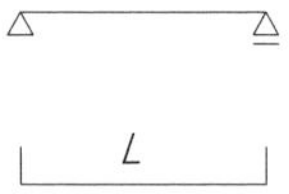 △———△ ⊢ *L* ⊣	$\delta = \dfrac{PL^3}{48EI}$ $\theta = \dfrac{PL^2}{16EI}$	$\delta = \dfrac{5WL^4}{384EI}$ $\theta = \dfrac{WL^3}{24EI}$	
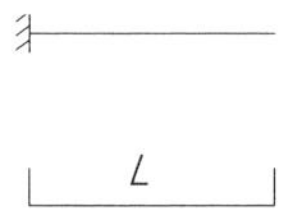 ┤———— ⊢ *L* ⊣	$\delta = \dfrac{PL^3}{3EI}$ $\theta = \dfrac{PL^2}{2EI}$	$\delta = \dfrac{WL^4}{8EI}$ $\theta = \dfrac{WL^3}{6EI}$	$\delta = \dfrac{ML^2}{2EI}$ $\theta = \dfrac{ML}{EI}$
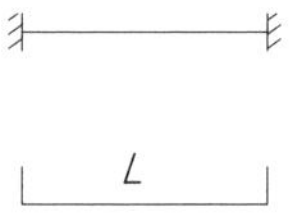 ┤————├ ⊢ *L* ⊣	$\delta = \dfrac{PL^3}{192EI}$	$\delta = \dfrac{WL^4}{384EI}$	

図6：たわみとたわみ角の公式

静定ラーメンの応力

- **曲げモーメント**：部材を曲げようとする力でしたね。力と距離の大きさに比例します。力×距離です。時計回りに回転する方向を＋とします。
- **モーメント図**：部材にかかるモーメントの大きさが、一目でわかるように、図に表したものです。モーメントが＋の場合は下側（柱の場合は右側）に記入します。これは、部材が引っ張られる側になります。この特徴を覚えておいてください。
- **滑節点**（ヒンジ）：ラーメンの途中にある滑節点がある場合、この部分には曲げモーメントが生じません。この点から左右それぞれのモーメントを計算すると0になります。
- **柱脚部分の節点がピン**：その部分のモーメントは0になります。
- **柱脚部分がローラー**：その柱全体にわたってモーメントは発生しません。
- **せん断力**：部材を直角の方向にずらそうとする力です。ラーメンの梁において、梁の途中に荷重がかかっていない場合は、梁のせん断力は、反力と等しくなります。

静定トラスの応力

- **圧縮材**：外部から押され、内部からは反発します。矢印は節点に向かう方向に書きます。
- **引張材**：外部から引っ張られます。矢印は接点から離れる方向に書きます。

トラスの決まり事：

①トラスは、部材の両端をピン接合とする。

②外力（荷重や反力）は節点に作用する。

③部材に生じる力は圧縮力か引張力のみ。

④節点に作用する力（外力と部材の応力）は、釣り合う。

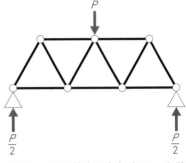

図7：トラスの接点に応力がかかった時

トラスの解法（部材の応力の求め方）

● **節点法**：節点では、外力を含め、各接合部材の力が釣り合うようになっています。これを利用して解く方法です。

たとえば、左のピン接合部分に上向きの力（外力）が$P/2$kNが作用しているとします。この節点で力を釣り合わせるために、下向きに同じ力$P/2$kNが必要です。

横の部材は横向きにしか働きませんので、斜めの部材で下向き$P/2$kNの力を考えます。

斜めの力は、縦と横に分解する事ができましたよね。この縦だけの力で$P/2$kN必要です。そうすると、三角形の辺の長さの比から、横向きの力は、$P\sqrt{3}/6$kNになり、斜めの力は$P\sqrt{3}/3$kNになります。

これで上下の力は釣り合ってOKです。

次に左右の釣り合いを考えます。斜め部材は右から左に$P\sqrt{3}/6$kNの力で押していますので、別の力で右方向に同じ$P\sqrt{3}/6$kNの力を考える必要があります。

ここで横向きの部材を考えてあげましょう。横向きの部材を右向きに$P\sqrt{3}/6$kNの力で作用させれば、左右の力も釣り合う事になります。

● **切断法**：応力を求めたい部材を含む部分でトラスを2分し、その一方に作用する外力と切り口の応力が釣り合う事によって応力を求める方法です。切断した位置から片側（左側）の外力と切断された部材の応力が釣り合います。

$\Sigma X = 0$

横方向の力をすべて加えると、0になります。斜めの力は、縦と横に分解したうちの横成分の力です。ただし、力の向きはどちらになるかわかりません。

$\Sigma Y = 0$

縦方向の力をすべて加えると、0になります。斜めの力は縦の成分です。横の力から斜めの力を求めることができるので、縦の力は求めることができます。

$\Sigma M = 0$

任意の点を基準に、モーメントを計算すると0になります。

※外力に関しては、向きが変わる事はありませんが、切断された部材の力の向きは、想定した方向と反対になる事があります。

学びなおし

4

構造

03 時間目 断面の性質と応力度
断面によって強さや硬さが変わる

ナナメ読みでおさらい

構造計算では断面の形によって強さや硬さが変わります。断面の性質に必要な断面係数や断面二次モーメントを理解し、計算できるようになりましょう。また、応力度の基本を理解してください。

じっくり理解

断面一次モーメント

ある断面におけるx軸に対する断面モーメントは、断面の形を数値化した値です。

面積×x軸までの距離

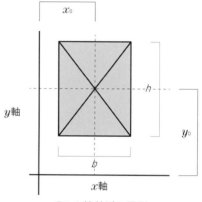

図1：軸付近の図形

で計算できます。距離は断面の図心からの距離のことです。

図1の場合は$bh \times y_0$です。

力×距離のモーメントの公式の、力が面積に変わったと思ってください。

次の2つの断面一次モーメントの値は同じになります。

それぞれの図形の断面一次モーメントを求めて合計した場合＝1つの図形として断面一次モーメントを求めた場合

この性質を利用すれば、形状が複雑な図形の図心の位置を求めることができます。

面積×距離＝断面一次モーメントなので、距離＝断面一次モーメント÷面積

となります。

断面二次モーメント

断面二次モーメントは断面の持つ曲がりにくさのことです。大きいほど硬い部材です。

ある断面におけるX軸に対する断面二次モーメントは、図1の場合、下の式で表せます。

214

$$Ix = bh^3/12 + bhy_0^2$$

x軸が図心と一致する場合は、y_0が0です。

図2、3、4の公式を覚えましょう。

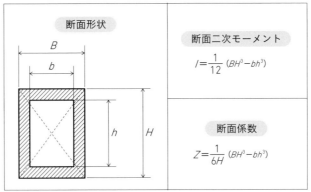

図2：四角形の断面二次モーメントと断面係数の公式

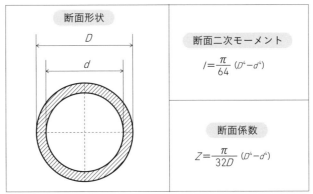

図3：丸の断面二次モーメントと断面係数の公式

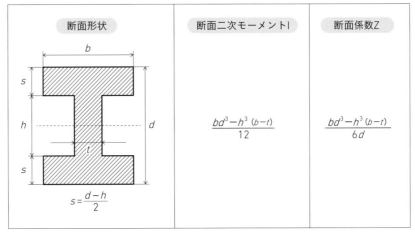

図4：I形の断面二次モーメントと断面係数の公式

3つの応力度

力÷断面積が応力度の基本です。

● **垂直応力度**：単位面積当たりの軸方向力の大きさをいいます。

垂直応力度＝軸方向力/断面積

たとえば、断面積が2500mm^{2}の材に10000Nの軸方向力が生じている場合の垂直応力度は、

10000N/2500mm^2＝4N/mm^2

になります。

つまり、1mm^{2}に対して、4Nの力が作用しているという事です。

● **せん断応力度**：単位面積当たりのせん断力の大きさをいいます。

せん断応力度＝1.5×最大せん断力/断面積

（長方形断面の場合）

● **曲げ応力度**：曲げ材の上下縁に生じる垂直応力度の大きさをいいます。

曲げ応力度＝最大曲げモーメント/断面係数

※式を変形すると最大曲げモーメント＝曲げ応力度×断面係数ですね。応力度のほとんどの問題で、この公式を使います。

断面係数

断面係数とは、曲げモーメントに対する強さのことです。断面係数が大きいと曲げモーメントに強い形です。

断面二次モーメントが曲げについてどれくらい硬いのかを表すもので、断面係数は曲げについてどれくらい強いのかを表します。似たようなものですが、計算式も違うので、公式は正確に覚えましょう。図2、3、4の公式を覚えてください。

断面二次半径

断面二次半径は、座屈のおきやすさを表す数字です。断面二次半径が大きいほど、座屈は起きにくく、座屈荷重が大きくなります。

公式は次の通りです。

$i = \sqrt{I/A}$

I：断面二次モーメント、A：断面積

計算練習

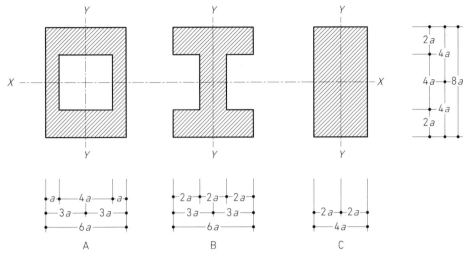

図5：2015年の断面二次モーメントと断面係数の過去問（学科Ⅳ No.1）

練習なので、図形Cの断面係数と断面二次モーメントだけ計算して求めてみましょう。

図形CのX軸回りの断面係数は、$BH^2/6$なので、

$$(4a) \times (8a)^2/6 \quad = \quad 128a^3/3$$

となります。

断面二次モーメントは、$BH^3/12$なので、

$$(4a) \times (8a)^3/12 \quad = \quad 512a^4/3$$

です。

余裕があれば、図形Aと図形Bも計算してみてください。

04
時間目

不静定構造物
剛性で分割されるモーメントが
変わる

ナナメ読みでおさらい

不静定構造物では計算の前提条件として知識が必要になります。剛度、固定端・分割・到達モーメント、水平剛性などの決まりを覚えて、計算の基礎を理解しましょう。

じっくり理解

 剛度（K）

部材の硬さ（曲げにくさ）で、断面二次モーメントに比例し、部材長に反比例します。

$K = I / L$

 固定端モーメント

単純ばりの両端を固定したとき、固定端に生ずる曲げモーメントは単純ばりのモーメント図を吊り下げたものとなります（図1）。

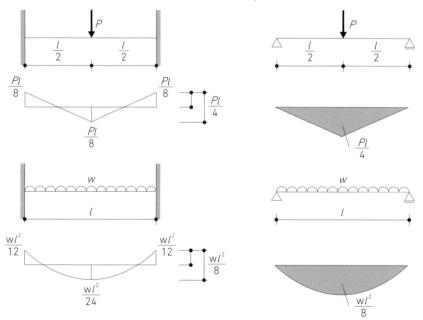

図1：固定端モーメントの公式

分割モーメント・到達モーメント（図2）

● **分割モーメント**：節点に加わるモーメントは、節点に集まる各部材の剛比k（標準剛度に対する比）で比例分配されます。

● **到達モーメント**：各部材に配分された曲げモーメントは、部材の他の端部に伝達されます。固定端では分割モーメントの1/2が到達します。

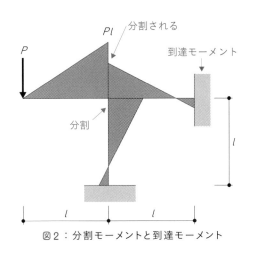

図2：分割モーメントと到達モーメント

層せん断力

　ラーメン骨組の各階に作用する水平力により、各階の柱にかかるせん断力を階ごとに集計したものを、その階の層せん断力（Q_i）といいます。

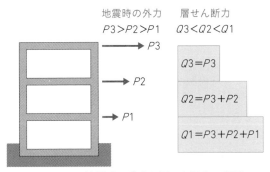

図3：地震時の外力と層せん断力の関係

水平剛性

　剛な梁や床でつながったラーメンに水平力が作用する場合、各柱の分担する水平力は、各柱の水平剛性に比例します。

不静定構造物の計算例

　図のようなラーメンに荷重10Pが作用したときの曲げモーメント図として、正しいものは、次のうちどれか。ただし、梁部材の曲げ剛性は2*EI*、柱部材の曲げ剛性は3*EI*とし、図のA点は自由端、B点は剛接合とする。また、曲げモーメントは材の引張側に描くものとする。

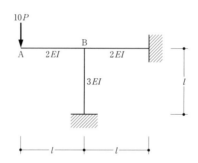

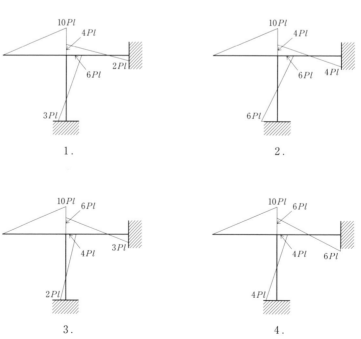

図4：2019年の不静定構造物の過去問

2019年の一級建築士学科試験（学科Ⅳ No.3）で出題された過去問を例に、計算を練習してみましょう（図4）。

　分割モーメントと到達モーメントを理解していれば、解くのは簡単です。

　到達モーメントは固定端の場合、分割モーメントの半分になります。

　そのため、選択肢の2と4は半分になっていないので、回答から除外されます。

　つぎに、分割モーメントは剛度の比率で分配されます。横棒が$2EI/L$、縦棒が$3EI/L$なので、横棒：縦棒＝2：3にモーメントを割り振ります。

　$10PL$を2：3に割り振ると$4PL$：$6PL$なので、横棒が$4PL$、縦棒が$6PL$です。

　そのため、1番が正解です。

一 問 一 答 で 理 解 度 チ ェ ッ ク

---

1 節点に加わるモーメントは、節点に集まる各部材の剛比k（標準剛度に対する比）で比例分配される。　　答え　○

05 時間目 座屈が耐力を左右する 座屈モードで変わる座屈長さ

ナナメ読みでおさらい

座屈が起こると想定より耐力を発揮できません。そのため、座屈荷重を計算して、設計耐力まで座屈が起きないことを確かめます。ここでは座屈モードによる座屈長さを覚え、座屈荷重の公式を覚えましょう。

じっくり理解

座屈

- **座屈**：細長い部材が圧縮力を受けると、破壊する前に部材が曲がります。これを座屈と言います。座屈する時の荷重を座屈荷重と言います。
- **座屈のしやすさ**：同じ部材なら、荷重が大きいほど座屈しやすいです。同じ荷重でも、材料の断面形状やひずみ度合いで座屈の仕方は違います。同じ断面形状でも部材の長さで座屈荷重は変わります。
- **設計通りに力を使うため、座屈荷重を考える**：建物に使われる部材には座屈があってはいけません。座屈しないために、座屈荷重を考えることが必要です。そのため、座屈荷重を考える時には、部材の断面や性質、長さなどを考慮します。

座屈長さ(L_k)

部材の両端を支持する条件でも座屈荷重は変わります（図1）。両端がしっかり固定されている部材ほど、座屈は起こりにくいです。そのため、座屈長さは、実際の材料の長さに、支持方法による座屈のしやすさを加味します。

両端がピンで支持されている状態
これを基準とします。
この場合の座屈長さL_kは、部材の長さと同じです。
$L_k = L$

片側がピンで、もう一方が固定されている状態
この場合、少し座屈しにくくなります。
座屈長さは、部材の長さの0.7倍です。
$L_k = 0.7L$

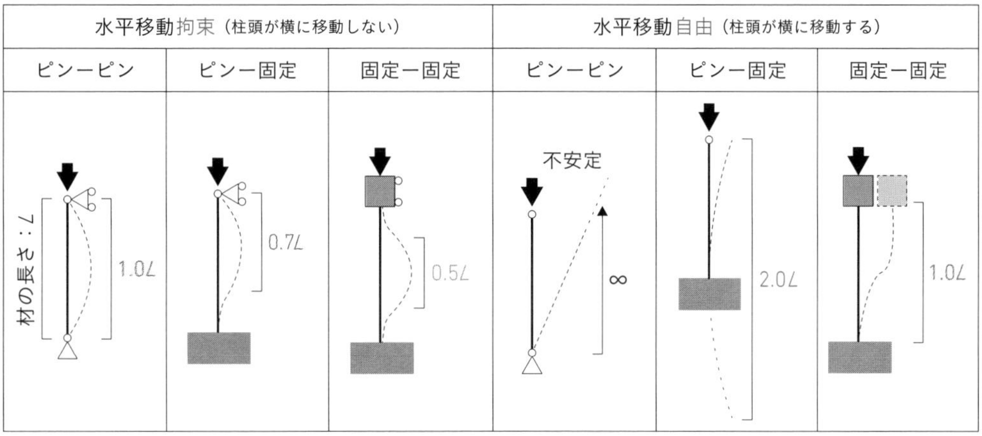

水平移動拘束（柱頭が横に移動しない）			水平移動自由（柱頭が横に移動する）		
ピン－ピン	ピン－固定	固定－固定	ピン－ピン	ピン－固定	固定－固定
材の長さ：L / 1.0L	0.7L	0.5L	不安定 ∞	2.0L	1.0L

図1：座屈モードと座屈長さ

両方がきちんと固定されている場合（両端固定）

最も座屈しにくいと言えます。

座屈長さは半分になります。

$L_k = 0.5L$

片側は固定されているが、もう一方は自由端（固定されていない状態）の場合

最も座屈しやすくなります。

座屈の長さは、部材の長さの2倍です。

$L_k = 2L$

両端が固定されていて、移動が自由な場合

この場合の座屈長さL_kは、部材の長さと同じになります。

$L_k = L$

座屈長さが長い程、座屈しやすいです。

この図を覚えるだけで問題が解けます。必ず覚えましょう。

座屈荷重（P_k）

座屈荷重（P_k）の公式はこうなります。

$$P_k = \pi^2 EI / L_k^2$$

P_k：座屈荷重

L_k：座屈長さ

E：ヤング係数（値が大きいほど硬い）

I：断面二次モーメント（値が大きいほど強い）

π：円周率

※EIを曲げ剛性と言います。座屈荷重は曲げ剛性に比例します。

分子のEとIには比例、分母のL_kの2乗に反比例するというところがポイントです。

座屈長さ・座屈荷重の計算例

　図のような構造物A、B、Cの柱の弾性座屈荷重をそれぞれP_A、P_B、P_Cとしたとき、それらの大小関係として正しいものは、次のうちどれか。ただし、すべての柱は等質等断面で、梁は剛体であり、柱及び梁の自重、柱の面外方向の座屈は無視する。

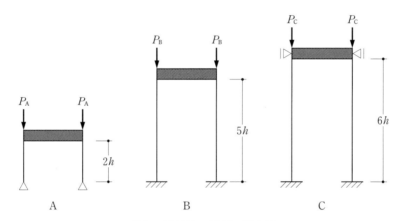

図2：2017年の座屈の過去問

　2017年の一級建築士の過去問（学科Ⅳ No.6）を例に計算方法を解説します（図2）。

　Aから順番に見ていきましょう。

　Aの座屈モードは水平移動ができるピンと固定なので、以下のような変形をします（図3）。

　そうなると、座屈長さは$2L_k$なので、有効座屈長さは$4h$です。

　座屈荷重は有効座屈長さに反比例するので、$P_A = \pi^2 EI/16h^2$です。断面がA、B、Cとも全部同じなので、$\pi^2 EI$は無視して、$P_A = 1/16h^2$と考えます。

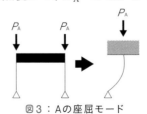

図3：Aの座屈モード

Bの座屈モードは固定と固定なので、座屈長さはL_kとなり、有効座屈長さは$5h$です。
座屈荷重は、$P_B = 1/25h^2$となります。

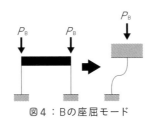

図4：Bの座屈モード

Cの座屈モードは水平移動ができない固定と固定なので、座屈長さは$0.5L_k$となり、有効座屈長さは$3h$となります。

座屈荷重は、$P_B = 1/9h^2$となります。

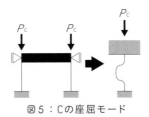

図5：Cの座屈モード

よって、$P_A : P_B : P_C = 1/16 : 1/25 : 1/9$なので、$P_C > P_A > P_B$です。
なので、正解は3番です。

一問一答で理解度チェック

1 座屈荷重は座屈長さに比例する。　　　　　答え

06
時間目

風や地震で加わる振動
重さと硬さで揺れやすさが変わる

ナナメ読みでおさらい

建物は地震や風によって振動にさらされています。この振動は、建物の形状や重さ、剛性によって揺れやすさが変わります。建物ごとに固有周期をもっているので、近い周期の揺れだと共振して揺れやすく、周期がずれていると揺れにくいです。

じっくり理解

 ## 建物の振動

建物に影響する振動の主なものは、地震の水平方向の振動です。

地震でも風でも建物は揺れますが、建物の揺れ方を計算するのはパッと見難しそうに感じますよね。なので、モデル化して簡単に計算でき

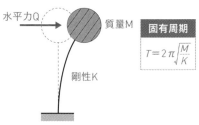

固有周期

$$T = 2\pi\sqrt{\frac{M}{K}}$$

図1：建物の振動と固有周期

るようにします。それが質点系モデルです。バネの先に重りをつけて、どう振動するかを考えるというモデルです。

この考え方を建物にも適用させて、自由振動させた時の固有周期の式を建物にも使います。建物の重さが床のレベルの一点に集中していると考えた一質点系のモデルでは、図1の公式で表現します。

 ## 物のバネ定数（図2）

建物のバネ定数は水平剛性を使います。
一質点の片持柱では、以下の公式で計算します。

$$k = 3EI/h^3$$

剛な梁でできたラーメンの柱は、柱脚がピンの時は公式を変化させ、

$$k = 3EI/h^3 \times 2$$

柱脚が固定の時は以下の公式に変わります。

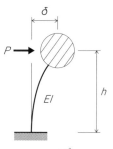

$$\delta = \frac{Ph^3}{3EI}$$

$$P = \boxed{\frac{3EI}{h^3}}\delta$$

Pとδの関係の係数が
水平剛性（バネ定数）

図2：バネ定数

226

$$k = 12EI/h^3 \times 2$$

多層骨組の振動（図4）

　最初は建物を1つの質量と考えて1質点系で考えましたが、建物は多層階でできていますから、もう少し詳細に考える場合は、多質点系で考えます。

　多層階の建物では質点が階層分だけあり、振動モードが質点数だけあります。

　すべての質点が同じ方向に振れているものを、一次振動モードといい、この時の周期を一次固有周期と言います。

　建物の一次固有周期は高さから概算できます。

　鉄筋コンクリート、鉄骨鉄筋コンクリート造では、$T = 0.02h$

　鉄骨造、木造では　$T = 0.03h$ （hは高さで単位はm）

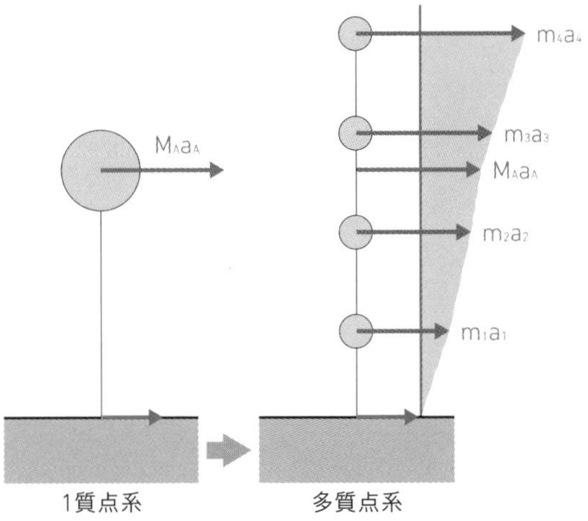

図3：多質点系の振動

固有周期の計算例

　2016年に出題された一級建築士の過去問（学科IV No.6）を例に計算方法を説明しましょう（図5）。

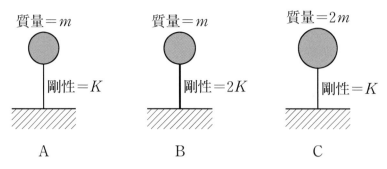

質量＝m　　　質量＝m　　　質量＝$2m$

剛性＝K　　　剛性＝$2K$　　　剛性＝K

A　　　　　　B　　　　　　C

図4：固有周期の計算例

A、B、Cの固有周期を求めます。

固有周期は

$T_A = 2\pi\sqrt{(m/K)}$
$T_B = 2\pi\sqrt{(m/2K)}$
$T_C = 2\pi\sqrt{(2m/K)}$
です。

$2\pi\sqrt{(m/K)} = T$
として整理すると、

$T_A = T$
$T_B = T/\sqrt{2}$
$T_C = T\sqrt{2}$

です。

よって、$T_B < T_A < T_C$となります。

一 問 一 答 で 理 解 度 チ ェ ッ ク

1　固有周期は質量に比例する。　　　　　　　答え　〇

07 時間目
骨組みの塑性解析
全塑性モーメントを
計算できるようになろう

ナナメ読みでおさらい

骨組みの塑性解析は、建物が壊れるときの計算です。大地震が来たときなど
に、部材が破損しても建物が倒壊して死人がでないように計算します。他の
構造計算に比べて少し難しいので、まずは用語や概念を理解しましょう。

じっくり理解

終局耐力

　構造物や部材に作用する荷重が大きくなって、最終的に崩壊、破壊する時の荷重、
応力を終局耐力といいます。特に構造物が崩壊する時の荷重を崩壊荷重といいます。

全塑性モーメント

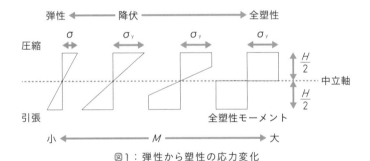

図1：弾性から塑性の応力変化

　部材に曲げモーメントがかかると断面内には圧縮が加わる範囲と引張が加わる範囲
に分かれます。
　弾性範囲ではこれらは三角形の形に力が加わっていると仮定します（図1）。塑性範
囲に入り最終的に破壊する直前の全塑性状態では、断面内で等分布になっているもの
として計算します。
　この応力度の分布から、偶力のモーメントの計算が可能です。これを全塑性モーメ
ントと言います。

塑性ヒンジ

　荷重を増やして行くと、曲げモーメント最大の箇所で部材が全塑性状態になり、折

れ曲がってピンの状態となります。これを塑性ヒンジといいます。(図2)

　塑性ヒンジができると、その箇所の曲げモーメントはそれ以上増えません。他の部分の曲げモーメントの大きかった箇所が全塑性状態になります。

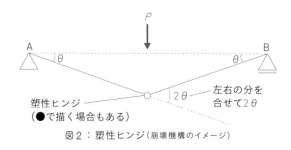

図2：塑性ヒンジ（崩壊機構のイメージ）

ヒンジ法による骨組の終局耐力

水平力が作用するラーメンの崩壊荷重は、次の手順で求めることができます。

①架構が不安定になるだけの塑性ヒンジが生じた崩壊メカニズム図を描きます。

　崩壊荷重をPu、回転角をθ、変位をδとし、$\delta = \theta 1$で求めます。

②外力のなす仕事＝$\Sigma P \delta$　を計算します。

　各荷重点での荷重と荷重方向の変位量の積（$Pu \times \delta$）を足し合わせます。

③内力のなす仕事＝$\Sigma M \theta$　を計算します。

　各塑性ヒンジでの全塑性モーメントと回転角の積（$Mp \times \theta$）を足し合わせます。

　節点の塑性ヒンジは全塑性モーメントの小さい方の部材にできます。はじめからピンの支点、節点は仕事をしないので計算に入れません。

④仮想仕事の原理　$\Sigma P \delta = \Sigma M \theta$　より、Puを計算します。

全塑性モーメントの計算例

　2018年の過去問（学科Ⅳ No.1）を例に終局耐力の計算方法を説明しましょう（図3）。NとMを求める問題です。

　まずはNの大きさを求めます。

　引っ張りの形状を見ると、Mの圧縮部分は上からaの部分だけとなるので、Nは赤以外の部分です。

　Nの部分の面積を計算すると

$$4a \times 2a = 8a^2$$

なので、

$$N = 8a^2 \sigma_y$$

です。

Mの上部の面積を求めると

$$a \times 4a = 4a^2$$

なので、引張から圧縮までの距離$5a$をかけると、

$$M = 4a^2 \times 5a\, \sigma_y = 20a^3 \sigma_y$$

です。

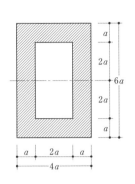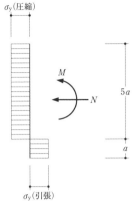

図－1　断面形状　　図－2　垂直応力度分布

図3：2018年過去問　全塑性モーメント

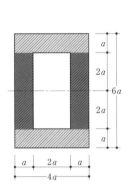

図－1　断面形状　　図－2　垂直応力度分布

図4：全塑性モーメント応力の引張とモーメント部分の分解

一問一答で理解度チェック

1 構造物が崩壊する時の荷重を終局耐力という。　　答え

08
時間目

最低限理解したい構造設計の基礎
荷重と計算の種類、
計算の流れを覚えよう

ナナメ読みでおさらい

構造設計で押さえておくべきポイントは3つです。荷重の種類、構造計算の種類、構造計算の流れです。建物の条件に応じて荷重を変え、構造計算の種類を選び、流れに沿って計算すれば、構造設計の基礎知識は問題ありません。

きくりん先生のつまずき解消のコツ・やさしい解説

構造設計の基本情報は法規でも出題されますよ。大事なことだから法律でも決まっているんですね。

 じっくり理解

建築物に働く荷重

建築に働く荷重には、長い間かかり続ける長期荷重と、短期間だけかかる短期荷重があります。

図1：建築物に働く荷重

- **長期荷重**：常時建築物に作用している荷重（固定・積載・積雪、水圧、土圧など）
- **短期荷重**：短期間にだけ建築物に作用する荷重（風圧力・地震など）

長期荷重

長期荷重には固定荷重、積載荷重、積雪荷重があります。順番に説明しましょう。

- **固定荷重**（G）：建物そのもの、躯体・仕上げ材・設備などの荷重を指します。各部材の重さは、その部材の体積に単位体積重量をかけることで計算して求めます。
コンクリートの単位体積荷重はよく使うので、ついでに覚えておきましょう。
普通コンクリート…23〜24kN/m^3
鉄筋コンクリート…24〜25kN/m^3
- **積載荷重**（P）：建物内の人や物の重さを指します。
※倉庫の床：3900N/m^{2}未満でも3900N/m^{2}とする。
積載荷重は部屋の種類、構造計算の対象に応じて変わります。たとえば、倉庫とリビングだったら、載せるものも量も全然違いますよね。なので、部屋の種類に応じて

232

積載荷重は変わります。また、床用の積載荷重と柱用の積載荷重も変わります。定められた数値を用いて計算しましょう。

　構造計算の対象による積載荷重の大小関係は、

地震力計算用＜大梁・柱・基礎計算用＜床計算用

となります。

　建物固有の積載荷重の条件によって、荷重条件が不利になることもありえます。

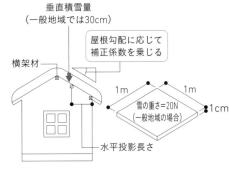

図2：積雪荷重

　たとえば大きい建物の場合、積載荷重が一様に作用する場合より、部分的に不均等に作用する場合の方が、不利に働く場合もあります。倉庫がその典型でしょう。

　また、各階が事務室である建築物で、柱の垂直荷重による圧縮力を計算する場合、積載荷重はその柱が支える床の数に応じて低減することができます。通常は4方向に床があると想定して柱の積載荷重を設定しているので、床の数が減れば、当然負担する荷重も減ります。

● **積雪荷重**（S）：多雪区域の場合に固定荷重とみなして計算します。

　積雪荷重＝積雪の単位荷重×屋根の水平投影面積×垂直積雪量

　積雪の単位荷重…積雪量1cmごとに20N/m^{2}以上とします。

　※多雪区域は、異なるルールを設定できます。

　※多雪区域では、雪下ろしの実況に応じて、垂直積雪量を1mまで減らすことも可能です。

　※屋根の積雪荷重は、勾配が緩やかなほど大きく、急勾配の屋根ほど積雪荷重を減らせます。勾配が60°を超える場合は、「0」にできます。屋根全体に雪が分布している場合に比べて、一部が溶けて不均等な分布となる場合の方が不利になることもあるので注意しましょう。

● **多雪区域**：垂直積雪量1m以上の区域です。積雪の初終間日数の平均値が30日以上の区域。

（初終間日数＝積雪部分の割合が1/2を超える状態が継続する期間の日数）

短期荷重

　短期荷重は、風圧力や地震力が代表的な荷重です。順番に説明しましょう。

● **風圧力**：風により受ける外力です。

　風圧力＝速度圧×風力係数

　速度圧（q）＝$0.6EV_o^2$

　E：屋根の高さ及び周辺の状況に応じて算出した数値

V_0：その地方の台風の記録などにより定められた風速

- **速度圧**：屋根の高さ、周囲の市街地の状況、その地域の台風の記録により異なります。地盤面からの高さが高い部位ほど大きいです。速度圧は、その地方において定められた風速（V_0）の2乗に比例しています。建築物に接近して風の方向に対して有効に遮る建築物、防風林等がある場合は、その方向の速度圧を1/2まで減らすことができます。

- **風力係数**：風洞試験により定められた値です。建築物、工作物の断面及び平面に応じて大臣が定めます。閉鎖型及び開放型の構造物の風力係数は、外圧力係数から内圧力係数を減じた数値です。

※風圧力（速度圧×風力係数）の計算例

（速度圧：800N/㎡ 外圧力係数：－0.5 内圧力係数：－0.2）

風圧力＝$800 \times \{-0.5-(-0.2)\} = 800 \times -0.3 = 240$（絶対値）

　パッと見で風が通りそうな金網その他の網状の構造物も、風圧力の計算が必要です。ラチス構造の風圧作用面積は、風の作用する方向から見たラチス構面の見付面積とします。また、速度圧は高さによって変わりますが、風力係数は高さに関係しません。

- **耐風設計のポイント**：塔状の建築物には、耐力壁の脚部に引抜き力が生じることがあります。

　塔状でなくても小屋組には大きな風圧力がかかります。風圧力によって小屋組が倒れないように、小屋組には振れ止めや小屋筋かいが必要です。屋根の棟部分や軒先部分には、局部的に吹上げの力が加わることもあるので注意が必要でしょう。

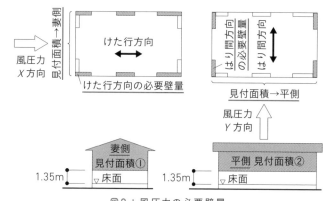

図3：風圧力の必要壁量

　耐風設計時に注意してほしいのが、けた行方向に細長い建築物の場合に必要な耐力壁の有効長さは、けた行方向より、梁間方向を長くすることです。耐力壁の面外でなく面内の力で対応するためです。

　暴風時における建築物の転倒、柱の引き抜きを検討する場合、積載荷重は建築物の実況に応じて低減した数値にします。実際の建物の方が軽い場合、危険側の計算となってしまうからです。

- **地震力**（K）：地震により受ける力です。応力の計算時には、台風と地震は同時に作用しないものとして計算します。地震力はこのあとたっぷり説明しますね。

その他の荷重

地震や台風、積載荷重や固定荷重の他にも、建物にかかる荷重はあります。

● **水圧・土圧**：地下壁に作用する土圧は地盤面からの深さが深いほど大きいです。上に載っている土の重さが深いほど多いので、横から押してくる土圧が大きくなります。

地下水位面から下にある地下外壁に対しては、土圧だけでなく水圧も考慮します。水圧も、地下水位が高いほど、地下外壁に作用する力が大きくなります。水圧は、土圧と同様に地下水位面からの深さが深いほど大きいです。

地震力

● **地震力の算定**：1）地盤の種類、2）その地方の地震活動の状況、3）建築物の構造種別、4）高さ等を考慮します。多雪区域における設計用地震力の計算に当たっては、積雪荷重も考慮します。

● **地上部分の地震力の計算**：

$Q_i = W_i \times C_i$

Q_i：i 階に作用する地震力層せん断力

W_i：i 階より上の固定荷重と積載荷重（多雪区域は＋積雪荷重）

C_i：i 階の地震層せん断力係数

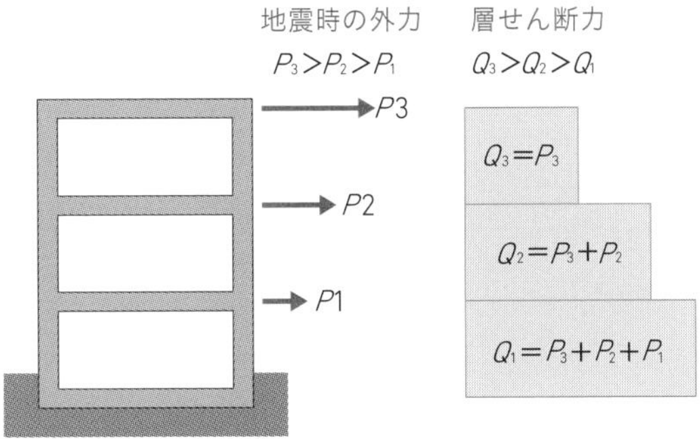

$C_i = Z \times R_t \times A_i \times C_o$

Z：地震地域係数

R_t：振動特性係数

A_i：建築物の高さ方向の分布を表す係数

C_o：標準せん断力係数

地震時の外力　　層せん断力
$P_3 > P_2 > P_1$　　$Q_3 > Q_2 > Q_1$

$Q_3 = P_3$

$Q_2 = P_3 + P_2$

$Q_1 = P_3 + P_2 + P_1$

図４：建物にかかる地震力（04時間目図3再掲）

A_i は上階ほど大きくなるため、地震層せん断力係数 C_i も上階ほど大きくなります。

● **W_i建物重量の計算**：

2階部分の地震層せん断力を計算する場合、2階から上の荷重（W_i）を合計します。当然、上の階ほど荷重の合計は小さくなりますので、地震層せん断力 Q_i も小さくなります。地震層せん断力係数とは逆になりますので注意してください。

● **地震地域係数（Z）**：地域ごとに予想される地震の強さにより、1.0～0.7の範囲で定められています。

- **振動特性係数（R_t）**：建築物の設計用一次固有周期、地盤の種別に応じて算出します。設計用一次固有周期が長いほど小さいです。
- **固有周期**：建物ごとの固有の振動周期です。1回揺れる時間と考えるとわかりやすいでしょう。建物が重いと長くなり、剛性が高いと短くなります。
- **地震層せん断力係数の高さ方向の分布係数（Ai）**：一階が1.0で、上階にいくほど、大きくなります。
- **標準せん断力係数（C_0）**：一次設計用の場合は0.2以上で設定します。ただし、地盤が軟弱な区域の木造建築は0.3以上にします。必要保有水平耐力算定用の場合は1.0以上です。

地震力のポイントは
- 地震層せん断力は、建築物の重量に比例。
- 耐震的な建築物とするには、重量を小さくするのが効果的。
　→屋根材を軽量化するといい。ただし、風圧力に対しては逆効果。

- **地下部分の地震力の計算**：地下部分は固定荷重と積載荷重との和に、水平震度kを乗じて計算します。地下部分の各部分の水平震度は、地盤面から深くなるほど減少します。
- **耐震性の検討**：検討した結果、鉄筋コンクリートの柱がせん断破壊などによって急激な耐力の低下を生じるおそれのある場合には、柱に鋼板を巻き付けてせん断破壊を防止します。

　屋上から突出する水槽、煙突などには、建築物本体に比べて大きい加速度が作用するので、慎重に検討します。

　鉄筋コンクリートラーメン構造の耐震性においては、そで壁、腰壁の影響を考慮します。そで壁や腰壁があると柱が拘束されて、せん断破壊を起こしやすくなります。そうならないために、耐震スリットなどを設けて柱のせん断破壊を防止します。

耐震計算の流れ

　一次設計では許容応力度計算及び屋根葺き材等の構造計算を、二次設計では構造計算適合性判定の要否（耐震計算ルート2）を判断します（図5）。

　剛性率0.6以上　偏心率0.15以下　塔状比4以下、耐力壁、軸壁、腰壁、垂れ壁などの剛性は、弾性剛性に基づいた値。

　この値を満たす場合はルート2ですが、満たさない場合は保有水平耐力の確認をします。（耐震計算ルート3）

　保有水平耐力$Q_u \geqq$ 必要保有水平耐力Q_{um}

　必要保有水平耐力　$Q_{um} = D_s \cdot F_{es} \cdot Q_{ud}$

D_s：構造特性係数（構造に応じた減衰性及び靭性を考慮した低減係数）

F_{es}：形状係数（剛性に応じたFsと偏心率に応じたFeの積で表される割増係数）

Q_{ud}：大地震を想定し、$C_0 \geqq$ 1.0とした地震層せん断力

許容応力度計算

表1の組合せに応じて、荷重・外力による建築物の構造耐力上主要な部分に生じる力（長期・短期各応力）を計算します。

多雪区域における暴風時の検討は、積雪を考慮する場合・考慮しない場合の両方を行います。

限界耐力計算

常時作用する荷重や、まれに作用する程度の積雪、暴風、地震時の荷重（数十年に一度）、極めてまれに作用する程度の積雪、暴風、地震時の荷重（数百年に一度）の時に限界耐力計算を行い、建物がギリギリ損壊しないかを確かめます。

地震時以外の検討→地震時を除く一次設計と同じ→1.4倍の積雪荷重、1.6倍の風圧力の荷重に対して材料強度による耐力の検証

地震時の検討→損傷限界の検証→安全限界の検証

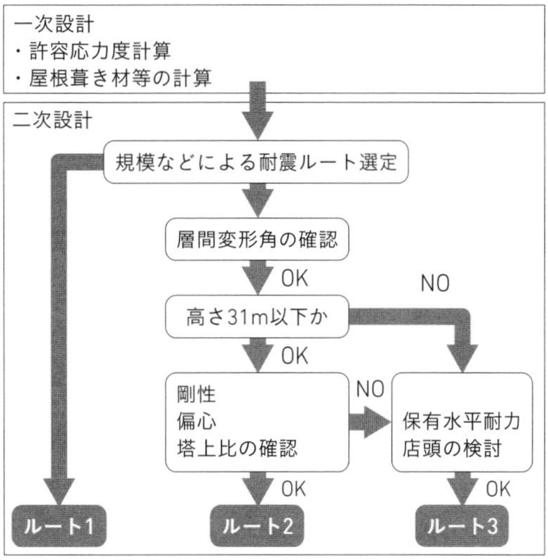

図5：耐震計算の流れ（学びなおし3 08時間目図2を一部改変して再掲）

力の種類	想定する状態	一般区域（多雪区域外）	多雪区域の場合
長期に生じる力	常時	G+P	G+P
	積雪時		G+P+0.7S
短期に生じる力	積雪時	G+P+S	G+P+S
	暴風時	G+P+W	G+P+W
			G+P+0.35S+W
	地震時	G+P+K	G+P+0.35S+K

G：固定荷重によって生じる力　　W：風圧力によって生じる力
P：積載荷重によって生じる力　　K：地震力によって生じる力
S：積雪荷重によって生じる力

表1：荷重状態と応力の組合せ

一問一答で理解度チェック

1 許容応力度等計算に用いる荷重及び外力の組合せにおいては、地震力と風圧力が同時に作用することは想定していない。

答え ○

09 時間目 構造計画 計画の原則や用語を理解しよう

構造には様々な種別があります。ラーメン構造だったり、シェル構造だったり。材質や施工性、経済性などを考慮して構造を計画します。ここでは、構造計画で把握しておくべき内容を覚えましょう。

じっくり理解

構造種別

- **ラーメン構造**（図1）：各接点で部材が剛接合されている骨組みによる構造です。
- **壁式鉄筋コンクリート造**（図2）：板状の壁と屋根スラブや床スラブを一体的に組み合わせた構造です。
- **シェル構造**：屋根部分などに構造体として薄い曲面板を用いた構造です。
- **トラス構造**：各接点でピン接合をし、各部材が三角形（トラス）を構成する構造です。
- **空気膜構造**：構造体内の内部と外部の空気圧の差により、膜面に張力・剛性を与えて形状を保つ構造です。
- **フラットスラブ構造**：梁をもたず、鉄筋コンクリートの屋根スラブや床スラブが梁を兼ね、このスラブをキャピタル付きの柱で支持する構造です。
- **プレキャスト鉄筋コンクリート構造**：主要な構造部分を工場生産による鉄筋コンクリート部品で組み立てる構造です。

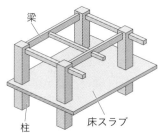

図1：ラーメン構造

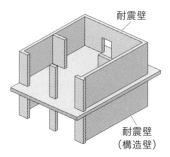

図2：壁式鉄筋コンクリート造

構造計画全般

- **靭性は大切**：建築物の耐震性は強度と靭性によって評価されます。靭性とは粘り強さのことです。靭性が少ないとちょっとしたことでポキっと折れてしまいます。そのため、靭性が少ない場合は、強度を十分に大きくすることが必要です。
- **ねじれを抑えよう**：地震時にねじれて揺れると、部分的に応力が大きくなりすぎて、想定した力を超えてしまいます。地震時にねじれが生じないようにするため、図3

のように建築物の重心と剛心との距離ができるだけ小さくなるように計画します。
（重心と剛心のずれを偏心といいます。）

● **たわみを小さくする**：大きなスパンの梁やスラブだとたわみやすくなるので、強度だけでなくたわみや振動に対する検討も重要です。床組や陸ばりのたわみを減少させるには、梁のせいを大きくしたり、スパンを短くしたりします。

● **層間変形角を小さくする**：地震力による層間変形角は、各階の差がなるべく小さくなるようにします。層間変形角の差が大きくなると一部のフロアに応力が集中し、耐震上不利だからです。そのため、建築物の上下階の水平力に対する剛性の差は、できるだけ小さくなるように計画します。ピロティ型式を採用する場合、ピロティ階の剛性だけが小さくなり危険です。層崩壊しないようにピロティ階の柱の耐力及び靭性を大きくします。

● **水平力に床面で一体的に抵抗する**：水平力に床面で一体として抵抗するためには、床面の面内剛性が必要です。床組や陸ばりの面内剛性を高めるには、水平トラスや火打ち材を用いて補強します。

● **基礎は適切に選定する**：建築物自体の重量が大きく、上層地盤の支持力では支持できない場合には、直接基礎ではなく杭基礎を選定します。

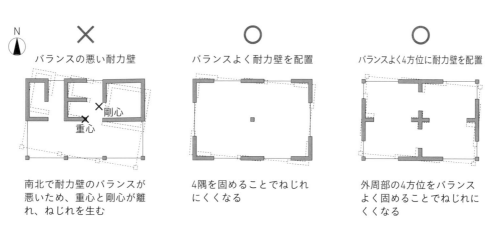

× バランスの悪い耐力壁

剛心
重心

南北で耐力壁のバランスが悪いため、重心と剛心が離れ、ねじれを生む

○ バランスよく耐力壁を配置

4隅を固めることでねじれにくくなる

○ バランスよく4方位に耐力壁を配置

外周部の4方位をバランスよく固めることでねじれにくくなる

図3：平面的にバランスの良い壁配置

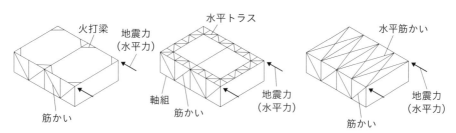

火打梁　地震力（水平力）

筋かい

水平トラス

軸組　筋かい　地震力（水平力）

水平筋かい

筋かい　地震力（水平力）

図4：床面の面内剛性を高める方法

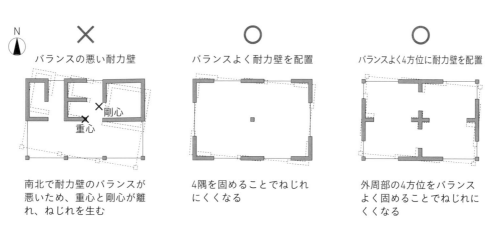

木造

- **木造の地震・風圧対策**：木造建築物では、床、屋根の面内剛性を大きくし、地震力や風圧力に対して建築物の各部が一体となって抵抗するようにします。壁面剛性を高めるにあたって筋かいが有効です。木造建築物の筋かいを有効的に活用するため、筋かいの両端の柱の下部に近接した位置にアンカーボルトを設けます。
- **木造の基礎**：木造建築物の基礎は、一体の鉄筋コンクリート造の布基礎とします。軟弱地盤に建てる場合は、鉄筋コンクリート造のべた基礎にして接地面積を多くし、面で建物の荷重を支えます。
- **木造の屋根**：風の強い地域に建てる木造建築物の屋根には、重い材料を使います。木造は軽いので、強風地域だと風力により浮く力が作用して、予期せぬ破損を招きます。それを防ぐために、屋根には瓦などの重い材料を使うのが一般的です。

鉄骨造

- **鉄骨の売りは粘り強さ**：鉄骨造においては、材料の粘り強さを生かす接合部の設計を行います。
- **先に壊れるところを決める**：「柱梁接合部パネル」より「梁又は柱」のほうが先に降伏するように設計します。
- **鉄骨はたわみや振動も検討する**：強度だけでなく、たわみや振動も考慮した部材寸法とします。強度だけで計画すると、鉄骨の部材が薄くなり、たわみやすく振動に弱くなりがちです。たとえば、鉄骨階段は床の強度は十分ですが、歩くと振動しますよね。それが建物全体で起こると大きな問題になるので、たわみや振動を検討して部材寸法を決めます。
- **水平力の剛性**：水平力に対する剛性は、一般に、鉄筋コンクリート造よりも鉄骨構造のほうが小さいです。剛性を考慮して筋かいを適切に配置しましょう。

鉄筋コンクリート

- **RCの耐震壁**：鉄筋コンクリート造では、水平力に対する剛性を大きくするために、耐力壁を設置します。また、上下階の耐力壁は、できるだけ平面的に一致するように計画します。平面的にも断面的

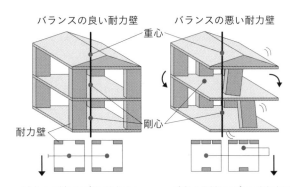

バランスの良い耐力壁　　バランスの悪い耐力壁

重心

剛心

耐力壁

重心と剛心のずれが小さい　　重心と剛心のずれが大きい

図5：上下階の耐力壁の配置

にも、剛性のバランスを取るために、上下階でも一致している方が何かと都合がいいのです。バランスが悪いと図5のように不安定になります。ある階の耐震壁の壁量は、その上階の壁量と同等以上となるように考慮して配置しましょう。

 その他

- **鉄骨鉄筋コンクリート造の特徴**：鉄骨造の粘り強さと、鉄筋コンクリート造の耐火性・耐久性に優れた特徴を併せ持った構造です。
- **補強コンクリートブロック造の耐力壁の考え方**：耐力壁の中心線で囲まれた部分の水平投影面積は45m²以下とします。
- **ピロティを計画する場合**：ピロティは構造上の弱点になりやすいので少し特殊な考え方をします。ピロティ階の必要保有水平耐力は、剛性率による割増係数とピロティ階の強度割増係数のうち、大きいほうの値を用いて計算します。要は、より安全な方に考えようということです。

耐震・免震

- **免震構造**：建築物と基礎の間に積層ゴム支承やダンパー等を設置し、地震時の振動エネルギーを吸収する構造です。固有周期を長くすることで、地震力を小さくしています。

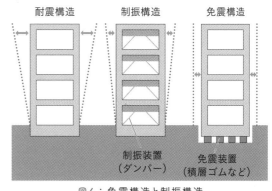

図6：免震構造と制振構造

- **制振構造**：構造体の層間変形などの変形を利用してエネルギー吸収を行う等の振動を制御する装置や機構を建築物内に組み込んだ構造です。この構造は、地震時の安全性を高めます。
- **耐震の計画で確認すること**：極めてまれに起こる地震に対しては、建築物が倒壊や崩壊しないことを確認します。大地震では命が助かればよく、建物がそのまま使用できる必要はありません。建物が大地震でも何の問題もなく使用できるように計画すると、コストがとてつもなくかかります。経済性と安全性のバランスを取って、小さな地震では普通に使え、大地震では命が助かるように計画します。

  大地震に対して、十分な耐力を有していることを確かめるために、建築物の地上部分について、保有水平耐力が必要以上であることを確認します。
- **エキスパンションジョイント**：建物の形状は整形であるほど構造的には好ましいです。形状が不整形な場合は、エキスパンションジョイント（伸縮継手）を設けて、構造的に別々の建物に分けて、整形な建物を組み合わせて全体を計画します。不整形な場合だと揺れ方が違うので、別々にしないと、ぶつかって壊れやすくなるのです。

構造に関する用語

- **層間変形角**：地震時において、各階の上下の相対変形量を階高で割った値をいいます。1/200以下であることを確認します。
- **剛性率**：建築物の各階の剛性の平均に対する該当フロアの剛性の割合です。6/10以上であることを確認します。
- **偏心率**：建築物の各階の水平剛性に対する偏心距離（重心から剛心までの距離）の割合をいいます。15/100以下であることを確認します。
- **保有水平耐力**：耐震設計で、建築物が終局状態の水平耐力をいいます。
- **外圧係数**：風圧力の計算で用いられる風力係数の計算に使う、建築物に対する屋外からの圧力を数値化したものです。国土交通大臣により定められています。
- **固有周期**：建築物が振動する時、往復に要する時間を周期といいます。この周期は、建築物ごとに固有の値をもっているので、その周期を固有周期といいます。

一 問 一 答 で 理 解 度 チ ェ ッ ク

1 積層ゴムアイソレータを用いた免震構造は、地震時において、建築物の固有周期を長くすることにより、建築物に作用する地震力を小さくすることができる。　　答え

10 時間目 大規模建築でよく使われる鉄骨構造 名称や設計の基本を理解しよう

ナナメ読みでおさらい

鉄骨構造は多くの建築物で使われます。基本的な用語、各部材の設計時の
ポイント、接合部のポイントをおさえましょう。

じっくり理解

鉄骨各部の名称と働き（図1）

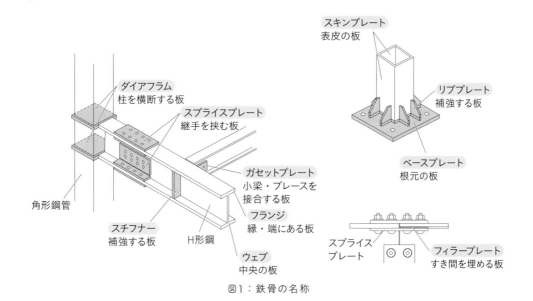

ダイアフラム
柱を横断する板

スプライスプレート
継手を挟む板

角形鋼管

スチフナー
補強する板

H形鋼

ガセットプレート
小梁・ブレースを
接合する板

フランジ
縁・端にある板

ウェブ
中央の板

スキンプレート
表皮の板

リブプレート
補強する板

ベースプレート
根元の板

スプライス
プレート

フィラープレート
すき間を埋める板

図1：鉄骨の名称

- **フランジ**：曲げに抵抗します。
- **ウェブ**：せん断力に抵抗します。
- **スチフナー**：ウェブの座屈を防止します。
- **フィラープレート**：接合する板厚が異なる場合に、すき間にはさみ込んで板厚をそ
  ろえるための板。

幅厚比・座屈・細長比

- **幅厚比**：鉄骨部材は、幅厚比（部材の幅/部材厚さ）が大きいほど局部座屈を起こしま
  す。局部座屈を起こすと鉄骨の耐力が座屈時の荷重になってしまい、耐力が落ちま
  す。部材が降伏点に達するまで局部座屈を起こさないために、幅厚比が決まってい

ます。

- **座屈**：細長い部材に圧縮応力がかかると、部材が持つ強度に達する前にたわみます。それが座屈です。梁の座屈を防止するため、補剛材には剛性と強度が必要です。支持条件、ピンや固定端などによって、座屈しやすさは変わります。

- **細長比**：細長比が大きいほど許容圧縮応力度は小さいです。たとえば、細長比の大きい柱では、柱が細長いので圧縮力によって座屈しやすくなり、許容圧縮力が小さくなります。

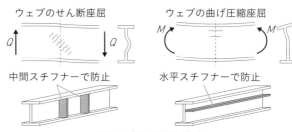

図2：座屈の防止方法

座屈防止対策

- **ウェブのせん断座屈防止**：材軸と直角に中間スチフナーを設置します。

- **横座屈**：H型鋼などの梁が曲げを受けた時、圧縮側のフランジ等が面外に座屈し、ねじれる現象です。

- **横座屈防止**：弱軸の細長比を小さくしましょう。梁端部が完全に曲げ降伏するまでの間、横座屈を生じないようにするため、図2のように横補剛材を設置するのも有効です。横補剛材とは、横座屈を防止する目的で、軸に直交する方向に設置する補剛材です。

- **局部座屈**：部材断面の幅厚比が大きいと、圧縮応力を受ける部分が局部座屈します。

各部材の設計

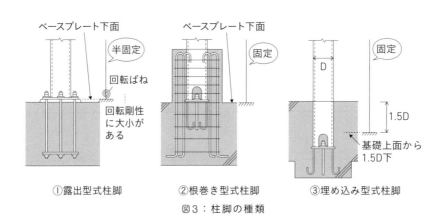

図3：柱脚の種類

- **細長比**：構造耐力上主要な部分の圧縮鋼材の有効細長比は、柱は200以下、柱以外は250以下とします。

- **柱脚**：柱脚の接合形式のうち根巻型と埋込型は、固定柱脚として設計します。露出型

柱脚の設計では、柱脚の固定度に応じて回転剛性を考慮し、曲げ耐力を検討します。

埋込み深さが浅い場合、パンチングシャー破壊が生じやすいので注意が必要です。

柱脚の接合固定度　露出型＜根巻型＜埋込型

- **梁**：主要な梁材のたわみは、スパンの1/300以下とします。

梁の設計では、強度面だけ注意するのではなく、剛性を確保してたわみを小さくし、振動障害が生じないように注意が必要です。

H型鋼を梁に用いる場合、曲げモーメントをフランジで、せん断力をウェブで負担させ、横座屈も考慮します。

- **筋かい**：平鋼の筋かいをガセットプレートに高力ボルト接合する場合、平鋼の有効断面積は、ボルト孔による欠損面積を減らして計算します。

水平力を負担する筋かいの軸部が降伏する場合は、筋かいの端部と接合部が破断しないように計画します。

- **共通事項**：

構造耐力上主要な部分の接合に高力ボルト接合を使う場合、2本以上使います。

引張材の有効断面積は、ボルトなどの穴による断面欠損を考慮します。

建築物の構造耐力上必要な部分において、鋳鉄は引張応力が存在する部分には使用しません。

構造用鋼材の短期許容応力度は、長期許容応力度の1.5倍で計算します。

鋼材は熱せられると強度が低下するので、耐火構造とする場合は耐火被覆をします。

- **疲労破壊**：鋼剤に多数回の繰り返し荷重が作用すると、その応力の大きさが降伏点以下の範囲であっても破断することがあります。

鋼材の種類・記号

構造用鋼材の種類

SS材：一般構造用圧延鋼材

SN材：建築構造用圧延鋼材

SM材：溶接構造用圧延鋼材

STK材：一般構造用炭素鋼鋼管

STKR材：一般構造用角型鋼管

SR：丸鋼

SD：異形鉄筋

- **構造用鋼材の表現**（図4）：構造用鋼材の種類の記号は、それぞれの鋼材の種別を表したあとに引張強さの下限値（N/mm²）をつけて表します。たとえば、SS400は、一般構造用圧延鋼材で引張強さの下限値が

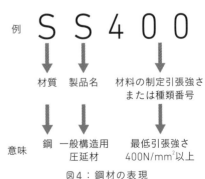

図4：鋼材の表現

400N/mm²になります。一般構造用圧延鋼材SS490の引張強さは490N/mm²です。溶接構造には使用できません。

● **鉄筋の表現**：鉄筋は丸鋼をSR、異形鉄筋をSDの記号で表し、アルファベット記号のあとの数字は、降伏点強さか耐力の下限値（N/mm²）をつけます。

溶接接合

　溶接接合は、応力を伝達する溶接継目の形式です。突合せ溶接（完全溶込み溶接）、部分溶込み溶接、すみ肉溶接の3つに分けられます（図5）。

● **突合せ溶接**（**完全溶込み溶接**）：突合せ溶接は、応力を伝達する接合法の中で最強です。突合せ溶接は、全長にわたり断続しないように溶接します。突合せ溶接は完全に溶け込ませるので内部がどうなっているか見えません。そのため、内部欠陥は超音波探傷試験で検査します。

● **部分溶込み溶接**：せん断力に耐える溶接方法です。引張応力、曲げ応力、繰返し応力を受ける場所には使いません。

● **すみ肉溶接**：すみ肉溶接部の許容耐力は、（有効面積）×（許容応力度）で計算します。有効面積は、（溶接の有効長さ）×（溶接の有効のど厚）で計算します。

　※ただし、溶接の有効長さは（溶接の全長）−2×（サイズ）、のど厚はサイズの0.7倍です。

　構造計算に用いる重ね継手のすみ肉溶接のサイズは、薄い方の母材の厚さ以下とします。

　応力を伝達するすみ肉溶接の有効長さは、溶接サイズの10倍以上かつ40mm以上とします。

　応力を伝達する溶接の重ね継手は、2列以上のすみ肉溶接とします。

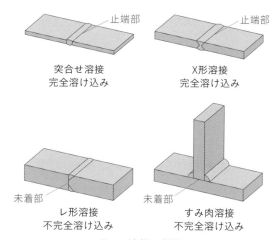

図5：溶接の種類

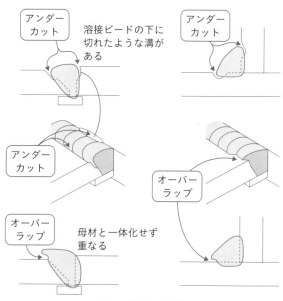

図6：溶接の欠陥

溶接接合の重要事項

● **アンダーカット**（図6）：溶接の止端において母材が掘られて、溶着金属が満たされずに溝となって残っている部分。

● **スカラップ**：ウェブの切り欠きです。溶接継目を避けるため、片方の部材にスカラップを設けます。柱梁接合部において、スカラップは、応力集中により部材の破断の原因にもなるので、スカラップを設けない方法もあります（ノンスカラップ工法）。

● **エンドタブ**：突合せ溶接の始点・終点に欠陥の発生を避けるため、エンドタブを使います。エンドタブは溶接完了後に除去しますが、応力伝達に問題ない場合は除去しなくてもOKです。

● **溶接全般**：異種の鋼材を溶接する場合、接合部の耐力は接合される母材の許容応力度が小さいほうを使い計算します。

高力ボルト摩擦接合

● **高力ボルト摩擦接合**：ボルトを強く締め付けることで部材間の摩擦力が起こります。その摩擦力で力を伝達する接合方法です。ボルトのせん断力は加えません。

● **施工上の注意点**：高力ボルトの締め付けは、トルクコントロール法やナット回転法により、ボルトに張力が得られるように行います。ボルトがゆるまないように、戻り止めも必要です。

● **設計上の注意点**：高力ボルト間の中心距離（ピッチ）は、ボルト径の2.5倍以上とします。

　高力ボルトの径が27mm未満の場合、高力ボルト孔の径は、高力ボルトの径よりも2mm以下とします。また、27mm以上の場合、高力ボルト径よりも3mm以下とします。

　高力ボルトの摩擦接合において、二面摩擦の許容せん断力は、一面摩擦の2倍にできます。

　1つの継手に高力ボルトと普通ボルトを併用した場合、全応力を高力ボルトに負担させます。

　普通ボルトは、振動、衝撃、繰返し応力を受ける接合部に使用するのはNGです。

　普通ボルトで締め付ける板の総厚は、ボルト径の5倍以下です。

一問一答で理解度チェック

1 F10Tの高力ボルト摩擦接合において、使用する高力ボルトが同一径の場合、4本締めの許容せん断耐力は、2面摩擦接合2本締めの場合と同じである。　　答え

11
時間目

鉄筋コンクリート構造
部材ごとにある決まりを覚えよう

ナナメ読みでおさらい

鉄筋コンクリートは部材や継手、鉄筋などに様々な決まりがあります。基本となる数字や用語の意味を確実に理解しましょう。

きくりん先生のつまずき解消のコツ・やさしい解説

鉄筋コンクリートで特に重要なのが鉄筋です。鉄筋の決まり事が多いので、重点的に覚えよう。

じっくり理解

柱と帯筋

- **柱の小径**：構造耐力上主要な支点間の距離の1/15以上とします。
- **柱の間隔**：階高や梁せいを考慮して6〜7m程度です。
- **柱の主筋**：曲げモーメント及び軸方向力に抵抗します。D13以上を4本以上配置し、帯筋と緊結します。
- **柱の主筋全断面積の割合**：柱のコンクリート全断面積に対する主筋全断面積の割合は、0.8％以上です。
- **柱の帯筋**：せん断力に対して補強し、主筋の座屈を防止します。径は6mm以上、端部は135°以上曲げて定着するか溶接します。柱の帯筋比は、0.2％以上です。

柱の帯筋は、間隔を密にして入れたり、副帯筋を使用したりすることで、主筋で囲まれた内部のコンクリート部分を拘束します。それにより、柱がせん断破壊しても軸力を保持できるので、急激な耐力低下を防ぐ役割があります。帯筋はせん断力に抵抗するもので、曲げモーメントに抵抗する効果は期待しません。

- **柱を設計する上での注意点**：

せん断破壊のような脆性的な破壊はNGで、曲げ破壊が先行するように設計します。柱は、負担している圧縮軸力が大きくなると、変形能力が低下します。すると、もろい破壊が生じやすいです。太くて短い柱は大きなせん断力を受けやすいので、帯筋を密に配置することが有効です。また、腰壁、垂れ壁

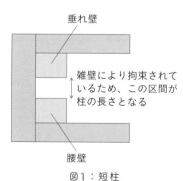

図1：短柱

と一体となった柱は、柱としての有効長さが短くなり（短柱、図1）、大きなせん断力が作用します。そのため、曲げ破壊よりせん断破壊が先に起こり、脆性破壊が起こります。ゆえに、腰壁や垂れ壁の配置に注意が必要です。柱のせん断補強筋比は、0.3%以上とします。

梁とあばら筋

- **梁の規定**：梁せいはスパンの1/10程度とします。梁の引張鉄筋断面積は、断面積の0.4%以上、または応力に必要な量の4/3のうち小さい方とします。梁のあばら筋は、0.2%以上必要です。次に、梁を設計する上での注意点を記します。

- **クリープに注意**：クリープとは部材に作用する荷重の大きさが弾性範囲内であっても、その作用期間が長いと、ひずみが大きくなる現象のことです。たとえば、本棚の棚板です。本が重たいと、数年するとたわんでもとに戻らなくなります。比較的スパンの大きな梁や片持ち梁には、曲げひび割れやクリープを考慮して設計します。梁はクリープによってコンクリートの圧縮縁応力は減少し、圧縮鉄筋の応力は増加します。

- **鉄筋を入れるほど梁は強くなる**：梁の引張鉄筋比がつりあい鉄筋比以下の場合、許容曲げモーメントは引張鉄筋量（引張鉄筋の断面積）に比例します。つまり、鉄筋をたくさん入れる程、梁は強くなります。ただし、コンクリートがつぶれるまでです。つりあい鉄筋比とは、引張鉄筋と圧縮コンクリートが同時に許容応力度に達する時の引張鉄筋比です。

- **梁の弱点**：柱に近い梁端部は、せん断、曲げの応力が大きいため、弱点となりやすいです。そのため、梁に設備用の貫通口を設ける場合、柱に近接して設けるのは避けましょう。弱点に穴を開けると、より弱くなるからです。

- **計算時の注意**：鉄筋コンクリート造のスラブを梁と一体に打設する場合には、梁の剛性は、スラブと一体としたT形梁として計算します。

鉄筋比	規定量
柱の主筋量 （耐力壁の柱型・梁型拘束域を含む）	0.8%以上
梁端部の引張鉄筋比	0.4%以上
柱・梁のせん断補強筋比 （帯筋比・あばら筋比） （耐力壁の柱型・梁型拘束域、柱梁接合部を含む）	0.2%以上
耐力壁のせん断補強筋比	0.25%以上
床スラブの鉄筋比（ひび割れに配慮する）	0.4%以上

表1：それぞれ部材の鉄筋比

床スラブ

- **床スラブの鉄筋量**：各方向の全幅について、コンクリート全断面に対する鉄筋全断面積の割合は、0.2%以上とします。ひび割れ防止のための鉄筋量は0.4%以上です。

- **床スラブのはたらき**：床スラブには、風圧力や地震力などの水平力を柱や耐力壁に伝達する働きもあります。

耐震壁

- **耐震壁**：地震時は水平力に抵抗します。耐震壁のせん断補強筋比は、直行する各方向に対し、それぞれの0.25％以上必要です。耐震壁に開口部を設ける場合は、開口部があるほど弱くなるので、注意して設計しましょう。耐震壁が平面上で縦・横両方向に釣り合いよく配置されていない建築物は、地震時にねじれを起こします。

その他

- **せん断破壊と曲げ破壊**：部材のせん断破壊は、曲げ破壊に比べて粘りのない破壊形式です。せん断破壊は、構造物の崩壊をもたらすおそれがあります。曲げ破壊の場合には、曲げ抵抗力を保ちながら変形する能力を持っています。ですが、せん断破壊（脆性破壊形式）は、部材だけでなく骨組全体の破壊につながり、変形能力は期待できません。
- **帯筋・あばら筋**：せん断ひび割れの発生を抑制するものではありません。ですが、ひび割れの伸展を防止し、部材のせん断終局強度を増大させる効果があります。帯筋やあばら筋の間隔を密にすると、部材を粘り強くできます。
- **スパイラル筋**：部材の強度や粘り強さを増すうえで、端部にフックがある帯筋よりも効果があります。
- **コンクリートのかぶり部分**：コンクリートのかぶり部分は、鉄筋の腐食や火災時の熱による鉄筋の耐力低下などを防ぎ、部材の耐久性と耐火性を確保します。なので、かぶり不足は深刻な欠陥です。
- **異形鉄筋の末端部にフックを設けなければならない箇所**：柱・梁の出隅部分と煙突で、火害を受けやすい部分や集中荷重を受ける部分は、フックをつけましょう。
- **鉄筋コンクリート造の構造計算**：鉄筋コンクリートの曲げモーメントに対する断面計算では、コンクリートの引張応力は無視します。許容応力度設計で圧縮力の働く部分は、コンクリートのかぶり部分も圧縮力を負担させて設計します。

主筋の配筋

- 大梁主筋の配筋方法：鉄筋コンクリート造の大梁主筋（上端筋）の配筋には、図2のような方法があります。

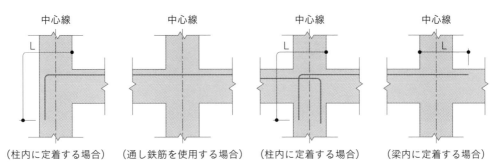

（柱内に定着する場合）　（通し鉄筋を使用する場合）　（柱内に定着する場合）　（梁内に定着する場合）

図2：大梁主筋の配筋方法

- **主筋の配置**：鉄筋コンクリート造の主筋は、曲げモーメントを受ける部材の引張側に配置します。どこに引張応力がかかるかを意識して配筋を配置しましょう。
- **梁の主筋**：梁の主筋を柱に定着させる場合、主筋の折り曲げ起点は、柱の中心線を超えるように定着させます。

鉄筋の継手・端部

- **継手**：鉄筋の継手は、部材応力の小さい箇所で、常時コンクリートに圧縮応力が生じている部分に設けます。主に3種類あり、重ね継手、圧接、機械式継手です（図3）。D35以上の異形鉄筋には、重ね継手を設けてはいけません。径の異なる鉄筋の重ね継手の長さは、細いほうの鉄筋径を使って計算します。

  継手長さの計算例：D25とD22の異形鉄筋を35dで継ぐ場合、継手長さは、77cm（35×22mm）。

- **圧接継手の継手位置**：柱の鉄筋をガス圧接する場合は、各鉄筋の継手位置は、同じ高さとせず、相互にずらして設けます（図4）。同一種類の鉄筋で、圧接の性能に問題がなければ、製造会社の異なる鉄筋相互であってもガス圧接継手を設けてもOKです。
- **鉄筋の機械式継手**：構造計算の方法と継手の使用箇所に応じて、継手部分の強度・剛性・靭性等に基づく継手性能の分類に従って使用することができます。
- **端部**：スパイラル筋の末端を重ね継手とする場合は、フックを付けます。帯筋の末端部のフックは、135°以上に折り曲げて定着させます。

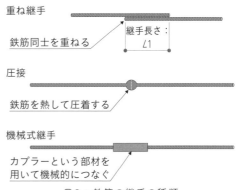

図3：鉄筋の継手の種類

12
時間目

鉄骨鉄筋コンクリート造 鉄骨とコンクリートの相乗効果による変更点を把握しよう

ナナメ読みでおさらい

鉄骨鉄筋コンクリート造は鉄骨の良さとコンクリートの良さを混ぜ合わせた構造です。混ぜ合わせているために、配筋が鉄骨を貫通しないと納まらない場面や、逆に良さを掛け合わせているから緩和できる部分などが出てきます。鉄骨造の決まりとコンクリート造の決まり、それぞれがどう変化するのか理解しましょう。

 じっくり理解

鉄骨とコンクリート

鉄骨はコンクリートに拘束されているため、剛性が増します。そのため、鉄骨部分の幅厚比・径厚比が鉄骨構造の場合の制限値の1.5倍（H形鋼のウェブでは2.0倍）以内であれば、鉄骨部分は局部座屈が生じないものとして計算します。

部材の耐力

部材の耐力は、鉄骨部分（S）の耐力と鉄筋コンクリート部分（RC）の耐力を足し合わせて計算します。

柱、梁の長期及び短期の許容せん断力は単純に足すわけではないので注意してください。（表1）

※SとRCそれぞれの部分の許容せん断耐力は、「曲げで決まる耐力（曲げ崩壊時のせん断力によって決まるせん断耐力）」と「せん断で決まる耐力」の小さいほうです。

累積強度式				
		許容耐力		終局耐力
		長期	短期	
曲げモーメント軸力		SとRCを**累加**して耐えればよい		
せん断力	接合部	**ひび割れ**を生じない		SとRC**それぞれ**で耐える
	柱			
	梁			

表1：SRC造の部材耐力

せん断力に対する設計

鉄骨部分と鉄筋コンクリート部分の設計用せん断力は、それぞれの部分が負担している設計用曲げモーメントの比率で負担させます。

鉄筋コンクリート部分のせん断破壊の形式には、鉄筋コンクリートのせん断破壊と、

鉄骨があるために起こるせん断付着破壊の2つがあり、どちらか先に壊れるほうの耐力でせん断力の設計をします。

せん断補強

- **せん断補強筋比の下限**：鉄筋コンクリートの部分のせん断補強筋比の下限値は鉄骨のウェブの形式で変わります。

  充腹形と呼ばれるフルウェブ（H形鋼など）の場合は、せん断補強筋比は0.1％以上。

  非充腹形と呼ばれるラチス形、格子形の場合は、せん断補強筋比は0.2％以上。
- **せん断補強筋比の上限**：せん断補強筋比は0.6％を超える場合でも0.6％として計算します。
- **せん断耐力**：柱の長期許容せん断力は帯筋や格子形鉄骨の耐力を無視します。
- **靭性**：柱の鉄骨ウェブ形式による靭性の大小関係は、

  格子形＜ラチス形＜充腹形（H形鋼）です。

  ※なお、鉄骨のフランジはせん断力を負担するので、鉄筋用をはじめとする各種の貫通孔を開けてはいけません。

柱の設計

材軸方向の鋼材（鉄筋と鉄骨）の全断面積は、コンクリートの全断面積に対し0.8％以上とします。

柱の許容圧縮応力度は、鉄骨断面によるコンクリートの断面欠損と充填性が悪くなることを考慮し、コンクリートの許容圧縮応力度を圧縮側の鉄骨量に応じて低減したコンクリートの有効許容圧縮応力度として計算します。

鋼管コンクリート構造

鋼管コンクリート構造は柱・梁または筋かい材の鉄骨部分に鋼管を用いる構造です。

コンクリート充填鋼管（CFT）造では、鋼管が充填コンクリートを拘束することでコンクリートの耐力が向上し、充填コンクリートが鋼管の局部座屈を抑制する相互拘束効果（コンファインド効果）が起こり、軸圧縮耐力・曲げ耐力・変形性能が増大します。また、CFT造では、鋼管が型枠代わりとなるので、型枠が不要で、鉄筋を入れる必要がありません。

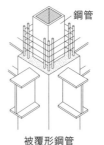
被覆形鋼管
コンクリート

充填形鋼管
コンクリート(CFT)

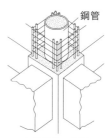
充填被覆形鋼管
コンクリート

図1：鋼管コンクリート構造

13
時間目

木質構造
まず用語を理解しよう

ナナメ読みでおさらい

木質構造では、基本的な用語をまず覚えましょう。部材や接合金物の名前が
わからないと、問題の意味も理解できません。また、構造計画や部材の設計
についても理解を深めましょう。

じっくり理解

部材（図1）

● **棟木**：屋根の部材で、母屋とともに垂木を受け、小屋組をけた行方向につなぐ部材
です。
● **隅木**：屋根の部材で、寄棟、入母屋などの小屋組において、隅棟部分を支える斜め
にのぼる部材です。
● **小屋筋かい**：屋根の部材で、小屋組が歪んだり倒れたりするのを防ぐために、棟木

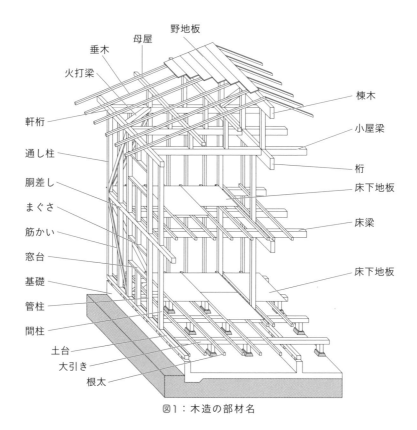

図1：木造の部材名

や母屋、小屋束などに、斜めに打ち付ける板です。

- **飛び梁**：屋根の部材で、寄棟などで隅木を受ける母屋の出隅交差部を支える小屋束を建てるために、軒桁と小屋梁の間に架け渡す部材です。
- **振れ止め**：屋根の部材で、材幅に比べてせいの高い曲げ材を用いる場合に、移動や回転、横座屈を防ぐ部材です。
- **合掌**：洋小屋の部材で、洋小屋トラスで母屋を受ける部材で、張り間方向に屋根の勾配に合わせて斜めに設置します。
- **転び止め**：洋小屋屋根で、合掌の上に母屋を取り付ける際に、母屋が移動・回転しないように留めておく部材です。
- **真束**：洋小屋で、中央で棟木、合掌を受ける部材や陸梁を吊る部材です。
- **面戸板**：軒桁の上、垂木と垂木の間に設置します。天井裏に雨やほこりが入ることを防ぎます。
- **鼻母屋**：軒先で最も軒に近い位置にある母屋です。
- **鼻隠し**：軒先で垂木相互の連結や虫害の防止などの目的で使用します。
- **野縁**：天井材の取付け下地として設ける部材です。
- **長押**（なげし）：壁に設置する部材で、鴨居の上端に水平に取り付ける和室の造作材です。
- **木ずり**：塗り壁の下地材となる木の板です。
- **胴縁**：壁板やボードなどを取り付ける下地材です。
- **散りじゃくり**：真壁で塗り壁と接する額縁・回り縁・畳寄せ・柱などに、乾燥によってできるすき間を防ぐために設ける溝です。
- **まぐさ**：開口部の上部に設ける水平材です。
- **方立**：窓枠を取り付けるための補助構造材です。
- **方杖**：柱と横架材の交点の入隅において、柱と横架材を斜めに結んで隅を固める部材です。
- **落し掛け**：床の間の前面垂れ壁の下端に取り付ける部材です。
- **無目**：鴨居及び敷居と同じ位置に設けられる建具用の溝のない部材です。
- **中棚框**（かまち）：押入の中棚を設けるために用いる框です。
- **ぞうきんずり**：床の間や押入れの地板と三方の壁とが接する部分に用いる細い部材です。
- **火打**：小屋組、床組における水平面において、斜めに入れて隅角部を固める部材です。
- **大引**：1階床組で、束（つか）の上にあって根太を保持する水平材です。
- **根がらみ**：床束等を連結して構造的に固める部材です。
- **際根太**：床組の部材で、根太の中で一番壁際の根太です。
- **側桁**：階段の段板を両側で支える部材です。
- **ささら桁**：階段の段板を受けるため、上端を段形に切り込み、斜めに架ける部材です。

- **親柱**：階段手すりの両端にある太い化粧柱です。
- **背割り**：心持ち材に使う、柱などに乾燥に伴う割れの生ずるのを防ぐために、裏になる側にあらかじめ割れ目を入れておくことです。
- **雇いざね**：2枚の板をはぎ合わせるときに、相互の板材の側面の溝に、接合のためにはめ込む細長い部材です。

構造計画

軸組工法は、大壁造と真壁造があります（図2）。大壁造が耐震性を高めやすいです。

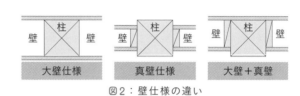
図2：壁仕様の違い

- **剛性のポイント**：軸組工法で剛性を高めるには、筋かいや耐力壁、火打材や水平トラスなどをバランスよく設置します。床の下地として、構造用合板を直張りする事も水平剛性を高めるのには有効です。
- **筋かいの決まり**：圧縮力を負担する筋かいは、厚さ3cm以上、幅9cm以上の木材を使用します。引張力の場合は、厚さ1.5cm以上、幅9cm以上の木材か径9mm以上の鉄筋を使用します。
- **土台のポイント**：土台はアンカーボルトで基礎に緊結します。塔状の建物では、耐力壁の脚部に引抜き力が生じる事があるので注意が必要です。
- **継手のポイント**：長スパンなどになれば、継手が必要になります。継手は1カ所にそろえたくなりますが、継手位置はそろえないで、できるだけランダムに配置しましょう。継手は弱点になるので、1カ所にそろえると、継手の部分だけ極端に弱くなります。

柱の設計

2階建以上の建築物の隅柱は、通し柱とします。

柱の面積の1/3以上を欠込む場合は、その部分の補強が必要です。

3階建の建築物の1階の柱の小径は13.5cm以上にすると決まっています。

構造耐力上主要な部分の柱の有効細長比は、座屈を考慮して150以下とします。

水平力を負担するために、控柱（斜材）を計画しておきます。

大きな鉛直力を負担する柱では、強度だけでなく土台へのめり込みも検討しておきましょう。

梁

梁などの横架材の中央下部には引張力が働くので、その部分に欠込みをしてはいけ

ません。

　大スパンの横架材は、強度だけではなく、たわみも検討します。

　小屋梁に丸太を用いる場合、その所用断面寸法は、元口ではなく末口寸法で計算します。梁の端部は、抜け落ちないように羽子板ボルトなどで緊結しましょう。

耐力壁

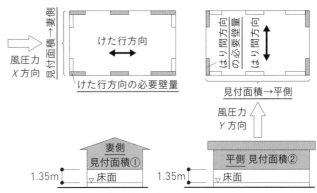

図3：風圧力に対する必要壁量（8時間目図3再掲）

● **地震力に対して必要な壁量**：地震力に対して必要な壁量は、けた行き方向、梁間方向共に、床面積に所定の数値を乗じて求めます。そのため、けた行き方向と梁間方向の壁量は等しくなります。

　ただし、建物の重さや階数によって乗じる数値が変わります。支える荷重が大きいと、耐力壁は長くないといけないので、数値は大きくなります。

● **風圧力に対して必要な壁量**（図3）：風圧力に対して必要な壁量は、けた行き方向、梁間方向のそれぞれの外壁面に対して、その見付面積に所定の数値を乗じます。けた行き方向に長い建物の場合は、その長い面に対して直角に位置する梁間方向の耐力壁の方が長くなります。見付面積に乗じる数値は、方向や階数に関係なく同じ値です。

　※地震力と風圧力のそれぞれに対して、必要な壁量を求め、大きい方の数値を使います。

● **耐力壁共通事項**：軸組の種類によって壁倍率が変わります。強い壁ほど倍率が高いです。

　実際の壁の長さ×壁倍率＝壁の有効長さ

　軸組みを併用した場合は、それぞれの倍率の合計とします（ただし、5を超える場合は、5とします）。

　軸組みの片面に同じボードを2枚重ねて打ち付けた場合の壁倍率は、2倍とすることはできません。両面なら2倍にしてOKです。

　構造用合板による真壁造の面材耐力壁の倍率は、貫タイプより受材タイプの方が大きいです。

　大壁造の面材耐力壁の倍率は、材料や釘の種類・間隔により決まっています。

　構造用合板を用いた壁は、真壁造でも耐力壁とすることができます。

　筋かいは、その端部を、柱と横架材との仕口に接近して、金物で緊結しましょう。

　筋かいと間柱が交差する部分は、筋かいの方が構造上重要なため間柱を欠き込んで

ください。

接合金物（学びなおし5　15時間目も参照）

- **ホールダウン金物**：引き寄せ金物で、柱と基礎の緊結をします。
- **かね折り金物**：通し柱と胴差しの接合金物です。
- **短ざく金物**：胴差し相互の接合をします。
- **羽子板ボルト**：梁と胴差し、小屋梁と軒桁などの接合用ボルトです。
- **筋かいプレート**：筋かいと柱・横架材の接合に用います。
- **シアプレート**：ボルトを用いて、木材と鋼板を接合します。
- **ひねり金物**：垂木と軒桁（又は母屋）を接合する金物です。

接合方法

- **釘接合**：せん断耐力は、側材として木材を用いる場合より、鋼板を用いる場合の方が大きいです。釘接合部の引抜耐力は、樹種及び釘の径、釘の打込み長さに関係します。長いほど引抜耐力は大きいです。釘を用いた木材と木材の一面せん断接合において、有効主材厚は釘径の9倍以上とし、側材厚は釘径の6倍以上とします。
- **木ねじ接合**：木材と木材の一面せん断接合で、有効主材厚は木ねじの呼び径の6倍以上とし、側材厚は木ねじの呼び径の4倍以上とします。木ねじ接合で、ねじ切れやねじ山の損傷防止のために、ねじ部に潤滑油を用いてもOKです。
- **ドリフトピン接合**：ドリフトピン接合において、先孔径はドリフトピンと先孔とのすき間により構造部に支障のある変形を生じさせないため、ドリフトピンの径と同径とします。
- **ボルト接合**：ボルト接合部の引張耐力は、ボルトの材質、ボルト径、座金寸法及び樹種が同じ場合、ボルトの長さに関係しません。ボルトの締付けは、座金が木材にわずかにめり込む程度とします。ボルト接合部では、ボルト孔の径をボルトの径より大きくすると、初期すべりが生じます。ボルト接合部におけるボルトの働き長さは、ボルトを締め付けたときに、ねじ山が2山以上ナットから突き出す長さとします。ボルト接合部で、せん断を受けるボルトの間隔は、木材の繊維に対する加力方向の違いにより決まっています。
- **共通事項**：同一の接合部に力学特性の異なる接合法を併用する場合の許容耐

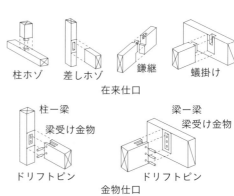

柱ホゾ　差しホゾ　鎌継　蟻掛け
在来仕口

柱－梁
梁受け金物
ドリフトピン
金物仕口

梁－梁
梁受け金物
ドリフトピン

図4：接合方法

力は、個々の接合法の許容耐力を加算して算出することはできません。

釘接合部やボルト接合部では、木材に割れが生じないように、端あきや縁あきを計画します。

枠組壁工法

下枠・縦枠・上枠などの主要な部材が、2インチ×4インチサイズをはじめとする規格品の構造用製材で構成される工法です。2×4（ツーバイフォー）工法とも呼ばれます。

● **階数・材料**：階段は、地階を除き3以下とします。枠組材や面材の品質は、使用される構造部位によって、種類・規格が定められています。

● **耐力壁**：耐力壁の上部には、上枠と同じ断面寸法の頭つなぎが必要です。耐力壁の隅角部及び交差するところには、3本以上のたて枠を使用します。耐力壁線に設ける開口部の幅は、4m以下で設計します。耐力壁線相互の距離は12m以下とし、耐力壁線によって囲まれた水平投影面積は40m²以下に計画します。

● **基礎・その他**：基礎は、1階の外周部耐力壁や内部耐力壁の直下に設けます。応力を地盤に効率よく流すためです。アンカーボルトは、直径12mm以上、長さ35cm以上のものを用い、基礎に緊結してください。間隔は2m以下とし、隅角部や土台の継手の部分に配置しましょう。

学びなおし **4** 構造

一 問 一 答 で 理 解 度 チ ェ ッ ク

---

1 2階建て以上の木造建築物の隅柱は原則として通し柱とする。　答え

14
時間目

基礎構造
地盤の種類や基礎の種類を学ぼう

ナナメ読みでおさらい

基礎がちゃんとできていないと、上にいくら丈夫な建物を造っても、崩壊します。ここでは、地盤の種類に対する理解を深め、基礎の種類や設計の基礎知識について学びましょう。

じっくり理解

地盤（図1）

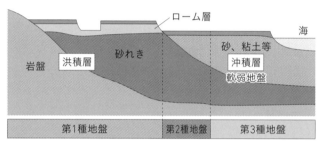

図1：地盤の種類

- **洪積層**：古い時代の層で支持地盤に使われます。地耐力が大きいです。
- **沖積層**：比較的新しい地層で軟弱です。圧密沈下や液状化現象などが生じやすい地層です。支持地盤として使うときは要注意です。
- **液状化**：水で飽和した砂が、振動・衝撃などによる間隙水圧の上昇のためにせん断抵抗力を失う現象です。文章だと難しいですが、地震のときに液状化が起こると、砂が水みたいになって建物が沈下します。砂質土は地下水位面以深にある砂質土層のN値が小さいほど、液状化が起こりやすいです。粘土主体の土では液状化は生じにくいです。
- **ボイリング**：砂中を上向きに流れる水流圧力で、砂粒がかきまわされ湧き上がる現象です。
- **標準貫入試験**：N値の測定に使う試験です。重さ63.5kgのハンマーを76cmの高さから自由落下させ、試験用サンプラーを30cm打込むのに要する打撃階数（N値）を測定し、土の締まり具合（硬軟）を推定します。N値が同じでも、砂質土と粘性土では地耐力が異なります。N値が50あれば支持地盤とします。
- **粘土層の圧密沈下**：圧密沈下は、地中応力が増加することで土中の水がしぼり出され、もともとは水があったすき間が減ることで沈下が起こります。粘土層は、長期圧縮力を受けると圧密沈下を起こしやすいです。なので、基礎底面下の粘土層では圧密沈下を検討します。
- **土の単位体積重量**：土の単位体積重量が小さければ、地下外壁に作用する土圧も小さくなります。単位体積重量とは密度ですから、軽い土だったら土も軽いので、圧力が軽くなり、土が重かったら圧力も強くなると考えておけばOKです。

● **土の粒径の名称・大小関係・粒径**：図2参照

基礎の種類（図3）

図2：土の粒径と名称

● **直接基礎**：基礎スラブなどの荷重を直接地盤に伝える形式の基礎です。直接基礎の底面は、乾燥や凍結等で土が体積変化をおこさず、雨水等で下の土が洗い流されない深さにします。基礎の根入れ深さが深いほど支持力は大きいです。

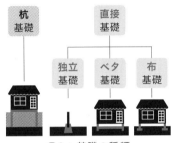

図3：基礎の種類

● **フーチング基礎**：フーチングは地中梁幅より広い部分で、上部荷重を支持する基礎です。布基礎やべた基礎に比べ、不同沈下が起きやすいです。独立基礎、複合基礎、連続基礎の3種類があります。

● **杭基礎**：建物重量が大きい場合や、地盤が軟弱な場合は、杭を使って建築物の荷重を支持地盤に伝えます。工法では場所打ちコンクリート杭や既製杭（コンクリートや鋼）があり、支持方法では支持杭や摩擦杭などの種類があります。

杭基礎の種類

● **場所打ちコンクリート杭**：地盤中に削孔した孔内に鉄筋かごを挿入し、コンクリートを打設して現場で造る杭です。場所打ちコンクリート杭の断面積は、杭の全長のどの部分でも設計断面積以下になるのはNGです。杭底部は支持層に確実に到達させます。通常は1m以上支持層中に貫入させます。

● **既製コンクリート杭**：工場で製造し、現場に搬入して打込む杭です。1本の長さは15m以下とし、杭の中心間隔は、杭頭部の径の2.5倍以上かつ75cm以上とします。杭が50mくらいあると現場に搬入できませんよね。

● **摩擦杭**：上部構造が比較的軽い場合や、硬い地盤が深すぎて届かない場合に、杭と土との摩擦力によって建築物を支持させる杭です。

基礎の重要ワード

● **負の摩擦力**：軟弱地盤等において、周囲の地盤が沈下することにより、杭に下向きに作用する摩擦力です。負の摩擦力がかかると、建物が沈下したり杭がダメージを

学びなおし **4**

構造

受けたりします。

- **接地圧**：基礎スラブや杭先端と地盤の間に作用する圧力です。
- **スライム**：地盤を掘削する時の孔壁の切りくずや、切りくずが孔底に溜まったものです。

基礎の設計

- **地盤改良**：地盤の強度の増大、沈下を抑制するために、土に絞固め・脱水・固結・置換等をして土の性質を改善すること。
- **杭基礎の許容支持力**：杭の支持力のみが杭基礎の許容支持力です。
- **不同沈下対策**：同一建築物の基礎は異種基礎の併用を避けます。不同沈下を抑えるには、基礎ばりの剛性を大きくするのが有効です。一体性を高め、不同沈下の影響を減少させます。
- **その他設計上の注意点**：基礎の鉄筋に対するコンクリートのかぶり厚さは、捨てコンクリートの部分を含めません。鉄筋コンクリート造建築物の基礎の設計は、風圧力について考慮しません。杭基礎は、地震時でも上部構造を安全に支持するために、上部構造と同等以上の耐震性能を確保します。鋼管杭を採用する場合、鋼材が腐食しない処置が必要なこともあります。

一 問 一 答 で 理 解 度 チェック

1 地盤の許容応力度は、N値が同じ場合、粘性土より砂質土のほうが大きい。　　答え　

---

15 時間目　その他の構造 耐力壁や塀の決まりを理解しよう

ナナメ読みでおさらい

主要ではない構造の、補強コンクリートブロック造、組積造、壁式鉄筋コンクリート造について説明します。特に塀や耐力壁などは決まりが多いので、しっかり理解しましょう。

じっくり理解

補強コンクリートブロック造

● **規模とブロックの種別**：

コンクリートブロックの圧縮強さによって建物の制限があります。

区分	圧縮強さ	階数	軒の高さ
A種	4(N/mm²)以上	2階以下	7.5m
B種	6(N/mm²)以上	3階以下	11m
C種	8(N/mm²)以上		

表1：コンクリートブロックの種別

圧縮強度はA種＜B種＜C種となり、C種が最も大きいです。

● **階高の制限**：各階の階高は3.5m以下です（平家は軒高4m以下、パラペットは1.2m以下）。

● **耐力壁**：ポイントは4つです。

1. 平面でバランスよく配置。梁間、けた行き、どちらも必要な壁量を満たすように配置。
2. 外周隅角部はL形かT形に配置。
3. 上階の耐力壁は下階の耐力壁の上に配置。
4. 耐力壁の頂部に臥梁を設置。臥梁の幅は耐力壁以上の厚さが必要。

● **臥梁**：耐力壁の頂部に連続して配置する鉄筋コンクリート造の梁。

● **耐力壁の規定**（図1）：

耐力壁の中心線によって囲まれた部分の面積は、鉄筋コンクリート造の床スラブを設けた場合は60m²以下、その他は45m²以下とします。

耐力壁の長さは55cm以上で、両端にある開口部の有効高さの30％以上。

向かい合う壁と壁の間隔は、耐力壁の厚さの50倍以下。

耐力壁の配筋で、耐力壁の端部や隅角部、開口部の周囲には曲げ補強筋を配筋します。また、せん断補強を縦横に鉄筋を配筋します。配筋には、太い鉄筋を数少なく使用するより、細い鉄筋を数多く使用する方が効果的です。

横筋は末端にフックを設けますが、耐力壁の端部以外で異形鉄筋を使う場合、フックはなくてもOKです。丸鋼を使用する場合はすべてフック付きとします。

なお、縦筋は壁上下に設けられる梁や基礎に定着します。耐力壁の縦筋は、ブロックの空洞部分で重ね継ぎをしてはいけません。溶接接合による場合は空洞部内で継ぐ

学びなおし

4

構造

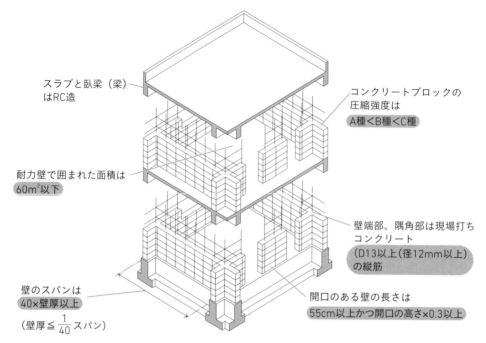

スラブと臥梁（梁）はRC造

コンクリートブロックの圧縮強度は A種<B種<C種

耐力壁で囲まれた面積は 60m²以下

壁端部、隅角部は現場打ちコンクリート (D13以上(径12mm以上)の縦筋

壁のスパンは 40×壁厚以上 （壁厚≦$\frac{1}{40}$スパン）

開口のある壁の長さは 55cm以上かつ開口の高さ×0.3以上

図1：補強コンクリートブロック造の決まり

ことができます。

　耐力壁の厚さは①階高、②建物の階数、③その階が何階部分かを考慮して決定します。厚さに仕上げ部分の厚さは含みません。

　耐力壁の壁量は①ブロックの種類、②建物の階数、③その階が何階部分かを考慮して決定します。梁間方向・けた行方向それぞれに設けます。

　壁量［cm/m²］＝梁間、けた行方向の耐力壁の長さの合計[cm]÷その階の床面積［m²］
※梁間方向とけた行方向を足してはいけません。

　縦目地、横目地、空洞部はモルタルかコンクリートを打設・充填します。

　最上階の耐力壁の下部は、鉄筋コンクリート造の布基礎などを設けます。基礎などの厚さは耐力壁の厚さ以上、床や屋根は剛な構造とし、耐力壁、臥梁と一体にします。

● **補強コンクリートブロック塀**（学びなおし3　11時間目も参照）：

高さ2.2m以下とします。壁の厚さは15cm以上とします。

高さ1.2mを超える塀の基礎の丈は35cm以上、根入れの深さは30cm以上とします。

壁内は補強筋を縦横に80cm以下の間隔で配置します（鉄筋の末端は折り曲げ定着）。

長さ3.4m以下ごとに、塀の高さの1/5以上の控壁を設けます（塀高さが1.2m以下は不要）。

組積造

● **組積造**：れんが造、石造など、材料を積み上げて構築する構造をいいます。

● **組積造の注意事項**：芋目地ができないように組積します。壁の長さは10m以下にし

ます。組積造の手すり、手すり壁は、頂部に臥梁を設けます。塀の高さは1.2m以下、塀の基礎の根入れの深さは、20cm以上とし、塀は長さ4mごとに控壁を設けます。

壁式鉄筋コンクリート造

壁式鉄筋コンクリート造とは、柱や梁を用いず、壁とスラブのみで構成されている構造です。

軒の高さは20m以下とし、階数は5階建て以下とします。壁ばりのせいは45cm以上とします。基礎ばりは、一体の鉄筋コンクリート造とします。

耐力壁の厚さは、平家の場合12cm以上、2階建の場合15cm以上とします。耐力壁の長さは45cm以上、耐力壁は釣り合いよく配置させます。

一 問 一 答 で 理 解 度 チ ェ ッ ク

1 壁式鉄筋コンクリート造の建築物において、耐力壁の反曲点を階高の中央とするために、壁ばりの幅は、これに接する耐力壁の壁厚以上とし、壁張りのせいは、45cm以上とする。

答え

16 時間目 軽くて丈夫な木材 材料の性質や加工した木材の特徴を学ぼう

ナナメ読みでおさらい

材料としての木材は軽くて丈夫で、加工しやすい特性があります。一方で、火に弱く乾燥による影響を受けます。ここでは木材の長所や短所、性質、そして加工した木材の特徴などを学びましょう。

じっくり理解

木材の長所と短所

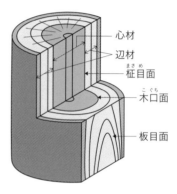

図1：木材の各部の名称

- **長所**：軽量である（比重が小さい）、比重に対して強度が大きい、熱伝導率が小さい（断熱性能が高い）、加工しやすい、吸湿・放湿性がある。
- **短所**：火に弱く燃えやすい、材質が一定していない、乾燥などで反ったり、ねじれたりしやすい、虫がつきやすいものが多い、腐りやすい。

木材の構造と名称

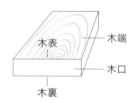

図2：木材の部位の名称

- **元と末**：樹木の根に近い太い方を元（元口）。幹が伸びる方を末（末口）といいます。
- **背と腹**：樹木は育つ地形によっては、曲がって成長することがあります。膨らんだ側を背、反対に凹になった側を腹といいます。
- **心材**（芯材）**と辺材**（図1）：幹の中心に近い部分を心材、樹皮に近い部分を辺材といいます。心材は赤味（赤身）とも呼ばれ、赤や褐色など色が濃く、硬くて丈夫です。一方で、辺材は白太とも呼ばれ、比較的白くて柔らかく、水分を多く含んでいます。蟻害を受けやすいです。樹心が含まれている心持ち材は、心去り材よりひび割れしやすいです。背割りをすることでひび割れを抑制します。
- **板目と柾目**（図1）：年輪に対して接線方向に切った板の木目を板目といい、年輪が山形や波形など、変化のある木目となります。一方で、樹心を通る直径に平行に切り取った木目を柾目と呼び、年輪が並行にそろって見えます。
- **木表と木裏**（図2）：板目材において、樹皮に近い側の面を木表、樹心に近い面を木裏と呼びます。敷居や鴨居などの造作では木表側に溝をつけて使用します。木裏は

ひび割れが生じやすいので、表面に使うのは避けます。

木材の性質

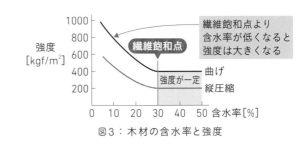
図3：木材の含水率と強度

● **含水率**：木材は、含水率によって性質が大きく変わります。含水率とは、木材の中にどれだけの水分が含まれているかを%で表したものです。含水率の変化は図3の通りです。

含水率が30%以下になると、含水率が下がれば下がるほど（＝乾燥すればするほど）木材の強度が増します。

● **木材の荷重別強度**（図4）：木材は受ける荷重ごとに強さが違います。曲げ方向の荷重には強く、せん断方向の荷重には弱いです。

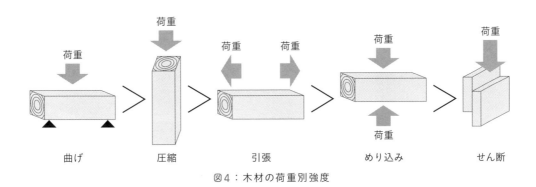
図4：木材の荷重別強度

● **比重**：比重が大きいと強度が大きく、伸縮量が大きくなり、断熱性は小さくなります。針葉樹は比重が小さいですが、広葉樹は比重が大きいです。

● **変形**：木材は、乾燥して水分が少なくなると収縮し、反対に湿気が多くなると吸湿して膨張します。湿気で、反り、曲がり、ねじれなどの狂いが生じやすくなるのが特徴です。狂いを少なくするためには、木材を十分乾燥させ、気乾状態以上まで乾燥させてから加工する必要があります。

乾燥による収縮率（図5）＝繊維方向＜半径方向＜円周方向

● **着火温度**：木材の着火温度は約260℃です。木材の自然発火点は約450℃で口火なしで発火します。木材が燃えて炭化する深さは、0.6mm/分程度です。表面が炭化すると内部の木材は燃えにくくなります。

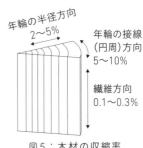
図5：木材の収縮率

木質材料

- **合板**：薄い単板（ベニヤ）を、繊維方向が互いに直交するように接着剤で奇数枚張り合わせたものです。木材が持つ方向による性質の違いを少なくした板材料です。

- **普通合板**：合板のうち、コンクリート型枠用合板、構造用合板、天然木化粧合板、特殊加工化粧合板以外の合板です。接着剤の耐水性能によって分類されます。

- **構造用合板**：合板のうち、建築用の構造耐力上主要な部分に使用するものを指します。強度と耐水性能によって分類されています。

- **集成材**：厚さ1〜3cm位のひき板や小角材などを繊維方向が互いに平行になるように蓄積し、接着剤で接着した木材のことです。樹種が同じ場合、繊維方向の許容応力度は、製材より構造用集成材の方が大きいです。集成材の特徴は、大断面材、長尺材、湾曲材の製造が可能な点です。また、割れや狂いが少ないのが特徴です。

- **構造用単板積層材（LVL）**：ロータリー単板を繊維方向に積層接着したもので、角材として使われ、強度のばらつき、寸法の狂いが少ないです。

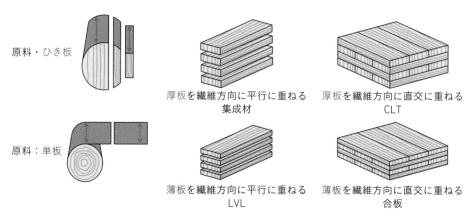

原料・ひき板

厚板を繊維方向に平行に重ねる
集成材

厚板を繊維方向に直交に重ねる
CLT

原料：単板

薄板を繊維方向に平行に重ねる
LVL

薄板を繊維方向に直交に重ねる
合板

図6：木質材料の種類と原料

- **インシュレーションボード（軟質繊維板）**：繊維化した植物繊維を打ちほぐして成板します。防音・断熱性に優れています。内壁の下地材、天井材、畳床などに使います。

- **パーティクルボード**：植物質の小片を乾燥して、有機質の接着剤を添加して熱圧成板したものです。耐衝撃性、耐火性、耐水性はそこまでありません。

- **木毛セメント板**：木毛とセメントを混合して圧縮成形した板です。防火性、断熱性、吸音性が高いです。内外壁の下地材・仕上げ材・断熱材・吸音材に使われます。

一問一答で理解度チェック

1 木裏は、木表に比べて乾燥収縮が大きく、木裏側が凸に反る性質がある。

答え

17 時間目 コンクリート 用語や性質を覚えよう

ナナメ読みでおさらい

コンクリートは建築士にとって、とても身近な材料です。用語を学んでコンクリートの性質を理解し、コンクリートに混ぜる各種材料についても把握しましょう。

じっくり理解

用語の説明

- **プレストレストコンクリート**（図1）：PC鋼材によって、コンクリートにプレストレストを与えたコンクリートのことです。ひび割れやたわみを制御しやすい特徴があります。

- **ブリーディング**：コンクリート打設後、練混ぜ水が分離して表面に浮き出てくる現象です。鉄筋に沿ってコンクリートが沈み、ひび割れします。

- **コールドジョイント**：コンクリートが一体化していない継目です。先に打ち込んだコンクリートと、後から打ち込んだコンクリートとの打継ぎ部分に生じます。

- **中性化**：コンクリートがアルカリ性を失って中性になることです。水和反応によって生成した水酸化カルシウム$Ca(OH)_2$が空気中の二酸化炭素CO_2の作用を受けてアルカリ性を失います。水セメント比が大きい程早いです。

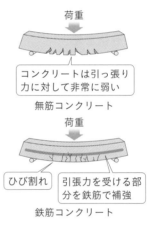

荷重

コンクリートは引っ張り力に対して非常に弱い

無筋コンクリート

荷重

ひび割れ ／ 引張力を受ける部分を鉄筋で補強

鉄筋コンクリート

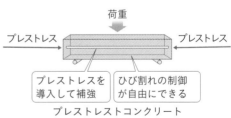

荷重

プレストレス → ← プレストレス

プレストレスを導入して補強 ／ ひび割れの制御が自由にできる

プレストレストコンクリート

図1：プレストレストコンクリート

ブリーディング水

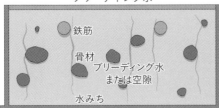

鉄筋
骨材
ブリーディング水または空隙
水みち

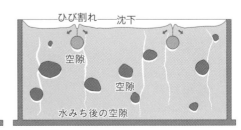

ひび割れ ── 沈下

空隙

空隙

水みち後の空隙

図2：ブリーディング

- **クリープ**：一定の外力が継続して作用したときに、時間の経過とともにひずみが増大する現象です。
- **スランプ**：スランプコーンを静かに鉛直に引き上げた後の「平板から30cmの高さからコンクリート中央部までの高さ」をいいます。スランプが大きいコンクリートほど、分離しやすいです。
- **アルカリ骨材反応**：骨材がセメントペーストの中に含まれるアルカリ成分と化学反応を起こし、水分を吸収して膨張することによって、コンクリートにひび割れを生じさせる現象です。
- **線膨張係数**：物体は温められると膨張します。その膨張する割合を線膨張係数といいます。コンクリートの線膨張係数は、常温時は鉄筋とほぼ同じです。
- **フレッシュコンクリート**：練り上げが完了し、まだ凝結が生じていない状態のコンクリートをいいます。強いアルカリ性です。

一般的な性質

- **気乾単位容積重量**：コンクリートの気乾単位重量は2.2〜2.4t/m³です。人工軽量骨材を使った場合は1.4〜2.0t/m³です。
- **強度**：コンクリートの長期許容圧縮応力度は、設計基準強度の1/3です。短期許容応力度は、長期の2倍になります。コンクリートの圧縮強度は、引張強度の10倍です。コンクリートは圧縮に強く引張に弱い素材で、コンクリート強度の大小関係は、圧縮＞曲げ＞引張です。コンクリートの強度が大きいものほど、ヤング係数は大きくなります。
- **コンクリートの強度発現**：養生時に湿潤状態を保たないと、強度がうまく出ません。
- **塩化物含有量**：鉄筋が腐食するので、許容範囲以内にします。
- **中性化の速度**：コンクリートの圧縮強度が高いものほど小さくなります。密度が高いほど空気が入りにくいからです。
- **水和熱によるひび割れ**：単位セメント量が多いものほど発生しやすいです。
- **乾燥収縮によるひび割れ**：単位水量が多いほど発生しやすいです。
- **コンクリートと鉄筋の付着強度**：コンクリートの圧縮強度が大きい程大きいです。コンクリートの許容付着応力度は、鉄筋の使用位置でも変わります。
- **コア供試体の圧縮強度**：高さ（*h*）と直径（*d*）との比（*h/d*）の影響を受けます。
- **コンクリートの圧縮強度**：水セメント比が同じであれば、スランプ値が変わってもほぼ同じです。

混和材料（図3）

- **AE剤**：独立した無数の気泡を入れて、コンクリートの流動性や耐凍害性を向上さ

せる混和剤です。ワーカビリティーがよくなり、ブリーディングを減少させることもできますが、空気が入るのでコンクリートの強度は低下します。

図3：混和材料

- **減水剤**：コンクリートの流動性を得るのに必要な単位水量を減少させ、ワーカビリティーを向上させるための混和剤です。
- **高性能AE減水剤**：高い減水性能と良好なスランプ値を得る事ができます。また、コンクリートの高強度化、高耐久性化を図る事ができます。
- **流動化剤**：コンクリートの流動性を増大させる混和剤です。
- **膨張剤**：コンクリートに膨張性を与える混和剤です。収縮ひび割れの発生を低減させます。
- **高炉スラグ**：製鉄のときに分離されるスラグと呼ばれる産業廃棄物です。コンクリートの骨材として利用されます。利用するとワーカビリティーを良好にし、水和熱を低減できます。
- **フライアッシュ**：石炭を燃焼する際に出る灰です。コンクリートと相性が良いので骨材に使います。コンクリートのワーカビリティーを良好にしますが、中性化速度は速くなります。

※混和剤は、所定の使用量を大幅に超えて添加すると、コンクリートの品質を低下させるので注意が必要です。

材料の特徴

- **セメントの特徴**：セメントは水と反応して硬化する材料です。凝結時間を調整するために、石こうが加えられています。セメントの粉末が細かいものほど、水和反応が速いです。
- **高炉セメントB種**：初期強度は少し小さいですが、長期強度は大きくなります。また、酸類・海水・下水などによる浸食、化学的浸食作用に対する抵抗性が大きくなります。マスコンクリートや海水の作用を受けるコンクリートに利用されます。
- **早強ポルトランドセメント**：水和熱は大きくなり、強度の発現が早くなります。緊急工事や冬季工事に利用されます。
- **中庸熱ポルトランドセメント**：水和熱や乾燥収縮が小さくなり、ひび割れが発生しにくいです。高強度コンクリートやマスコンクリートに利用されます。初期強度は、早強ポルトランドセメント＞普通ポルトランドセメント＞中庸熱ポルトランドセメントです。
- **シリカセメント**：化学的抵抗性は大きく、水密性が高くなります。高炉セメントと同じ用途で使用されるのが一般的です。

- **フライアッシュセメント**：水和熱が小さくなり、ワーカビリティーが良好になります。マスコンクリートや水中コンクリートに利用されます。

調合計画

- **水セメント比**：水の重量をセメントの重量で割った値のことです。％で表現します。水セメント比が小さい程強度は大きくなります。

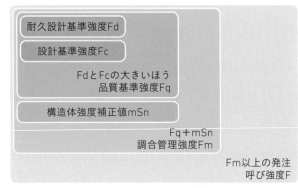

図4：コンクリート強度用語

- **水和熱**：セメントと水が化学反応（水和反応）する時に発生する熱です。セメントの量が多い程大きくなります。
- **中性化**：水セメント比が大きい程早いです。
- **圧縮強度**：水セメント比が小さい程大きくなります。
- **乾燥収縮**：水セメント比が大きい程大きいです。単位水量が多い程大きくなり、スランプ値が大きい程大きくなります。
- **分離**：スランプ値が大きい程分離しやすいです。
- **スランプ値**：単位水量が多い程大きくなります。また、空気量が多い程大きくなります。
- **調合管理強度**（図4）：品質のばらつきや養生温度などを考慮し、設計基準強度に割増しした強度です。
- **品質基準強度**（図4）：設計基準強度と耐久設計基準強度のうち、大きい方の値です。
- **調合設計における強度の大小関係**：調合強度＞調合管理強度＞品質基準強度＞設計基準強度
- **JASS5におけるコンクリートの規定値**
  水セメント比の最大値…65％
  単位セメント量の最小値…270kg/m³
  単位水量の最大値…185kg/m³

一 問 一 答 で 理 解 度 チ ェ ッ ク

1 コンクリートのスランプは、コンクリートの単位水量が小さいほど大きくなる。　答え

18時間目 金属・その他の材料 様々な材料の特徴を覚えよう

ナナメ読みでおさらい

建築物には様々な材料が使われています。鋼材は鉄筋や鉄骨に使われますし、金属は建具や手すりなどにも使います。様々な材料の特徴をここでは学びましょう。

じっくり理解

鋼材

弾性
小さな力
塑性
大きな力

図1：弾性と塑性の違い

引張強度
弾性係数
降伏点
伸び
強度など [N/mm²]
伸び [%]
温度 [℃]
700
600
500
400
300
200
100
0
100
200
300
400
500
50
40
30
20
10
0

図2：鋼材の温度と引張強さ

鋼は温度によって伸縮します。なので、構造体で使う場合は伸縮に対応できる建築構造にする必要があります。

瞬間的に大きな負荷や、低温状態での負荷だと、もろくて脆性破壊しやすいので注意が必要です。

引張荷重を受けて伸びた鋼材は、荷重を除いたときに元に戻ります。この性質を弾性といいます。一定以上の荷重が加えられると、弾性の範囲を超えて鋼材が伸び、塑性状態になってもとに戻らなくなります。（図1）

構造用鉄鋼の短期許容応力度は、長期許容応力度の1.5倍で設定されています。

一般の鋼材の引張強さは、温度が250〜300℃程度で最大となり（図2）、それ以上の温度では急激に低下します。温度の上昇にしたがって、降伏点、ヤング係数は低下します。常温の場合は、鋼材の線膨張係数は、普通コンクリートの線膨張係数とほぼ同じです。

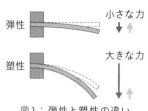

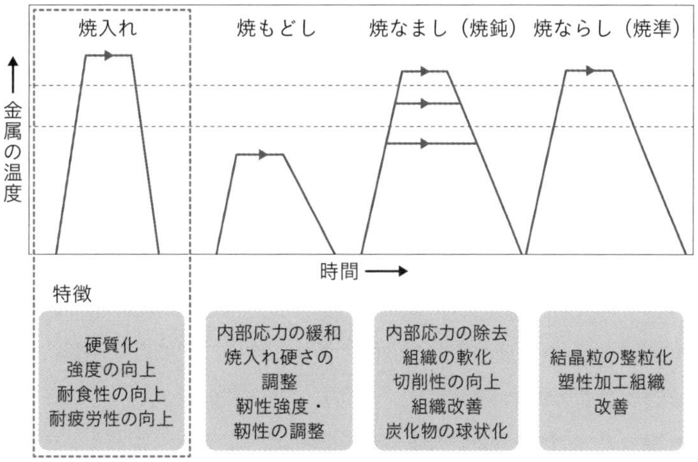

焼入れ
焼もどし
焼なまし（焼鈍）
焼ならし（焼準）
金属の温度
時間
特徴
硬質化
強度の向上
耐食性の向上
耐疲労性の向上
内部応力の緩和
焼入れ硬さの調整
靭性強度・靭性の調整
内部応力の除去
組織の軟化
切削性の向上
組織改善
炭化物の球状化
結晶粒の整粒化
塑性加工組織改善

図3：鋼材の熱処理の種類と特徴

鋼材に焼入れ（図3）をすると、強さ・硬さ・耐摩耗性は増大しますが、もろくなります。

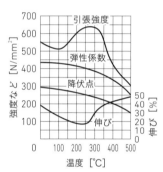

鋼を熱間圧延製造する時にできる黒い錆（黒皮）は、鋼の表面に皮膜を形成するので、防食効果があります。

鋼材に硫黄が含まれると、鋼材はもろくなります。

長さ10mの棒材は、常温で鋼材温度が10℃上がると1mm伸びます。常温で100N/mm^{2}で引っ張ると、約5mm伸びます。

- **ビッカース硬さ試験**：ダイヤモンドの錐体を鋼材に押し込んで、そのくぼみから硬さを求める方法です。鋼材の硬さは引張強さと相関性があり、この試験から鋼材の引張強さを推定します。

 ## 炭素鋼

炭素含有量は、ヤング係数とほとんど関係がありません。引張強さは、炭素含有量と関連があります。0.8％前後で最大となり、伸びは炭素含有量の増加に伴い減少します。炭素含有量が多くなると強度は増しますが、溶接性や加工性は低下します。

 ## 鋼材、鉄筋の規格

- **鋼材の種類**：

    SN…建築構造用圧延鋼材、　SS…一般構造用圧延鋼材、　SM…溶接構造用圧延鋼材

    SS400などの鋼材の記号は、鋼材の種別SSと引張強さの下限値400［N/mm^2］などで記載します。建築用耐火鋼（FR鋼）は一般の鋼材に比べて温度上昇による強度低下が少ないです。

- **鉄筋の種類**：

    SR…鉄筋コンクリート用丸鋼、　SD…鉄筋コンクリート用異形鉄筋

    SR235などの鉄筋の場合は、種別SRと降伏点235［N/mm^2］です。鋼材と鉄筋では表す数値の意味が違うところがポイントです。

- **ヤング係数**：ヤング係数$E＝$応力度σ/ひずみ度ε

- **降伏点**：鋼材が塑性をし始める時の応力のことです。上降伏点と下降伏点がありますが、下降伏点を降伏点と呼びます。

 ## 金属材料

- **アルミニウム**：比重は鋼材の約1/3です。溶融点が低く、防火戸などの特定防火設備には向いていません。アルカリ性に弱いです。

- **銅**：空気中で酸化被膜（緑青）を生じますが、内部には進行せず耐久性が高くなります。

- **金属の腐食**：異種の金属が湿気の中や水中で接すると、電気分解が起こり、イオン

化傾向の大きい方の金属が腐食します。金属は空気中の酸素、炭酸ガス、水分等によって酸化、融解しやすいです。

例）鉄と銅が接する⇒イオン化傾向の大きい鉄が腐食される。

石材

- **大理石**：硬くて強度が大きいです。耐酸性が小さく、耐候性が小さく、耐火性も小さいです。光沢がありますが風化しやすい特徴があります。内壁の装飾用としてよく使われます。
- **花こう岩**：強度が大きく、耐久性が大きいです。一方で耐火性は小さいです。外観が美しく、みかげ石とも呼ばれます。みかげ石は、神社の鳥居やお墓の石等にも使われています。
- **テラゾブロック（タイル）**：人造石です。建物内部の床仕上げ等によく使われています。
- **エフロレッセンス（白華）**：石張り仕上げの目地などに生じる白い線上の結晶物です。コンクリートやモルタルなどが水に濡れると出ます。

左官材料・石こうボード

左官材料には水硬性材料と気硬性材料があります。水硬性とは水と反応して硬化することで、気硬性は空気中の炭酸ガスと反応して硬化する性質です。気硬性材料は水や湿気に弱いです。

- **漆喰壁**：気硬性の壁です。材料は消化灰、貝灰、砂、のり、すさなどを使います。吸湿性が大きく、耐水性は小さいです。アルカリ性で、硬化時間が長い特徴があります。
- **石こうプラスター**：水硬性～気硬性です。材料は焼き石こう、石灰、砂、すさなどを使います。乾燥収縮は小さく、中性～弱酸性を示します。内部までほぼ同じ硬さで、硬化時間が短い特徴があります。蒸発により熱を奪うので、防火性能は大きいです。水に弱いです。
- **シージング石こうボード**：防水処理をした石こうボードです。
- **繊維壁材**：調湿作用、吸音作用があり室内で使われます。

ガラス

- **フロートガラス**：平らで一般的なガラスです。透明度が高く、採光を確保したり視線を確保したりす

一般品	フロートガラス（無地板ガラス）、型板ガラス（ともに無色・着色）
特殊品	網入りガラス、線入りガラス、熱線吸収板ガラス
異型品	網入り波型ガラス、溝型ガラス
加工品	複層ガラス、合わせガラス・強化ガラス（安全ガラス）、色焼き付けガラス、熱線反射ガラス、導電性ガラス、鏡、装飾加工ガラス、等

表1：板ガラスの種類

るのに使います。

- **型板ガラス**：型模様をガラスの片面に押し付けて形成されたものです。

- **熱線吸収板ガラス**：可視光線や太陽ふく射熱を吸収します。原料には微量のコバルト・鉄などの金属を添加しています。

- **網入りガラス**：鉄の網が入ったガラスです。割れた場合の破片の飛散防止に有効です。防煙垂壁などに使用されます。

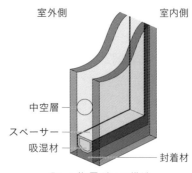

図4：複層ガラス構造

板ガラス加工品

- **強化ガラス**：普通ガラスの3〜5倍の強度があります。一方で、表面に鋭い傷が入ると瞬時に破壊する特性があります。割れた場合、破片はこなごなになります。現場での加工はできません。

- **合わせガラス**：2枚の板ガラスを薄膜で圧着したものです。割れにくく、破損による脱落や飛散を防ぐことができます。

- **複層ガラス**（図4）：複数枚の板ガラスをスペーサーを使って一定間隔に保ち、中空部に乾燥空気を入れたものです。普通ガラスの2枚以上の断熱効果があります。結露防止に有効です。

- **Low-E複層ガラス**：2枚の板ガラスの片方の中空層側表面に低放射の特殊金属膜をコーティングしたガラスです。日射遮蔽機能と高い断熱性があります。

粘土製品（かわら・タイル）

建築での粘土製品には、瓦（土器質）とタイル（陶器質・せっき質・磁器質）があります。

- **粘土がわら**：曲げ破壊荷重の下限値はJISで決まっています。主に2つあり、桟がわらは1500N以上、のしがわらは600N以上です。
  種類は3つあり、いぶし瓦は松葉から出た炭素を付着し、銀黒色で光沢があるのが特徴です。釉薬瓦は素焼き後に釉薬を塗って様々な色調を出します。塩焼瓦は素焼き後、少量の食塩を投入することでガラス層ができるのが特徴です。

- **磁器質タイル**：吸水率が小さく、たたくと清い音がします。用途は内・外装、床、モザイクタイルで使われます。凍害が発生しにくいです。

- **せっ器質タイル**：素地は硬く、少し吸水します。用途は内・外装、クリンカータイルとして使われます。

- **陶器質タイル**：多孔質で吸水性があるので、うわ薬がかかっています。用途は内装仕上材です。

- **モザイクタイル**：磁器質タイルの一種で吸水性はほぼありません。仕上材で使われます。
- **うわ薬**（釉薬）：タイル表面からの吸水や透水を少なくします。

塗料

　塗料は、不透明塗料であるペイントと透明塗料であるワニスに大きく分類されます。各塗料には、材料に対して向き不向きがあります。

◆…木材に使える

●…金属に使える

■…モルタル、コンクリートに使える

- **2液形のエポキシ樹脂塗料・エナメル塗り◆●■**：最強の塗料です。耐酸性、耐アルカリ性、耐水性に優れています。いろんな素材に塗ることができます。
- **油性調合ペイント◆●**：アルカリに弱いです。モルタルやコンクリート面には使えません。
- **合成樹脂エマルションペイント◆■**：作業性が良く、耐アルカリ性に優れます。金属面には使えません。
- **クリアラッカー◆**：水に弱いです。透明で光沢があります。屋内木部の塗料として使われます。
- **アルミニウムペイント◆●**：熱線を反射し、温度上昇を防ぎます。鉄骨屋根、屋外設備配管などに用います。
- **オイルステイン◆**：耐候性に優れています。木部の着色に使います。防腐効果があります。
- **セラックニス◆**：速乾性があり、木材のやに止め・節止め等に使います。
- **素地調整**：塗料面を整える事です。塗膜の仕上がりと耐久性に影響を及ぼします。
- **エッチングプライマー**：金属塗料における素地調整です。密着性と防錆性を付与します。乾燥が速いです。高湿時の施工には向いていません。

接着剤・シーリング

- **接着剤**：材料にあった接着剤しか使えません。材料と相性が悪いとくっつきません。ざっくりいうと固まり方は4種類です（図5）。
- **でん粉系接着剤**：通常は、酢酸ビニル樹脂エマルションと混合して使用します。用途は壁紙、襖などです。
- **酢酸ビニル樹脂系エマルション形接着剤**：乳白色の水性接着剤です。有機溶剤を含んでおらず安全です。対アルカリ性、耐水、耐候性、耐熱性に劣ります。用途は木工、内装です。木質系下地材にプラスチック床を接着するときや、木材同士の接着

に使います。

- **尿素樹脂系接着剤**：耐水性がかなり高いです。防火性に劣ります。接着剤からホルムアルデヒドが放散されるので、放散の少ない合板を使用します。用途は造作材、集成材、構造用合板などです。

①水分・溶剤がぬけて固まる
　木工用接着剤など

②湿気に反応して固まる
　瞬間接着剤など

③2種類の液剤を混ぜると固まる
　エポキシ系接着剤など

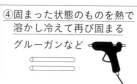
④固まった状態のものを熱で溶かし冷えて再び固まる
　グルーガンなど

図5：接着剤の種類

- **化学反応形（二液形）接着剤**：高接着力、耐水性、耐酸性、対アルカリ性、耐薬品性などに優れています。
- **ポリサルファイド系シーリング材**：コンクリート壁のタイル張りの目地材に使用します。
- **ボンドブレーカー**：目地底に入れて、防水保護層の伸縮によりシーリング材が切れることを防ぎます。

防火・断熱・吸音・遮音材料

- **石こうボード**：防火性能があり、耐衝撃性、耐水性はあまりありません。壁や天井の下地材に使います。
- **押出法ポリスチレンフォーム**：変形が少ない断熱材です。耐湿、耐水性がありますが、燃えやすいです。紫外線で劣化します。外壁、屋根などの断熱材に使います。
- **硬質ウレタンフォーム**：軽量な発泡プラスチック材料です。よく燃えます。断熱材として使われます。
- **ロックウール**：軽くて、断熱性や防音性に優れた素材です。吸湿しやすい特徴があり、吸湿すると断熱効果が低下します。
- **グラスウール**：断熱性、吸音性があります。密度が低いものを使用すると、断熱性が低くなります。
- **繊維強化セメント板**：防火性、耐水性、耐久性に優れた素材です。内装制限を受ける部分の内壁の下地材、天井材などに使います。
- **ALCパネル**：軽くて、断熱性・耐火性があります。内外壁、屋根、床材、耐火被覆材として使います。吸水性が大きくて凍害のおそれがあるので防水処理が必要です。

一問一答で理解度チェック

1 鋼材に含まれる炭素量が増加すると、鋼材の強度・硬度は増加するが、靱性・溶接性は低下する。　　　答え　○

学びなおし

5

施工

01
時間目

施工用語・施工機器
施工の基本的な機械を覚えよう

ナナメ読みでおさらい

施工では様々な重機や機器を使って工事を効率的に行っています。機械が使えない部分はすべて人力です。ここでは、どんな機械が施工で使われているかを把握しましょう。

じっくり理解

■ 土工事の施工機械

図1：クラムシェル
出典：株式会社加藤製作所

- **ドラグライン**：機械の接地面より下方を堀削する機械です。掘削する回転半径が大きいのが特徴です。柔らかい土や広範囲の掘削に向いています。
- **クラムシェル**（図1）：クレーンブームにバケットを吊るし、バケットの口を開いて落下させ、口を閉じて掘削します。地下深い掘削に向いています。
- **パワーショベル**：上方の掘削に適しています。下方の掘削には向いていません。
- **バックホウ**：下方の掘削、硬い土質の掘削および溝掘りに適しています。水中掘削も可能です。建設工事で一番使われている掘削重機でしょう。
- **スクレーパー**：掘削、積み込み、運搬、敷ならしを連続的に行うことができる、便利な重機です。1台で掘削のほとんどを完結できます。
- **振動コンパクター**：振動を与えながら、地面を締め固める機械です。ランマなどと似たようなものです。
- **グレーダー**：路面を平らに形成し、整地する重機です。主に道路工事に使用し、アスファルトの敷均しに使います。

■ 揚重機械

- **トラッククレーン**：クレーン部分をトラックの上に装備した移動式クレーンです。作業時には、アウトリガーを張り出して使用します。
- **タワークレーン**：タワーの上部にクレーン部分を設置したクレーンです。タワー部分の部材を追加する事によって、上に伸びる事ができます。
- **クローラクレーン**：キャタピラで走行する移動式のクレーンです。フックの部分を

変えれば、掘削機としても使用する事ができます。

- **ウインチ**：巻胴にロープを巻取る事により、重量物を上下に移動する機械です。床や壁に取り付けて使うので、横引きもできます。
- **ホイスト**：巻上げと走行機構を内蔵する揚重機械。鉄骨などに取り付け、吊り下げて使うので、横引きはできません。

基礎工事の施工機械

- **アースオーガー**：電動機の先端にオーガーヘッドをつけたスクリューを回転させながら地面を掘削する重機です。主に杭孔を開けるのに使用します。
- **パイルハンマー**：既製コンクリート杭などの打込みに使用します。バイブロ式、ディーゼル式、油圧式などがあります。

その他の施工機器

- **インパクトレンチ**：高力ボルトなどを締め付ける電動の機器です。
- **トルクレンチ・ラチェット**：ボルトの締め付けに使う工具です。
- **バーベンダー**：鉄筋を折り曲げる機械です。
- **シヤーカッター**：鉄筋を切断する機械です。
- **ローリングタワー**（図2）：移動式足場のことを言います。
- **コーキングガン**：シーリング材を打つ工具です。
- **ルーター**：木材に対して溝を掘ったり、面を取ったりする電動工具です。
- **プレーナー**：木材の表面を平らにする機械です。
- **リバウンドハンマー**：コンクリートの反発度の測定に用いる機械です。

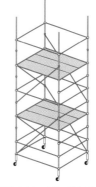

図2：ローリングタワー

02 時間目 工事をスムーズにする施工計画 品質も工程も安全も守るために 計画する

ナナメ読みでおさらい

工事では施工計画書を作成し、計画通りに施工します。事前に計画を立てないと、品質も工程も安全も法令も守られないからです。ここでは施工計画書に必要な内容を理解してください。

じっくり理解

施工計画書とは

発注者や設計者の造りたいもの、いつまでに造りたいかをもとにして、工期や品質、現場の環境や労働力などを総合的に判断し、施工の計画を立てます（図1）。その内容を、工事関係者がわかるように書いたものが施工計画書です。施工計画書には、総合施工計画書と工種別施工計画書があります。

施工計画

- **総合施工計画書の内容**：総合施工計画書では、総合仮設を含めた工事全体の進め方や、主要な工事の施工方法、品質目標や管理方針、重点管理事項を定めます。総合施工計画書をもとに、監督員や工事監理者と考え方を共有し、安全面や品質面で考え方をすり合わせます。設計図書に記載のない仮設物までは書く必要はありません。
- **工種別施工計画書の内容**：総合施工計画書で作成した大まかな方針をもとに、工事別に施工計画を作ります。内容は、品質計画、工程計画、工法計画、仮設計画、揚重計画、安全衛生計画などたくさんのものが必要です。安全に品質の良いものを造るためには、事前の計画がかかせません。
- **施工計画を立てる時に必要な事**：施工計画を立てるには様々な情報を事前に整理することが必要です。設計図書を読み込んで理解し、現況がどうなっているか敷地（地質）や隣接建物の調査が必要です。また、現地の気候風土や工事用施工機械の能力によって、工程や工法が変わるでしょう。

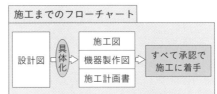

図1：施工計画書の位置づけ

ナナメ読みでおさらい

お客さんと工事の設計や工事の契約をむすんだ段階で、いつまでに建物を造ってお渡しします、という引き渡しの日が決まります。無事にスケジュールの遅延がなく引き渡しをするには工程管理が必要です。

じっくり理解

工程を管理するのに必要なのが工程表です。稼働人員や施工機械などから1日の作業量を考えて全体の工期、各工種の工期と照らし合わせ、適切かどうかを検討します。工程表には主に2つの種類があります。

①バーチャート工程表
②ネットワーク工程表

それぞれ、メリットとデメリットがあるので、何を重点的に見るかでどちらを使うかを選びます。

 バーチャート工程表

バーチャート工程表の特徴は、バーで工程が表現されている点です。横軸に時間、縦軸に作業が入るので、何の作業にどれくらいかかるのかが一目でわかります。

一方で、各作業の余裕時間がわかりにくいというデメリットもあります。そのため、クリティカルパスがわかりません。さらに、どの工事を終えたらどの工事に着手してよいかがわからないのがデメリットです。

 ネットワーク工程表

ネットワーク工程表の特徴は、関連する作業をつないで、工事の流れを示せることです。作業の関連がすぐにわかるのがメリットでしょ

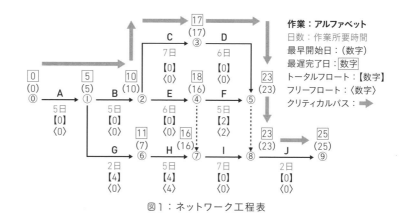

図1：ネットワーク工程表

う。どの作業にどれくらいかかるのかがわかりにくいのがデメリットです。作成に時間がかかります。

- **パス**：2つ以上の作業の連なり。
- **クリティカルパス**：最も所要日数が長いパス。基本的にはクリティカルパスが工期であり、クリティカルパスの工事が遅れると工事全体が遅れる。工程管理で最も重要なもの。
- **ダミー**：作業の前後関係のみを表す矢印。
- **トータルフロート**：作業を最も早く始めて、後に続く作業を最も遅く開始しても工事に影響がない場合の余裕期間。
- **フリーフロート**：作業を最も早く始めて、後の作業も最も早く開始しても、まだある余裕期間。

工程計画における各工事の特徴

- **土工事・地業工事**：天候に左右されたり、地下水が湧いて出たり、埋設物が発見されたり、予期しない出来事が発生する可能性が高い。工程には余裕をみましょう。
- **躯体工事**：土工事や地業工事で遅れた工程を躯体工事で短縮できるように調整します。
- **仕上工事**：内部の仕上工事は天候には左右されません。作業の種類が多く、他の作業との同時作業、並行作業や、他の作業が終わってからでないと作業できない工種があるため、工期に十分な余裕をもたせて計画します。

工程計画の注意事項

　工程計画では様々なことがネックとなります。たとえば、工事をするには材料が必要です。材料がなければ工事ができません。そのため、材料の準備期間や搬入の時期を考慮して工程を組む必要があります。施工図の作成期間や承認の期間も見込んで工程を作りましょう。防水工事やコンクリートの打設なども天候に左右されます。年間の降雨日数などを考慮して工程を組むことが必要です。さらに、作業をするのは人間です。作業量を一定にして、人員を確保できるよう配慮が必要になるでしょう。

一 問 一 答 で 理 解 度 チ ェ ッ ク

1 ネットワーク工程表において、トータルフロートが最小のパスをクリティカルパスといい、これを重点管理することが工程管理上、最も重要である。　　答え

ナナメ読みでおさらい

工事をするには、材料が必要です。材料が管理できないと、正しく施工ができません。まずは材料の管理方法を理解しましょう。また、工事をするのに安全でないと、安心して作業ができません。安全に関する決まりも理解してください。

 きくりん先生のつまずき解消のコツ・やさしい解説

材料管理で大切なのは保管方法です。立てて保管するのか、横置きにするのか、材料によって決まっていますよ。

じっくり理解

 ## 材料管理

工事に用いる材料は、施工者の責任で保管が必要です。

● **セメント**：吸湿・風化を避けるため、機密性のある倉庫に保管します。セメントは水と反応するので、多湿な場所は避けましょう。積み重ねるのは10袋までとします。

● **骨材**：種類別に保管し、地面には敷板をして土が混ざらないようにします。骨材に他の材料が混ざると、モルタルに不純物が混ざるので注意してください。

● **ガラス**：立置きで保管します。角度は85°程度にするのが、自重での破損も少ないです。

● **ルーフィング**：くせがつかないように立置きで保管します。

● **壁紙**：くせがつかないように立置きで保管します。横置きで積み重ねると、折り目が付くこともあるので注意しましょう。

● **ロールカーペット**：立置きせずに横置きで3段までの俵積みとします。タイルカーペットの場合は6段までです。

● **型枠用合板**：直射日光を避け、シートで覆います。日光が当たると乾燥して反ることもあるので、日影で保管しましょう。

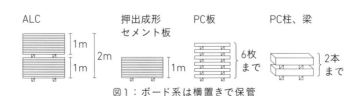

図1：ボード系は横置きで保管

- **塗料**：周囲の建物から1.5m以上離れた、独立した平家建の建物に保管します。塗料は燃えたり爆発したりする危険があるためです。
- **瓦**：破損に注意して、小端立てにします。縦に並べることです。
- **高力ボルト**：乾燥した場所に保管します。水に濡れると所定のトルクがかからないので注意してください。
- **ALCパネル**：バタ角などの台木を水平に置き、その上に平積みにして保管します。1段1m以下で2段以下とします。載せすぎると自重で破損します。
- **鉄筋**：混ざって間違えないように種類別に保管します。土などが付かないように、台木などの上に置きます。

作業主任者の選任

危険な作業を行う場合、資格のある作業主任者を選任して安全管理をします。

作業主任者の専任が必要な作業は以下です。

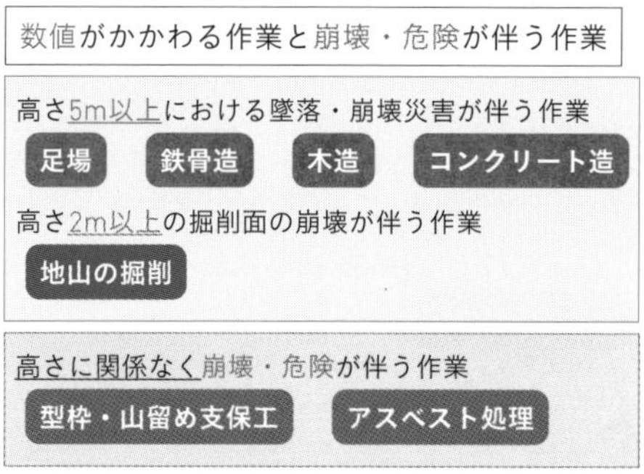

- 型枠支保工の組立・解体
- 山留め支保工の取り付け・取り外し
- 石綿の除去
- 高さ2m以上の地山の掘削
- 高さ5m以上の足場の組立・解体
- 高さ5m以上の鉄骨の組立
- 高さ5m（軒高）以上の木造建築物の組立
- 高さ5m以上のコンクリート造の解体

図2：作業主任者の専任が必要な作業

産業廃棄物について

建築や解体で出てきた紙くずやガラスくず、コンクリートの破片、木くず、汚泥などは産業廃棄物です。その中でも、爆発性・毒性・感染症など、人体や生活環境に被害を生じるものは特別管理産業廃棄物といいます。具体的には、アスベストやポリ塩化ビフェニル（PCB）などです。産業廃棄物は処理方法が厳しく定められています。

一問一答で理解度チェック

1 工事現場に搬入されたロールカーペットは、立置きせずに横に倒して3段までの俵積みとした。

答え　○

05 時間目 申請・届出
いつ、誰に、何を、誰が出すのか

工事には様々な届出が必要です。工事をする前に図面の確認申請をしなければいけませんし、工事が完了したら工事完了届が必要です。ここでは、どんな申請・届出があるのか、誰がどこに提出しないといけないのか、何日前までに提出が必要かをおさえましょう。

じっくり理解

申請・届出

建築の施工にあたっては、各種の官庁手続きが必要です。申請内容と提出先が問われます。

建築関連			
申請・届出	提出者	提出先	いつ
建築確認申請	建築主	建築主事または 指定確認検査機関	着工前まで
中間検査申請	建築主	建築主事または 指定確認検査機関	特定工程の終了から4日以内
完了検査申請	建築主	建築主事または 指定確認検査機関	工事完了した日から4日以内
建築工事届	建築主	都道府県知事	着工前まで
建築物除去届	施工者	都道府県知事	着工前まで

道路関連			
申請・届出	提出者	提出先	いつ
道路使用許可申請書	施工者	警察署長	着工前まで
道路占用許可申請書	道路占用者	道路管理者	着工前まで
道路工事施工承認申請書	施工者	道路管理者	－
特殊車両通行許可申請書	該当車両を 通行させようとする者	道路管理者	－

労働安全衛生関連関連			
申請・届出	提出者	提出先	いつ
特定元方事業者の 事業開始報告	特定元方事業者	労働基準監督署長	工事開始後遅滞なく
建築工事の計画届	事業者	労働基準監督署長	仕事開始の14日前まで
建築物設置届（型枠・足場）	事業者	労働基準監督署長	仕事開始の30日前まで
エレベーター設置届	事業者	労働基準監督署長	仕事開始の30日前まで
ボイラー設置届	事業者	労働基準監督署長	設置工事開始日の30日前まで

騒音・振動関連			
申請・届出	提出者	提出先	いつ
特定建設作業実施届出書	施工者	市区町村長	着工7日前まで

その他関連			
申請・届出	提出者	提出先	いつ
工事監理報告書	建築士（監理者）	建築主	工事終了時
浄化槽設置届	設置者	都道府県知事及び都道府県知事を経由して特定行政庁	設置21日前まで
安全上の措置等に関する計画届	建築主	特定行政庁	使用前・あらかじめ
危険物貯蔵書設置許可申請書	設置者	市区町村長または都道府県知事	使用前・あらかじめ
消防用設備等設置届出書	法令で定める関係者	消防庁または消防署長	―
産業廃棄物管理票交付等状況報告書	管理表を交付した者	都道府県知事	―
高層建築物等予定工事届	建築主	総務大臣	―
特定粉じん排出等作業実施届	発注者または自主施工者	都道府県知事	作業開始の14日前まで
エネルギーの仕様の合理化に関する計画書	特定建築主	所管行政庁	―
宅地造成に関する工事の許可申請書	造成主	都道府県知事	―

表1：申請・届出一覧

一問一答で理解度チェック

1 道路法による制限を受ける車両を通行させるために、特殊車両通行許可申請書を警察署長宛に提出した。 　答え

ナナメ読みでおさらい

工事監理は、建物が設計図通りにできているかを確認するために重要です。発注者に建築の知識がない場合、施工者との間に入って通訳のような役割をします。施工に必要な工事監理を理解しましょう。

じっくり理解

工事監理

発注者（建築主）からの依頼を受けて、設計図書の通りに施工が行われるよう施工者を指導・監督します。設計者が兼ねることもあります。大規模の現場では工事監理だけする人もいます。

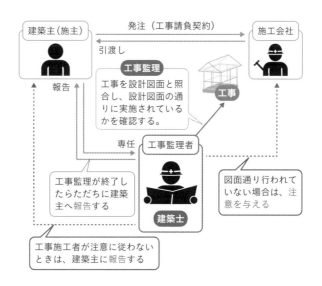

図1：工事監理者の役割

工事監理者の業務

工事監理者の業務は、発注者に代わって専門的なことを確認することです。たとえば、施工計画が適切か検討したり、施工図通りに造って設計図通りになるかを確認し

たり、金額が適切か確認したりと、確認内容は多岐にわたります。設計図通りに工事がなされているかをタイミングよく確認し、工事監理報告書を提出します。図面通りでない場合は、施工者に注意をします。注意しても施工者が従わない場合は、発注者に報告します。最終的には、建物の引き渡しに立ち会って工事の完成を確認します。

施工者の工事管理業務

施工者は工事監理ではなく工事管理をします。具体的には、施工図の作成、実施工程表の作成、工事下請業者の選定です。工事監理と工事管理は、意味が違いますので注意してください（図2）。

工事監理は、建築士が図面通りに工事が行われているか確認することで、工事管理は、施工者がスケジュール通りに安全に工事を行うことなどです。

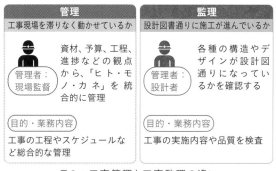

管理	監理
工事現場を滞りなく動かせているか	設計図書通りに施工が進んでいるか
管理者：現場監督　資材、予算、工程、進捗などの観点から、「ヒト・モノ・カネ」を統合的に管理	管理者：設計者　各種の構造やデザインが設計図通りになっているかを確認する
目的・業務内容　工事の工程やスケジュールなど総合的な管理	目的・業務内容　工事の実施内容や品質を検査

図2：工事管理と工事監理の違い

07 時間目 建物を造るのに必要な仮設工事 一時的でも大切な工事

ナナメ読みでおさらい

建物を造るには仮設工事が必要です。足場がないと高いところで安全に作業ができませんし、通路がないと安全に通行できません。ここでは仮設工事の基本となる用語や基準を理解しましょう。

じっくり理解

用語

※やりかた板は水平になるように打つ
※水糸は基礎の芯に張る
図1：縄張り・やりかた

- **仮囲い**：工事現場の周囲に、外部と明確に分けるために設置します。工事をすれば土が飛んだりしますが、仮囲いがあれば外に飛んでいくのを防いでくれます。地盤面からの高さは1.8m以上必要です。木造の建築物で高さが13mか、軒の高さが9mを超えるもの、木造以外で2階建以上の工事を行う場合に設置します。
- **縄張り**（図1）：建築物の位置を決定するために、縄や石灰などを使って位置を示すことを言います。
- **やりかた**（図1）：建物の高さ、位置、方向、心を決めるために、建物の様々な位置に設置する木杭などの仮設の表示物です。
- **ベンチマーク**：建物の高さや位置の基準をしるしたものです。移動すると基準が変わってしまうので、移動のおそれのない箇所に設置します。
- **墨出し**：工事に必要な寸法の、基準となる位置や高さなどを床や壁に表示する作業です。通り芯などの表示をします。

仮設工事の基準

- **作業床**：高さ2m以上で作業をする場合、作業床を設置します。床の幅は40cm以上、床の隙間は3cm以下で作業床を造ります。作業床から落下防止のため、高さ85cm以上の手すりと高さ35cm以上50cm以下のさんも設置します。作業床に足場板を使う場合は支点の上で重ね、20cm以上重ねます。また、高いところからものを落とすと危ないので、物の落下防止のために高さ10cm以上の幅木を設置します。作業床と躯体の間隔が30cm以下の場合や落下防止ネットがある場合は省略できます。
- **仮設通路**：高さ8m以上の登り桟橋には、高さ7m以内ごとに踊り場を造ります。踊

学びなおし **5** 施工

り場がないと滑って落ちたときに一気に下まで落ちて危ないからです。また、スロープ式の登り桟橋は滑りやすいので、勾配は30°以下とし、15°を超える場合は滑り止めを設けます。30°を超える場合は、階段にします。

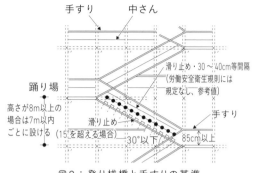
図2：登り桟橋と手すりの基準

- **帆布養生**：敷地境界線からの距離が5m以内、かつ地盤面からの高さが7m以上の場所は、作業場を帆布などで覆います。飛来物や落下物が外に飛んでいくのを防止するためです。

- **ダストシュート**：ごみを放り投げると、いろんなところに飛んでいって危ないですよね。なので、隣地境界線から5m以内、地盤面からの高さが3m以上の場所からごみ等を投下する場合は、ダストシュートを使います。

足場の基準（図3）

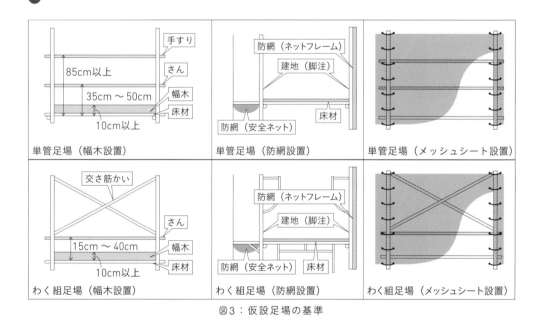
図3：仮設足場の基準

工事の最初は現地を調査することから始まります。地盤の調査も現地調査の1つで、地盤の状態に応じて基礎駆体を変えないといけません。ここでは地盤調査の方法と用語を理解してください。

じっくり理解

▌ 地盤調査の方法

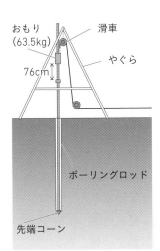

おもり
(63.5kg)
滑車
やぐら
76cm
ボーリングロッド
先端コーン

図1：標準貫入(ボーリング)試験

地盤調査といっても、何種類かあります。粘性土の耐力を調べる方法や地盤の浅い部分を調べる方法など、目的に応じて使い分けましょう。

● **サウンディング**：地盤の中にロッド付きの抵抗体を挿入し、引抜きや回転に対する抵抗力から、地盤の締り具合などの性状を調べます。安くて簡単にできますが、浅い部分しか調べられません。

● **標準貫入試験**：地耐力を深いところまで調べる標準的な試験です。ボーリング試験とも言います。63.5kgのおもりを76cmの高さからロッドの頭部に自由落下させ、貫入用サンプラーを地盤に貫入させます。30cm貫入させるのに必要な落下回数をN値と言います。N値が同じでも、砂質土と粘性土では地耐力は違います。

● **平板載荷試験**：地耐力を調べる一般的な試験です。地盤上に設置した載荷板に荷重をかけ、沈下量を測定する事によって地盤の強度を調べます。

● **ベーン試験**：十字形に組み合わせた羽根（ベーン）を地中で回転させ、粘土質地盤のせん断強さや粘着力を調べます。

一 問 一 答 で 理 解 度 チ ェ ッ ク

1 非常に柔らかい粘土の圧密係数を求めるため、ベーン試験を行った。　　答え

建物の土台となる地業・基礎工事
建物をすべて支える

ナナメ読みでおさらい

建物を支える地業・基礎工事は、とても大切な工事です。杭が適切に施工されなかったマンションは、重量を支えられず傾いていました。そうならないためにも、種類や工法を理解して、適切に選択できるようになりましょう。

じっくり理解

各種地業

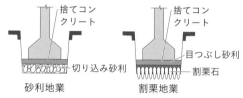

図1：砂利地業と割栗地業

地業とは、基礎の支持力を上げるために、基礎の下に造る地中の構造物です。杭打ちをしたり地盤を締め固めたりします。地盤の性質や建物の重さによって、どのような地業にするか選択します。

- **地肌地業**：堅固で良質な地盤をならして、支持面とする地業です。
- **砂地業**：軟弱地盤に砂を入れて地盤改良する地業です。
- **砂利地業**：根切り底に直接砂利を敷いて突き固める地業です。良質な地盤で行います。
- **割栗地業**：根切り底に割栗石を小端立てに並べ、砂利を充てんして突き固める地業です。
- **捨てコンクリート地業**：基礎や柱、基礎梁などの墨出しや、鉄筋や型枠の組み立てのために、基礎の下に施工する厚さ5cmから10cm程の均しコンクリートです。

杭工事

建物が重かったり、支持地盤が軟弱で建物を支持する力が足りなかったりする場合は杭を施工して、建物を支持します。

杭工事の掘削において、支持地盤への到達確認は、掘削深度と排出される土や、掘り進めるスピード、パワー（掘削抵抗の数値）が変動したかで確認します。

- **場所打ちコンクリート杭**：地盤に穴を開け、その中に鉄筋コンクリートを打ち込んで杭を造ります。杭の先端は支持地盤に1m以上根入れします。コンクリートを打つ際、トレミー管の先端はコンクリートの中に2m以上埋めたまま施工します。トレミー管を使わないと、コンクリートと泥水が混ざってしまうので、注意が必要です。
- **トレミー管**：水中コンクリートや連続地中盤コンクリートの打設に使う輸送管です。
- **既製コンクリート杭**：工場で造った杭を現場に搬入して埋め込みます。PC杭（プレ

ストレストコンクリート）がよく使われます。ひとまとまりの杭の打ち込みは、1群の中心から外側に向かって打ちます。継手はアーク溶接です。杭を作業地盤面以下に打ち込む場合はやっとこと呼ばれる長さ調整材を使います。セメントミルク工法では、アースオーガーを逆回転で引き抜いてはいけません。正回転で引き抜きます。

- **アースオーガー**：スクリューを回転させ、穴を掘っていく機械です。
- **摩擦杭**：支持地盤に到達させず、杭と周囲地盤の摩擦で建物を支えます。摩擦力を大きくするため、節付コンクリート杭が使われます。

山留め

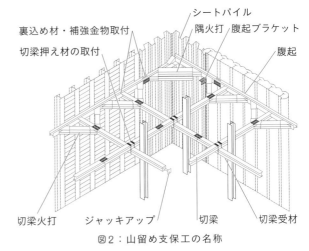

裏込め材・補強金物取付
切梁押え材の取付
シートパイル
隅火打 腹起ブラケット
腹起
切梁火打　ジャッキアップ　切梁　切梁受材

図2：山留め支保工の名称

山留めとは、土砂の崩壊を防止することです。深さ1.5m以上の根切りをする場合は、山留め工事をします。

- **親杭横矢板工法**：親杭を1.5〜1.8mピッチに打込み、根切りをしながら親杭に横矢板を差し込んでいく工法です。板で土砂を止めるので水は通します。そのため、地下水のある地盤には向いていません。
- **鋼矢板（シートパイル）工法**：鋼矢板をかみ合わせて連続して打ち込み、山留め壁とする工法です。ちゃんとかみ合わせれば水も止まるので、地下水のある地盤にも使えます。
- **ソイルセメント柱列山留め壁工法**（SMW）：土砂を撹拌しながらセメントミルクを注入し、ソイルとセメントを混ぜ合わせた山留め壁を造る工法です。ソイルセメント壁に止水性があるので、地下水のある地盤に使用できます。施工時の騒音や振動が少ないのがメリットです。
- **法付けオープンカット工法**：土砂が崩壊しないように、勾配をつけて掘削する方法です。支保工が不要です。敷地面積が広い場合に採用できます。

一 問 一 答 で 理 解 度 チェック

1　場所打ちコンクリート杭工事において、コンクリートの打込み開始時には、プランジャーをトレミー管に設置し、打ち込み中には、トレミー管の先端がコンクリート中に2m以上入っているように保持した。

答え

10 時間目

建物の骨組みである鉄筋工事 適切な配筋が部材の耐力を決める

ナナメ読みでおさらい

鉄筋工事が適切になされていれば、構造体は適切な耐力を発揮します。一方で、不適切に施工されると、許容応力に達する前に崩壊します。ここでは鉄筋施工に必要不可欠な定着、継手、あき、かぶり厚さを覚えましょう。

じっくり理解

定着・継手

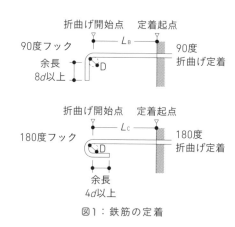

図1：鉄筋の定着

- **定着**（図1）：定着とは、部材相互を一体化するために、一方の部材の鉄筋をもう一方の部材内に延長して埋め込む事を言います。定着長さは、鉄筋の種類、コンクリートの設計基準強度で変わります。梁の主筋は、柱せいの3/4倍以上のみ込ませた位置で折り曲げ、フックをつけます。ただし、末端のフックは定着長さに含めません。

- **継手**：継手とは、2本の鉄筋を接合することです。重ね継手、ガス圧接継手、機械式継手、溶接継手があります。継手は弱点になりやすいため、応力の小さい位置や、コンクリートに常時圧縮の応力がかかっている部分に設置します。また、継手は1カ所に集中しないように、隣接する継手の位置をずらします。重ね継手の場合は、継手長さの0.5倍ずらし、ガス圧接継手の場合は、400mm以上離します。

- **重ね継手**：鉄筋を重ねる継手です。重ね継手の長さは、細い方の鉄筋径を使って計算します。たとえば、継手長さが40dの場合、D22とD25の異形鉄筋では、D22を採用して88cmとなります。D35以上の異形鉄筋では重ね継手は使いません。

- **ガス圧接継手**：ガスの火力で鉄筋を温め、圧力をかけてくっつける継手です。径や呼び名の差が5mmを超える鉄筋は、ガス圧接できません。圧接完了後は全数の外観試験を行い、その後、抜取り試験で、超音波探傷試験をします。抜取り試験は省略できません。

- **不良圧接**：不良圧接の場合は、再加熱して調整したり、切り取って再圧接したりします。ふくらみの長さが1.1dに満たない場合、ふくらみの直径が1.4dに満たない場合は、再加熱して圧接します。中心の偏心量が1/5dを超えてしまった場合、圧接

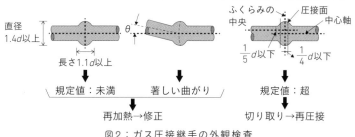

ふくらみの直径・長さ
折れ曲がり
中心軸の偏心・圧接面のずれ
直径
1.4d以上
長さ1.1d以上
θ
ふくらみの
中央
圧接面
中心軸
1/5 d以下
1/4 d以下
規定値：未満
著しい曲がり
再加熱→修正
規定値：超
切り取り→再圧接

図2：ガス圧接継手の外観検査

面のずれが1/4dを超えた場合も、圧接部を切り取り再圧接です（図2）。

鉄筋の加工

切断や曲げなどの加工は常温で行います。切断はシャーカッターや電動のこを使います。ガス切断は鉄筋の性状が変わってしまうのでNGです。

折り曲げ加工には決まりがあり、丸鋼の端部にはフックを設けます。異形鉄筋の場合でも、帯筋、あばら筋、柱と梁の出隅部分、煙突の鉄筋にはフックをつけます。なお、帯筋とあばら筋のフックは135°に折り曲げるのが通常です。

鉄筋の組立

鉄筋コンクリート断面図
粗骨材
最大寸法
最外径
あき
最外径
鉄筋の間隔

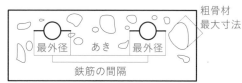

図3：鉄筋のあきと間隔

- **組立の順番**：柱⇒壁⇒梁⇒スラブの順番で行います。
- **結束**：径0.8mm以上のなまし鉄線を使います。
- **あき寸法**：3つの決まりがあり、粗骨材の最大寸法の1.25倍、25mm、鉄筋径の1.5倍のうち、一番大きい寸法を使います（図3）。
- **その他の注意点**：梁の上端筋が2段配筋の場合、2段目の鉄筋は、受け用の幅止め筋を使って固定します。上の鉄筋から吊るしてはいけません。

壁がダブル配筋の場合は約1mの間隔で幅止め筋を設置し、開口部がある場合は開口補強筋をダブル配筋の間に配筋します。

柱主筋の台直しが必要な場合は、常温で緩やかに鉄筋を折り曲げて加工します。勾配は1/6以下です。

かぶり厚さ

コンクリートの表面から、一番外側の鉄筋の表面までの距離をかぶり厚さと言います。柱の場合は帯筋の表面から、梁の場合はあばら筋の表面から測定します。

- **かぶり厚さをとる目的**：火災時は鉄筋を保護して鉄筋の温度が上がらないようにし、普段は鉄筋の錆を防止するためです。また、コンクリートとの付着強度を高めるためにも必要です。

- **かぶり厚さの検査タイミングと検査基準**：かぶり厚さの検査は、コンクリートの打設前に行います。基準のかぶり厚さは設計かぶり厚さで、最小かぶり厚さに10mm加えた寸法です。

部位	基礎立上り	スラブ
配置または数量	下端 間隔は1.0m内外	耐圧版下端 間隔は1.0m内外

※断熱材部にすえ付けのバーサポート・スペーサーは、支持重量に対してめり込まない程度の接触面積を確保すること

表1：バーサポートおよびスペーサーなどの配置・数量の標準

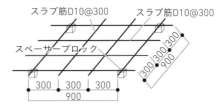

図4：基礎やスラブのスペーサーの間隔

壁に誘発目地を設けた部分については、目地底から測定します。間違えやすい部分ですので、注意が必要です。

軽量コンクリートで、土に接する部分のかぶり厚さは、普通のコンクリートのかぶり厚さの数値に10mmを加えた寸法とします。

- **かぶり厚さを確保するスペーサー**：鉄筋組立時にスペーサーやバーサポートを用いて、必要かぶり厚さを確保します。なので、適切にスペーサーが挿入されていれば、基本的にはかぶり厚さは確保されています。基礎やスラブのスペーサーの間隔は1m程度とします。梁配筋におけるスペーサー間隔は、1.5m程度とし、端部は1.5m以内に設置します。

一問一答で理解度チェック

1 SD345のD29の鉄筋に180度フックを設けるための折曲げ加工は、熱処理とせずに冷間加工とした。　　答え

11 時間目 コンクリートの形を決める型枠工事 解体しやすく丈夫に造る

ナナメ読みでおさらい

型枠工事はコンクリートの完成形を左右する重要な工事です。組み立ててコンクリートを打設したら、解体をします。解体しやすく、丈夫に組み立てる必要があります。ここでは、型枠の材料や用語を覚え、組み立てと解体の注意事項を覚えましょう。

じっくり理解

型枠の材料

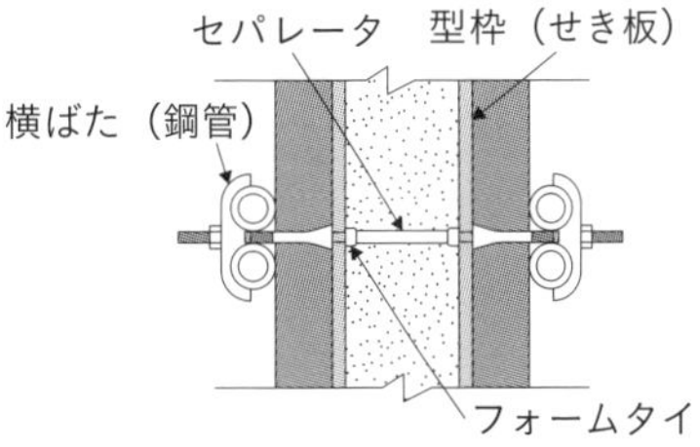

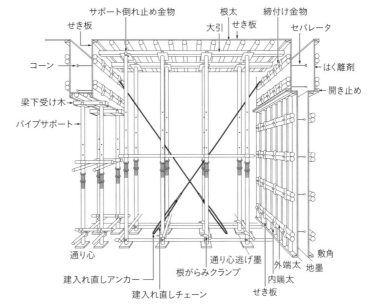

図1：型枠の名称

- **せき板**：直接コンクリートに接する板状の材料です。木製や金属製などがあります（図1）。
  支保工：せき板を所定の位置に固定するための仮設構造物です。パイプサポートを主に使います。
- **セパレータ**：せき板の間隔を保持するものです（図1）。
- **フォームタイ**：型枠を両端から締め付けるものです（図1）。
  パイプサポート：型枠を支えるための支柱です。斜めに突っ張って支えることもあります（図2）。
- **ターンバックル**：ねじによってワイヤーロープを締め付ける金具です。
  コラムクランプ：柱の型枠を四方から締め付ける支保工です。
- **型枠材**：材料はもったいないので、可能な限り転用（再使用）します。せき板の表面はよく清掃し、はく離

図2：型枠支保工の名称

剤を塗っておくと、せき板が破損せずに解体しやすくなり、転用しやすいです。木製のせき板は、直射日光に当たると乾燥して反ったり、木材から樹液が出たりして悪さをするので、直射日光に当たらないようにします。

型枠の組立

● **型枠の強度計算**：鉛直荷重、水平荷重、コンクリート打設時の側圧、衝撃荷重を考慮して計算します。

● **型枠組立の注意事項**：基本的に解体するので、解体が簡単にできるように組み立てます。底部には、コンクリート打設前の掃除ができるように、掃除口を開けておきます。

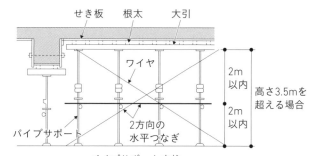

図3：支保工の注意事項

● **型枠の支保工**：足場や、やり方などの仮設物と緊結すると、固定が弱くて型枠が破損するので、仮設物には固定しません。支柱は垂直に建て、上下階の支柱の位置はできるだけ平面上で一致させます。高さ3.5mを超える支柱は、高さ2mごとに水平つなぎを設けます。支柱を継ぎ足す場合は2本までとし、接合部は4本以上のボルトか専用金具で止めます。

きくりん先生のつまずき解消のコツ・やさしい解説
型枠は鉄筋を組み立てる時やコンクリート打設時の作業足場にもなります。きれいなコンクリートを作るには型枠の重要度が高いんですね。

型枠の解体

基礎、梁側、柱、壁の横側の型枠の存置期間は、コンクリートの圧縮強度が5N/mm²以上に達するまでです。コンクリートの圧縮強度が所定値を超えたことを確認できれば、型枠は解体してOKです。ただし、せき板存置期間中の平均気温が5℃以上の場合は、下表の日数以上経過すれば取り外すことができます。

梁下における支柱の存置期間は、設計基準強度の100%以上の圧縮強度が得られた事が確認できるまでです。構造計算で安全だと確認したあとに取り外します。そのため、スラブ下、梁下のせき板は、支保工を取り外したあとに取り外します。先にせき板だけ解体したいからといって、支柱の盛替えはできません。

● **支柱の盛替**：支柱を一度取り外し、再び立て直すことです。

せき板、支柱の区分	建築物の部分	セメントの種類	在置期間（日数）		
			平均気温		
			15℃以上	15℃未満 5℃以上	5℃未満
せき板	基礎、梁側、柱及び壁	普通ポルトランドセメント	3	5	8
せき板	スラブ下、梁下	普通ポルトランドセメント	6	10	16

表1：せき板の存置期間

せき板、支柱の区分	建築物の部分	セメントの種類	在置期間（日数）		
			平均気温		
			15℃以上	15℃未満 5℃以上	5℃未満
支柱	スラブ下	普通ポルトランドセメント	17	25	28
支柱	梁下	普通ポルトランドセメント	28		

表2：支柱の存置期間

学びなおし 5

施工

一 問 一 答 で 理 解 度 チ ェ ッ ク

1 せき板に用いる木材は、コンクリート表面の硬化不良を防止するために、シートで覆い、直射日光にさらさないようにした。

答え

時間との勝負！ コンクリート工事
失敗したら直すのは大変

ナナメ読みでおさらい

コンクリートは生モノです。固まってしまったら直すのは大変な作業になります。ここでは、コンクリートの打設で失敗しないために、コンクリートの欠陥を知り、運搬時や打設時、養生時にどんなことに注意すればいいのかを理解しましょう。

じっくり理解

コンクリートの運搬

コンクリートの製造は工場で行い、アジテータトラック（ミキサー車）で建設現場に輸送して打設します。コンクリート工場で製造されたコンクリートをレディーミクストコンクリートと言います。

- **コンクリートの時間限度**：練り混ぜから打込みまでの時間の限度は、外気温が25℃以上の場合は90分、外気温が25℃未満の場合は120分です（図1）。
- **運搬の注意**：運搬中はコンクリートに水を加えてはいけません。コンクリートの強度が変わるからです。
- **荷卸しのポイント**：コンクリートの荷卸し時は、トラックアジテータを高速回転させて、よくかき混ぜます。
- **コンクリートの受入検査**：発注する際のスランプ値は、荷卸し地点における値です。

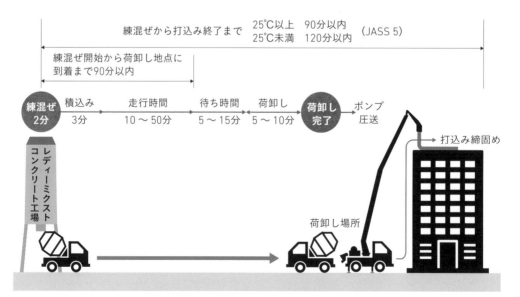

図1：コンクリート練り混ぜから打設終了まで

受入検査で許容されるコンクリートのスランプ値との差は±2.5cmです。受入時における品質の確認は、すべての運搬車に対して行いますが、受入検査は普通コンクリートで150m³に1回、高強度コンクリートで100m³に1回行います。強度試験用の供試体の数は、1回の試験につき、それぞれ3個です。

試験体の現場における養生は、現場水中養生とします。

コンクリートの打設

コンクリートの打設は、建物の強度に大きな影響を与えます。大事なポイントが多いので、しっかり覚えましょう。

- **打設順序と輸送管**：コンクリートの打設は、コンクリートポンプ車から遠い場所から輸送管を使って順番に行います。輸送管は、鉄筋や型枠に直接振動を与えないように、支持台を使います。直接鉄筋の上に載せると、鉄筋の結束が外れるからです。
- **打設速度**：良好な締固めができる範囲で決めます。運搬能力では決めません。運んでも、バイブレーターで締固めをする余裕がないと、打設が間に合いません。
- **先行モルタル圧送**：コンクリートの圧送に先立ち、富調合のモルタルを圧送します。コンクリートを最初から圧送すると、モルタルが管内に付着して打設時にモルタルが不足してしまい、骨材ばかりのコンクリートになるからです。
- **横流し禁止**：型枠内で、コンクリートの横流しをしてはいけません。横流しをすると、骨材とペーストが分離します。
- **打継面の注意点**：打継ぎ面は、レイタンスなどを取り除き、散水によって湿潤状態にします。先に打ち込んだコンクリートと一体にするためです。
- **階段部分の打設**：階段部分を含む場合は、階段周りから打込みます。
- **締固め**：棒状振動機（バイブレーター）を使って締め固めます。各層ごとに使い、下の層にバイブレーターの先端が10cm程度入るように鉛直に挿入します。挿入間隔は60cm以下とし、加振時間は、1カ所5秒から15秒です。長すぎるとコンクリートが分離し、短すぎると締固めが不十分になります。鉄筋や型枠などに触れないよう注意します。
- **打継ぎ時間の間隔**：コンクリートの打込み中における打継ぎ時間の間隔は、外気温が25℃未満の場合は150分以下、外気温が25℃未満の以上は120分以下が目安です。先に打ち込まれたコンクリートの再振動が可能な時間であればOKです。それ以上時間がたつとコールドジョイントが発生するので注意します。
- **梁・スラブ打設時の注意点**：打継ぎ位置は、せん断応力の小さいスパンの中央部分に計画します。片持ちスラブやバルコニーの打込みは、支持する部分と一体的になるように一度に打設します。梁の打込みは、柱、壁の打込みを梁下で一度止めてから行います。基礎梁のようなせいの高い梁は、先に梁部分から打ち込みます。
- **柱打設時の注意点**：柱の打継ぎ位置は、スラブの上端です。階高の高い柱の打設は、

縦形シュートを使ってコンクリートの分離を防ぎます。梁筋と柱筋の交差している箇所から打設すると、鉄筋にコンクリートが当たって分離しやすいので、スラブや梁で受けたあとに柱各面から打設します。

● **打設後の養生**：コンクリート打設後、24時間はその上を歩行してはいけません。打設後5日以上（早強は3日以上）、コンクリートの温度を2℃以上に保ちます。打設後は、散水や養生マットを使って湿潤状態を保ちます。養生期間は表の通りです。（表1）

欠陥とその対策

コンクリートは一度打設すると、間違ったところや欠陥部分をやり直すのは大変です。欠陥が出ないように、打設時も打設後もたくさん注意点があります。

セメント種類	計画共用期間・養生期間	
	短期・標準	長期・超長期
早強ポルトランドセメント	3日以上	5日以上
普通ポルトランドセメント	7日以上	5日以上
その他	7日以上	10日以上

表1：コンクリートの養生機関

● **初期強度の不足**：初期強度の不足を防ぐために、打設後は湿潤養生を行い、シートを掛けて適切な湿度を保ちましょう。温度が2℃を下回るおそれがある場合は、温度養生を行うか打設を中止します。

● **コールドジョイント**：前に打ち込んだコンクリートが硬化したあとに、打ち継ぐ事によってできる不連続面です。対策は、打設時に連続して行うことです。

● **沈みひび割れ・ブリーディング**：対策は、コンクリートが凝結硬化を始める前に、タンピングを十分に行うことです。表面をしっかりたたいて締め固めれば防げます。

● **ジャンカ**：コンクリートの表面に砂利の固まりがでてくる現象です。対策は、コンクリートが分離しないように低い位置から打設することです。

● **ひび割れ対策**：ひび割れの対策はコンクリートの調合を厳しくすることです。コンクリートの単位セメント量、単位水量、スランプ、細骨材率を小さくすると、ひび割れは減少します。ひび割れは減少しますが、ワーカビリティーが悪くなるので、バランスを見て計画しましょう。

コンクリートの種類

● **普通コンクリート**：普通骨材を用いるコンクリート。

● **軽量コンクリート**：軽量骨材を一部、全部に用いるコンクリート。

● **寒中コンクリート**：コンクリートが養生中に凍結の危険がある時に使う。

● **暑中コンクリート**：夏季、水分の急激な蒸発などのおそれがある時期に用いる。

● **マスコンクリート**：部材断面の最小寸法が大きく、セメントの水和熱による温度上昇で有害なひび割れが入る危険のあるコンクリート。

13 時間目 建築工事の花形！ 鉄骨工事 ボルトで締めるか溶接か

ナナメ読みでおさらい

鉄骨の工事は接合と建て方の2つがあります。建て方をして仮組みをし、接合をして鉄骨が安定します。建て方の注意点と、高力ボルト接合と溶接接合の注意点を理解しましょう。

きくりん先生のつまずき解消のコツ・やさしい解説

鉄骨は工場で造った鉄骨を組み立てればできあがります。そのため、精度よく建て方をし、溶接やボルトでの接合を注意すれば、きれいな構造体のできあがりです。特に溶接と高力ボルトの接合ミスが起こらないことが大切です。

じっくり理解

高力ボルト接合

　高力ボルト接合は、ボルトを締めることで部材同士を強い力で押しつけ、部材接合面の摩擦力で接合する方法です。ボルトには強い引張力がかかります。

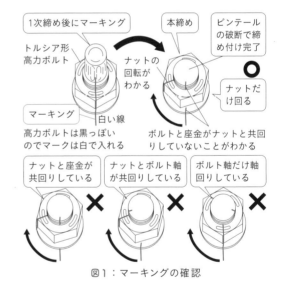

図1：マーキングの確認

●**高力ボルト締め付け前の注意点**：摩擦面は黒皮（ミルスケール）や油、塗料などを取り除き、表面を赤錆状態とします。赤錆状態のほうが摩擦力を期待できるからです。そのため、高力ボルトの接合面では錆止め塗装は行いません。コンクリートと接する部分も同様です。締め付けたあとに錆止め塗装をします。

●**締め付け時の注意点**：ボルトの締め付けには、インパクトレンチかトルクレンチを使います。締め付けは、一次締め⇒マーキング⇒本締め　の順番です。一群の締め付けは、板のひずみを逃すため、群の中央部分から端部に向かって行います。孔の位置のくい違いが2mm以下の場合は、リーマー掛けで位置を修正します。トルシア形高力ボルトの完了後の検査は、ピンテールが破断して共回り、軸回りしていないものが合格です（図1）。余長がない場合や、6山を超えている場合はNGです。

●**仮ボルトの注意点**：仮締めボルトは、本接合のボルトと同径のものを使います。仮

締めボルトの本数は、一群のボルト数の
1/3以上かつ2本以上必要です（図2）。

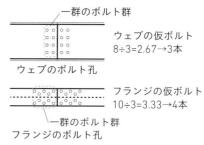

一群のボルト群

ウェブの仮ボルト
8÷3＝2.67→3本

ウェブのボルト孔

フランジの仮ボルト
10÷3＝3.33→4本

一群のボルト群
フランジのボルト孔

図2：仮ボルトの一群

溶接接合

- 溶接の注意事項：溶接は資格を有する技能
  者が行います。溶接姿勢はできるだけ下向
  きで行います。下向きが一番簡単でミスが
  少ないからです。溶接棒は乾燥させておきましょう。気温が−5℃以下の場合は、
  欠陥が多発するので溶接を中止します。−5℃から＋5℃の場合は、接合部より
  100mmの部分を適切に温めれば溶接可能です。
- 突合わせ溶接（完全溶込み溶接）の注意点：余盛は、4mm以下にします。溶接部の端
  部には、エンドタブを使ってください。

溶接の欠陥（図3）

- **ブローホール**：溶接金属に発生する内部の空気穴です。超音波探傷試験で調べます。
- **ピット**：溶接金属に発生する表面の空気穴です。
- **アンダーカット**：母材と溶接金属の境界線にできる溝です。
- **オーバーラップ**：溶接金属が母材にくっつかず、重なっただけのものです。

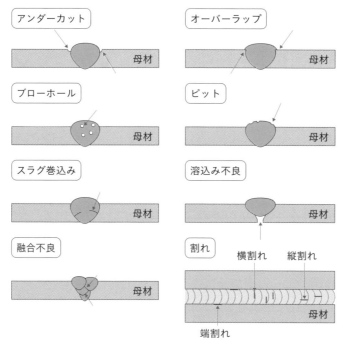

図3：溶接の欠陥

建て方における注意事項

　平面が長い建物の場合は、中央部から両端へと建て方を進めます。端から建てていくと、全体的にできたひずみを中央部で逃すことができないからです。

　建て入れ直しはワイヤを張って緊張するのが一般的です。ターンバックル付きの筋かいで行ってはいけません。エレクションピースに取り付ける治具で建入れ直しを行うこともあります。

　1つの継手に溶接と高力ボルトとを併用する場合は、高力ボルトを先に締め付けてください。応力が適切に伝わります。

一問一答で理解度チェック

1 溶接作業で、作業場所の気温が−3℃だったので、溶接線の両側約100mmの範囲の母材部分を加熱（ウォームアップ）して溶接した。

答え

14時間目 補強コンクリートブロック工事 安心なブロック壁、ブロック塀を造るために

ナナメ読みでおさらい

補強コンクリートブロックは耐力壁、間仕切り壁、塀に使われます。ブロックの注意点、モルタル・コンクリートの注意点、配筋の注意点など、注意することは多いので、しっかり理解しましょう。

じっくり理解

補強コンクリートブロック造

補強コンクリートブロック造は、中が空洞になっているコンクリートのブロックを使って空洞部に縦筋・横筋を配筋し、コンクリートやモルタルを入れて補強した耐力壁を持つブロック造です。

● **材料の保管**：ブロックは種類・形状別にして分けて保管します。覆いをかけて雨が掛かるのを避けましょう。

● **ブロック積みの注意点**：ブロックは、隅部から中央部に向かってフェイスシェルの幅の厚い方を上にして積みます。1日の積み上げ高さの限度は、1.6m以下（8段以下）です。

● **モルタル・コンクリートの注意点**：モルタルと接するブロック面は水湿しを行いましょう。水湿し無しだと、ブロックが水分を吸収して、モルタルの性状が変化してしまいます。モルタル・コンクリートの打ち継ぎの位置は、ブロック上端から5cm程度の下がった位置です。横目地モルタルはブロック上端全面に、縦目地は接合部に隙間なく塗りつけてください。縦目地部に空洞部ができることがありますが、2段以下ごとにモルタルまたはコンクリートを充てんします。

● **ブロック壁内への埋込の注意点**：上下水道、ガス配管などは、ブロック壁内に埋め込んではいけません。メンテナンスがやりづらいからです。電気配管は埋め込みできます。ブロック空洞部へ電気配管を埋め込むときは、空洞部の片側に寄せて配管します。樋の受け金具などを埋め込んで設置するときは、目地の位置に埋め込みます。

● **耐力壁の縦筋**：80cm以下のピッチで配筋します。これは横

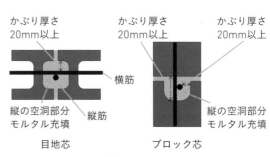

図1：ブロックのかぶり厚さ

筋も同じです。縦筋の位置はブロックの中心にします。縦筋の上下は臥梁や基礎に定着させます。定着長さは40dです。縦筋は重ね継手はいけません。溶接接合などの場合はOKです。

● **耐力壁の横筋**：横筋の壁端部は縦筋に180°フックかぎ掛けします。重ね継手の長さは45d、定着長さは40dです。横筋はブロック3段ごとに入れて、縦筋に緊結します。

● **かぶり厚さ**（図1）：壁鉄筋のかぶり厚さの最小値は20mm以上です。フェイスシェルはかぶり厚さに含まれません。なので、フェイスシェルまでのかぶり厚さを20mm以上確保します。

帳壁（間仕切り壁）・塀

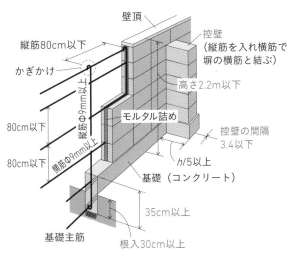

図2：コンクリートブロック塀の決まり

● **帳壁**（間仕切り壁）：帳壁はフェイスシェルにモルタルを塗り付けて積み上げます。帳壁の主筋（縦筋）に継手を設ける場合は、溶接長さ10d以上の片面溶接をします。

● **コンクリートブロック塀の決まり**（図2）：塀の高さは、2.2m以下とします。ブロック塀の厚さは、塀の高さが2m以下の場合は10cm、2mを超える場合は15cmにします。塀の高さが1.2mを超える場合は、塀の長さ3.4m以下ごとに控え壁を設置します。なお、基礎の丈は35cm以上、根入れ深さは30cm以上で設定します。

● **コンクリートブロック塀の配筋**：配筋は、径9mm以上の鉄筋を縦横80cm以下のピッチで配置します。縦筋の下部は基礎に定着させ、上部は最上部の横筋に90°フックする場合、余長は10d以上必要です。また、180°フックでかぎ掛けとする場合は、余長を4d以上にできます。

学びなおし

5

施工

一 問 一 答 で 理 解 度 チェック

1 コンクリートブロック塀において、高さが1.6mを超えるので、塀の長さ3mごとに基礎と塀に接着する控壁を設けた。　答え

15
時間目

軽くて強い木工事
専門用語を理解してから
施工の注意点を理解しよう

木工事は用語が専門的なので、慣れるまでは何が書いてあるのかわからないと思います。用語を理解した上で、木工事の注意点、接合金物について理解しましょう。

じっくり理解

各部の施工上の注意点

● **敷居・鴨居**：木表に溝を付けて使用します。ひび割れが見えないようにするためです。木は木表側に凹に反るので、木裏がひび割れしやすいです。

● **垂木・根太**：継手位置は母屋の上部に置き、そろえないように配置します。継手は強度上弱点になるので、弱点を集中させないためです。

● **縁甲板張り**：さねはぎ、隠し釘打ちとします。受け材の心で継ぐようにしますが、継手位置はランダムに配置します。

● **壁胴縁の間隔**：石こうボードの場合303mm、石こうラスボードの場合455mm以下です。

● **大引の継手**：床束心から150mmほど持ち出し、腰掛けあり継ぎとします。

● **アンカーボルト**：柱下部に筋かいが付く場合、通し柱は柱心から120mm内外、管柱は200mm内外とします（図1）。

● **普通合板**：1類、2類、3類があります。水が掛かる場所には1類を使います。

● **釘の長さ**：板厚の2.5〜3倍にします。板厚が10mm以下の場合は4倍にします。

● **背割り**：事前に切り目を入れることによって、他の部分のひび割れが発生しにくくなります。建物ができあがった時、見えない面に入れます。心持材の柱は、見えがくれ面に背割りを入れます。

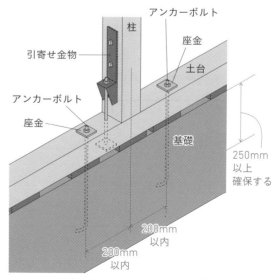

図1：管柱のアンカーボルトの位置

- **床下地**：畳下地や下張り用の床板は12mmの合板を使います。受材を心で突き付け、釘で固定します。
- **木材の防腐処理**：クレオソート油（表面処理用防腐剤）2回塗りとします。
- **枠組壁工法**：木材で造った枠に構造用合板を釘で打ち付け、壁、床、屋根を造る工法です。壁は垂直にも水平にも強度があります。通称はツーバイフォーです。建方は、土台→床枠組→壁枠組→頭つなぎ→小屋組の順番で行います。床根太の間隔は65cm以下とします。土台が基礎に接する部分には、防水紙を敷きます。

接合金物

筋かいプレート

主な用途

筋かいと柱・横梁材との接合

施工例

かど金物

主な用途

引張りを受ける柱と土台・横架材との接合

施工例

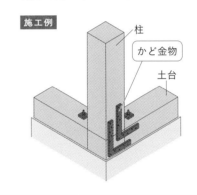

ひねり金物

主な用途

垂木と母屋、またはや垂木と軒げたの接合

施工例

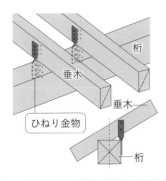

羽子板ボルト

主な用途

小屋ばりと軒げたとの接合
胴差と通し柱との接合

施工例

火打金物

床組及び小屋組の隅角部の補強

施工例

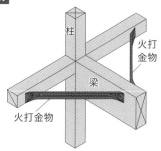

柱

火打
金物

梁

火打金物

かね折り金物

主な用途
通し柱と胴差の接合

施工例

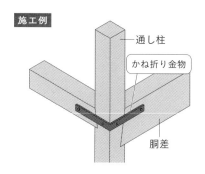

通し柱

かね折り金物

胴差

短ざく金物

主な用途
管柱相互の連結

施工例

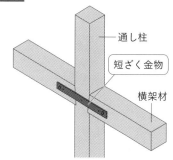

通し柱

短ざく金物

横架材

ホールダウン金物

主な用途
柱と基礎（土台）の連結

施工例

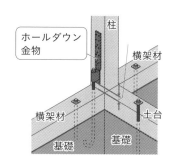

柱

ホールダウン
金物

横架材

横架材

土台

基礎

基礎

一 問 一 答 で 理 解 度 チ ェ ッ ク

1 筋かいを設ける耐力壁下部のアンカーボルトは、その耐力壁の
両端の柱心から200mm程度離れた位置に埋め込んだ。

答え

ナナメ読みでおさらい

防水工事には防水層を造るメンブレン防水と、目地にシーリング材を充てんするシーリング工事があります。屋根工事・防水工事ともに雨水から建物を守るため、とても重要な工事です。それぞれの注意点を理解しましょう。

じっくり理解

アスファルト防水

アスファルトルーフィングと溶かしたアスファルトを交互に重ね防水層を造るのがアスファルト防水です。

● **アスファルト防水の下地**：しっかりと清掃して十分に乾燥させたあと、アスファルトプライマーを均一に全面に塗ります。パラペットなどの入隅部分は、45°の斜面や半径50mm程度の円面になるように、既製品や左官材を使って事前に整えておきます（図1）。

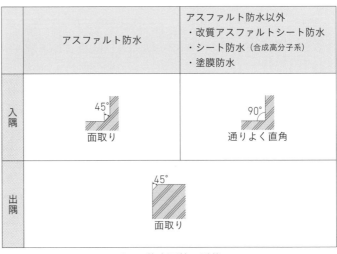

図1：防水下地の形状

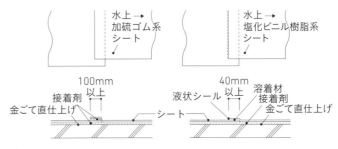

図2：ルーフィングの重ね幅

● **防水層施工上の注意点**：アスファルトの溶融がまは、施工箇所の近くに設置します。ルーフィングは水勾配に対して、水下から水上へ張り付ける。ルーフィングの重ね幅は、縦横共に100mm以上必要です（図2）。出隅や入隅部分は、最下層にストレッチルーフィングで増張りをします。入隅部分を直角に曲げてはいけません。

● **防水保護層の注意点**：保護コンクリートには、3m程度ごとにコンクリートの温度変化で伸縮しても防水層が切れないように、伸縮目地を設けます。パラペット部分

からは0.6m程度の位置に伸縮目地を設置します。伸縮目地は、保護コンクリートの下面にまで達するようにしましょう。保護コンクリート中に打込む溶接金網は、1節半以上かつ150mm以上重ねて継手とします。

きくりん先生のつまずき解消のコツ・やさしい解説
アスファルト防水はルーフィングが固いので入隅を直角にできません。逆にシート防水はやわらかいので直角にできますし、塗膜防水は塗る防水なので直角に防水層を造れます。

シート防水

合成ゴム、塩化ビニル系のシートを重ね、接合して防水するのがシート防水です。
● **シート防水の下地**：下地の入隅部分は直角にします（図1）。アスファルト防水とは逆です。プライマーは下地を十分に乾燥させたあと、当日の施工範囲に塗ります。
● **防水層施工上の注意点**：シートは接着剤の乾燥状態を見て、引張力を与えないように、しわにならないように張り付けます。下地への接着は全面に行います。シート立上がり部の末端部は、金物で固定してシーリング材を充てんします。

塗膜防水

塗膜防水は合成ゴム系や合成樹脂系の塗布剤を塗り、凝固後の皮膜で防水層を造ります。下地の入隅部分は直角です（図1）。出隅部分は面取りしましょう。防水材の強度を高めるのに補強布を使う場合、重ね幅は50mm程度にします。

シーリング

コンクリート面に施工する場合は、清掃して十分に乾燥させます。動きのある目地部のシーリングは、バックアップ材を用いて2面接着にします（図3）。

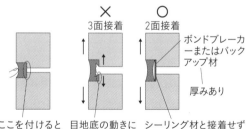

図3：2面接着と3面接着

一問一答で理解度チェック

1 ウレタンゴム系塗膜防水工事において、防水層の下地については、入隅を丸面に仕上げ、出隅を通り良く直角に仕上げた。　　答え　○

17時間目 奥が深い左官工事 ただ塗るだけではうまくいかない

ナナメ読みでおさらい

左官工事は大工工事と同様に建築工事の中で非常に重要な役割を担っています。大工が躯体の精度を決めますが、左官が仕上の精度を決めるといっても過言ではありません。左官工事の用語を覚え、施工手順を理解しましょう。

じっくり理解

重要用語

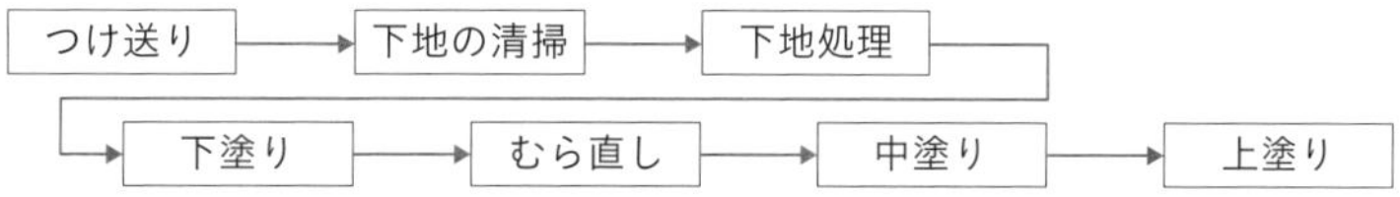

```
つけ送り → 下地の清掃 → 下地処理
→ 下塗り → むら直し → 中塗り → 上塗り
```
図1：左官工事の流れ

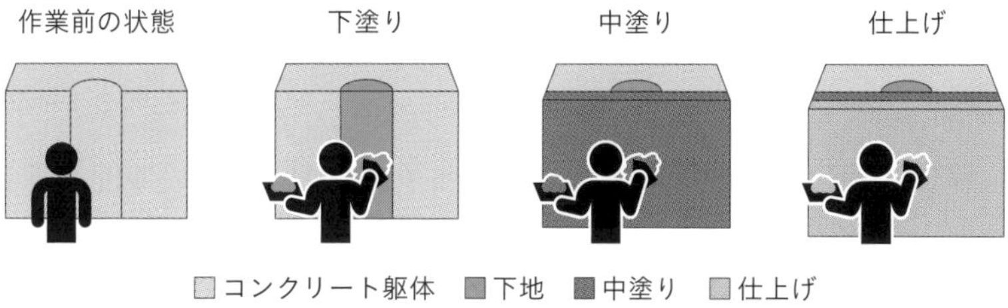

- **つけ送り**：下塗りの前に、仕上げ厚さを均等にするため不陸を調整することです。
- **不陸**：平らではない凸凹な状態です。
- **水湿し**：水分が吸収されないように、下地や塗り付け面を水に濡らしておくことです。

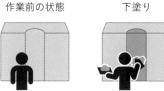

作業前の状態　下塗り　中塗り　仕上げ

■コンクリート躯体　■下地　■中塗り　■仕上げ
図2：左官工事の流れのイメージ

	セメント	砂	砂利
コンクリート	1	3	6
モルタル	1	3	不要
目地モルタル	1	2	不要
セメントペースト	1	不要	不要

表1：モルタルの配合例

- **富調合**：セメントの量が多いコンクリートやモルタルです。強度は大きくなります。反対語は貧調合で、セメントの量が少ないモルタルやコンクリートです。

セメントモルタル塗り

モルタル塗りは、下塗り→むら直し→中塗り→上塗りの順に行います（図1）。
- **下地の注意点**：施工直前に水湿しをします。
- **配合の注意点**：下塗りに近いほど、セメント比率の多い富調合のモルタルを使いま

学びなおし **5** 施工

す。セメントと砂の割合（セメント：砂）は下塗り1：2.5、中塗り・上塗り1：3です。

● **施工上の注意点**：1回の塗り厚は7mm以下、全塗り厚は25mm以下とします。モルタル1回の練り混ぜる量は、60分以内に使い切れる量にします。

下塗り後は2週間以上放置し、十分なひび割れを発生させてから、次の塗り付けを行います。急激な乾燥はNGです。乾燥ひび割れが起こります。通風は避け、散水をしたり、シートで覆ったりなどしましょう。

中塗りを行う時は水湿しを行い、吸水性を調整します。上塗りは中塗りの翌日に行います。

 ## 石こうプラスター塗り

加水後、上塗りは90分、下塗り・中塗りは120分以上経過したものを使用してはいけません。

上塗りは、中塗りが半乾燥した状態で塗り付けます。

セルフレベリング塗り

セルフレベリングは流動性の高いモルタルです。床の表面を平らにできます。養生期間は7日以上（冬期は14日以上）確保しましょう。急激な乾燥はひび割れるので避けてください。硬化するまでの間は窓や出入口をふさぎ、通風がないようにします。その後は自然乾燥とします。セルフレベリング材は、塗り厚が大きくなるとひび割れや浮きが発生しやすくなるので、標準塗厚は10mmです。

一 問 一 答 で 理 解 度 チ ェ ッ ク

1 セメントモルタル塗りにおいて、1回に練り混ぜるモルタルの量については、60分以内に使い切れる量とした。　　答え　〇

<table>
<thead>

</thead>
</table>

18
時間目

見た目の良いタイル工事
剥落させないために

学びなおし 5

施工

ナナメ読みでおさらい

タイルは、原料や焼成温度の違いによる吸水率の違いによって、磁器、せっ器、陶器に分類されます。ここでは、タイルを張る時の注意点について覚えましょう。

じっくり理解

■ タイル張りの種類

● **密着張り**（ヴィブラート工法、図1）：張付け用モルタルを下地面に塗り、モルタルが軟らかいうちにヴィブラート（振動工具）を使って張付ける工法です。壁タイルは、水糸に合わせて上部より下部へ1段おきに張り進め、その後、間を埋めます。張付け用モルタルの1回の塗り付けは、タイルを30分以内（3m²以下）に張り終えられる面積にします。張付け用モルタルの調合は（セメント：砂）1：1〜2、塗り厚は5〜8mmです。

● **改良圧着張り**（図2）：張付け用モルタルを下地面に塗り、さらにタイルの裏面にも張付け用モルタルを塗って張り付けます。張付け用モルタルの1回の塗り付け面積は、60分以内に張り終える面積にします。張付け用モルタルの調合は（セメント：砂）1：2〜2.5、塗り厚は下地側で4〜6mm、タイル側で3〜4mmです。

● **改良積上げ張り**（図3）：タイルの裏面にのみ張付け用モルタルを塗り、下部から上部へと張り付けます。壁タイルの1日の張付け高さは1.5m程度までで

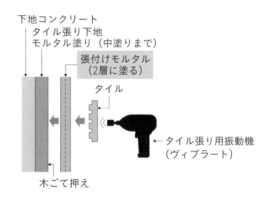

図1：密着張り

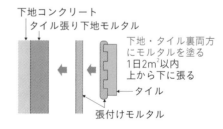

図2：改良圧着張り

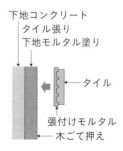

図3：改良積上げ張り

317

す。張付け用モルタルの調合は（セメント：砂）屋内で1：4〜5、屋外で1：2〜3です。塗り厚は内装13〜18mm、外装4〜7mmです。

- **接着剤張り**：接着剤は、金ごてを用いて平たんに塗ったあと、くし目ごてを使ってくし目を立てます。1回の塗り付け面積は3m²以内、30分以内に塗り終える面積にします。

- **モザイクタイル張り**：下地面に張付け用モルタルを塗り、すぐにユニット（表紙張り）に造られたモザイクを、目地部分にモルタルが盛り上がるまでたたき押さえます。張付けモルタルの塗り厚は3〜5mm程度です。表張り紙の紙はがしは、張付け後に時期をみて表面に水湿しをしてから行います。

施工時の注意事項

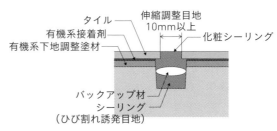

図4：伸縮調整目地のおさまり

- **施工前準備**：施工面に直射日光が当たると施工面が乾いてしまうので、シートなどで養生します。前日に散水して水湿しをすることも有効です。

- **張付け用モルタル**：張付け用モルタルは、乾燥を防いで作業性を向上させるため、保水剤を使います。床でのユニットタイルの張付けモルタル調合は、容積比でセメント1：砂0.5〜1とします。ただし、その他のタイルではセメント1：砂1〜2とします。

- **施工順序**：一般的な施工手順は、左官による下地モルタル塗り→タイルの張付けモルタル塗り→タイル貼り→目地埋めです。窓や出入口まわり等の役物は、先に張付けます。

- **目地の注意点**：化粧目地詰めは、タイル張って24時間程度経過し、張付けモルタルが硬化してから行います。目地の深さは、タイル厚の1/2以下とするのが一般的です。目地の深さで見栄えが変わります。

  伸縮調整目地は、コンクリート面や下地モルタル面の伸縮調整目地を必ず一致させます。タイルの剥落を防止するためです。深さは建物躯体の表面までとします。幅は10mm以上です（図4）。

一 問 一 答 で 理 解 度 チ ェ ッ ク

1 タイル後張り工法の密着張りにおいて、壁のタイルの張付けは、上部から下部へと行い、1段おきに数段貼り付けたあと、それらの間を埋めるようにタイルを張り付けた。

答え ◯

19 時間目

見た目麗しい塗装工事
美観、錆止め、防水など多様な
目的がある

ナナメ読みでおさらい

塗装工事は、簡単に言えばペンキ塗りです。デザインを求めて塗装することもあれば、錆止めや防水、耐久性向上のために塗ることもあります。ここでは、塗装の種類、素地調整について理解を深め、塗装工事の注意点を把握しましょう。

じっくり理解

塗装工事

　塗装工事は要はペンキ塗りです。ハケで塗ったりローラーで塗ったり吹付けで塗装したりと、方法は様々です。塗装の一般的な手順は、素地調整→下塗り→中塗り→上塗りです。それぞれの工程で注意するポイントは違います。材料を理解し、その後施工のポイントを理解してください。

塗装材料の種類

　塗装材料はざっくり分けると5種類です（図1）。耐久性や値段が違います。

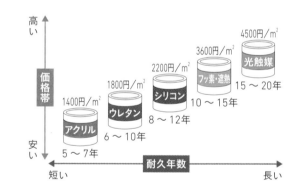

図1：塗装の耐久年数と価格帯

- **オイルステイン**：木部の着色に適しています。それ以外には向いていません。
- **ウレタン樹脂ワニス**：木質系部材に対する透明仕上です。フローリング、しな合板などに使います。
- **クリアラッカー**：木部造作などに使う透明塗料仕上です。
- **アクリル樹脂エナメル**：コンクリートやモルタル面に向いています。木部は使えません。
- **マスチック塗材**：ハンドローラーで凹凸を付ける塗装材です。ALCパネルなどコンクリートに使います。
- **合成樹脂エマルションペイント**：コンクリートやモルタル、石こうボードなどに使います。木部にも使えますが、鉄部には塗れません。
- **塩化ビニル樹脂エナメル**：コンクリートやモルタルに塗装できます。
- **アクリルシリコン樹脂エナメル**：屋外のコンクリート系や鋼材系素地面に塗ります。

学びなおし **5**

施工

- **合成樹脂調合ペイント**：鉄部や亜鉛めっき面の着色に向いています。耐アルカリ性がないのでコンクリート面には塗れません。
- **フタル酸樹脂エナメル**：鉄部や亜鉛めっき面に塗れます。木部にも塗れますが、コンクリートには塗れません。
- **アルミニウムペイント**：鉄部や亜鉛めっき面に塗装できます。屋外設備や金属屋根の塗装に使います。

素地調整

塗装をする前に、前処理として素地調整と呼ばれる下地処理をします。素地調整の出来によって仕上がりに大きな差が出る重要な工程です。下地に使われる材料で素地調整のポイントが変わるので、注意してください。

- **木部**：汚れや付着物を取り除きます。節や周辺はセラックニスを2回はけ塗りをして、ヤニを止めましょう。
- **コンクリート系**：下地に吸い込まれる塗料が多いので、シーラーを使います。合成樹脂エマルションパテは、耐水性に劣っているので、屋外のモルタル面の素地ごしらえとしては使用しません。
- **鉄部**：溶液や溶剤洗浄で油類を取り除きます。錆はサンドブラスト法で処理します。
- **亜鉛めっき面**：塗膜の付着性をよくするために、エッチングプライマーを塗ります。
- **アルミニウム面**：酸化被膜処理を行います。

工法、塗装における留意点

- **作業前の確認**：塗装は塗ったあとに乾いてはじめて完成です。そのため、乾燥しにくい状況では塗装ができません。温度が5℃以下、湿度が85％以上の場合は作業をしません。

  コンクリート面は打設してから湿潤養生するので、塗装できるようになるまで乾燥期間が必要です。夏季は3週（21日）以上、冬期は4週（28日）以上乾燥期間を作りましょう。
- **塗装方法の注意点**：塗装方法には、はけ塗り、ローラー塗、スプレーの3つの方法があります。スプレーでの吹付けは、素地面に対して直角に塗り、1回の吹付け幅の1/3を重ねながら吹き付けます。重ね塗りをする場合は、下層が十分に乾燥してから行いましょう。

きくりん先生のつまずき解消のコツ・やさしい解説
乾燥期間を確保しないと、きれいに塗れません。どれくらいの条件で何日くらい乾燥期間を確保すればいいのかを確実に理解しましょう。

20 時間目 建具・ガラス工事 開口部を守る建具・ガラス

ナナメ読みでおさらい

建具には、木でできた木製建具とアルミサッシなどの金属製建具があります。
そして、建具にはガラスを埋め込んだりします。それぞれに取扱いや施工上の
注意事項があるので、しっかりと理解しましょう。

じっくり理解

建具工事の用語

- **框戸**：建具の四方を、框と呼ばれる太い枠材で構成したドアです。框で囲まれた中に板を入れたり、ガラスやガラリ（ルーバー）を入れたりするものがあります。
- **フラッシュ戸**：表面に枠材が見えず、木の骨組みの両面に普通合板や化粧合板を貼り付けたドアです。軽くて狂いが少なく、安価なのが特徴です。
- **アルミサッシ**：外部に面した窓や水周りのドアに使用されます。

建具などの保管方法

- **フラッシュ戸**：框・桟の位置をそろえて平積みで保管します。
- **アルミサッシ・障子・襖戸**：種類別に立てかけて保管します。変形防止のためです。
- **ガラス戸・格子戸**：種類別に立てかけて保管します。

木製建具の注意事項

- **木製建具の材料**：芯去り材とし、割れやひずみなどの欠点がないものを選びます。材木の含水率は天然乾燥18％以下、人工乾燥15％以下が基準です。使用する合板は、雨掛り部には1類合板、その他は2類合板です。
※合板は接着剤の強度で

学びなおし 5 施工

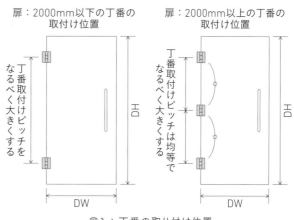

図1：丁番の取り付け位置

扉：2000mm以下の丁番の取付け位置
丁番取付けピッチをなるべく大きくする
DH
DW

扉：2000mm以上の丁番の取付け位置
丁番取付けピッチは均等でなるべく大きくする
DH
DW

耐水性が変わります。1類は継続的に湿潤な環境で、2類は時々湿潤な環境で使います。

● **框・中桟**：径6mm以上の通気孔を2カ所以上、上下に貫通するように設けます。

● **精度**：フラッシュ戸の寸法精度は、反りの許容差3mm以内です。

● **丁番**：戸の高さによって、使用する丁番数が異なります。2m未満の木製建具には、ステンレス製のものを2枚、2m以上2.4m以下の木製建具には3枚の丁番が必要です（図1）。

アルミサッシ建具の注意事項

アルミサッシは、軽量であることや錆びにくいなどの利点があり広く使われています。ですが、耐アルカリ性や強度に欠点があります。

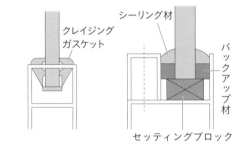

図2：アルミサッシ端部の納まり

● **金属腐食**：防錆処理アルミニウム面に異種金属を直接接触させることは避けます。

● **耐アルカリ性**：コンクリートやモルタルと接する部分には、防錆処理に耐アルカリ塗装をし、絶縁処理として塗膜処理をします。耐アルカリ塗装には、アクリル樹脂系塗料やウレタン樹脂系塗料があります。なお、アルミサッシの切り詰めを行った場合も、同様の処理が必要です。

● **気密性と水密性の確保**：ガラスの端部がサッシと接触しないようにシーリング材やガスケットなどを用いて枠材に固定します。

● **シーリング材**：ガラス用にはシリコン系などを使用します。枠材にガラスをセッティングブロックで固定し、バックアップ材を入れ、シーリング材を充てんします（図2）。構造によって接面させる面数が異なります。鉄骨造では2面接着、鉄筋コンクリート造では3面も可能です。

● **グレイジングガスケット**：塩化ビニル樹脂を主材料として形成された部品。グレイジングチャンネルとグレイジングビートの2種類があります。どちらもガラスと枠材を密着させ、気密性と水密性を確保します。

● **サッシ枠の取り付け**：サッシ枠へは枠外側のアンカープレートを壁の差し筋に溶接して固定します。なお、アンカーと差し筋は最短距離で溶接します。

● **枠取り合い**：枠取り合いに充てんするモルタルの調合は、セメント1：砂3とします。また、外部建具用には防水材入りを使います。

※浴室に用いるアルミニウム製建具用金物には、クロムめっきを施した亜鉛合金製のものを使用します。

ガラスの種類

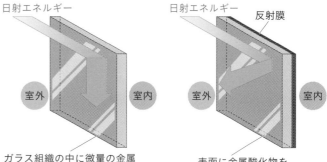

- **フロートガラス**：溶解したガラス（約1600℃）を溶融した金属（すず）の上に浮かべて製板するフロートシステムで造ります。透明で平滑なガラスで、一般的なガラスです。
- **型板ガラス**：作るときに、下部に取り付けられたローラーで型付けされたガラスです。目隠しになります。
- **熱線吸収板ガラス**：ガラスの原材料に日射吸収特性に優れた金属を加えて、着色して造ります。冷房負荷を軽減します。

日射エネルギー
室外
室内
ガラス組織の中に微量の金属成分を着色した板ガラス

図3：熱線吸収板ガラス

日射エネルギー
反射膜
室外
室内
表面に金属酸化物を焼きつけた板ガラス

図4：熱線反射板ガラス

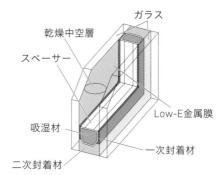

ガラス
乾燥中空層
スペーサー
Low-E金属膜
吸湿材
一次封着材
二次封着材

図5：複層ガラス

- **熱線反射板ガラス**：ガラスの片面に金属反射薄膜を付けて造るガラスです。ミラー効果があり、可視光線を遮って窓際の眩しさや局所的な温度上昇を防止します。そのため、冷房負荷の軽減効果がありますが、光害も懸念されます。
- **網入り板ガラス**：板ガラスの中に金属製の網を入れたガラスです。ガラスが割れても破片が落ちにくく、主に防煙垂れ壁などに使用されます。一方、ガラス周辺のエッジ部分の強度が弱く、エッジからの熱割れが生じやすいガラスです。
- **強化ガラス**：フロートガラスや熱線吸収板ガラスに熱処理をし、3〜5倍の強度があるガラスです。万が一割れたとしても、破片が細粒状になり、大きな怪我になりにくいので、ビルや学校・住宅等に幅広く使われています。加工後に切断はできません。
- **合わせガラス**：2枚のガラスを透明で接着力の強い薄膜で圧着したガラスです。平面、曲面のガラスがあります。ガラスが割れても破片の飛散がなく、また衝撃物もほとんど貫通しない安全性の高いガラスです。
- **複層ガラス**：2枚の板ガラスをスペーサーで一定の間隔に保ち、その周辺を特殊な接着構造で密封し、内部の空気を乾燥状態に保ったガラスです。普通の板ガラスに比べて、2倍以上の断熱効果があります。

ガラスの施工

- **ガラスの切断**：形状・寸法をクリアカットで正確に切断します。
- **クリアカット**：全断面を同時に切断することです。その破断面に傷のない状態のことをいいます。
- **取付け材**：シーリング材、パテ止め、グレイジングガスケット、ジッパーガスケットなどがあります。
- **型板ガラス・粗面のガラスの施工**：粗面を外に向けると汚れが付着しやすくなります。特にすりガラスは粗面側が濡れると透明になってしまうこともあるため、平滑な面を屋外に向けます。
- **網入りガラスの施工**：グレイジングガスケット・ガラスパテなどで施工する場合は、板ガラスの切口に防水処理をします。網入り板ガラスの切口の防水方法は、専用の防錆塗料を塗ります。
- **水抜き孔**：複層ガラス、合わせガラス、網入り板ガラス、線入り板ガラスが外部に面する場合、下端ガラス溝に径6mm以上の水抜き孔を2カ所以上設けます。
- **ガラスの養生と清掃**：無色透明なガラスのはめ込み後、衝突防止のために、板ガラスが熱割れしないことを確認のうえ、ガラス全体に薄青色の養生フィルムを張り付けます。
- **熱線反射板ガラスの清掃**：ガラス表面の反射膜に傷を付けないように、柔らかいゴムやスポンジ等を使って水洗いします。

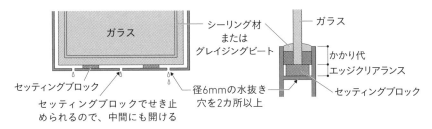

図6：水抜き孔

一 問 一 答 で 理 解 度 チ ェ ッ ク

1 はめ込み工法において外部に面する建具に合わせガラスを用いる場合、中間膜が水分の影響を受け、白濁したり、剥離したりするおそれがあるので、はめ込み溝内に水抜き孔を設ける。

答え ◯

21時間目

内装工事・断熱工事
内装で雰囲気も過ごしやすさも
変わる

ナナメ読みでおさらい

建物の施工は基礎、躯体、仕上の3種類に分類されます。仕上工事では内外装の施工をします。その中でも内装工事は仕上の出来栄えを左右する重要な工事です。ここでは断熱工事の基本事項と、内装工事の注意事項を床、壁、天井に分けて紹介します。

じっくり理解

断熱工事

断熱工事は内断熱と外断熱があり、断熱材を天井・壁・床に設置することで熱を遮断する工事です。既製品のスタイロフォームを施工したり、現場で発泡する断熱材を使用したりします。

木造や屋根では断熱層の室外側に通気層（図1）を18mm以上とり、防風層を設けます。室内側はポリエチレンフィルムなどの防湿層で覆います。外壁に設ける防湿材の継目は、下地材のあるところで100mm以上重ね合わせます。

外壁内に給水、給湯などの配管がある部分では、管に防露措置を行い、断熱材は配管の外側に設けます。

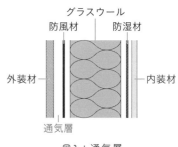

図1：通気層

床工事

- **フローリング張り**：割付けは部屋の中央から端に向かって張り進め、寸法の調整は出入口を避け窓際で行います。フローリングボードの継手の位置はランダムにします。また、隣接するボードの継手から150mm以上離します。
- **カーペット敷き**：ニードルパンチカーペットの敷き込みは、全面接着工法とします。織じゅうたんはグリッパー工法を使用します。タイルカーペットの割付けは、部屋の中央部分から行います。全面接着工法でフリーアクセスフロア下地にタイルカーペットを張り付ける場合、タイルカーペットは下地パネルの目地にまたがって割り付けます。
- **ビニル床シート張り**：施工前は巻きぐせと収縮を取るため、仮敷きを行います。湿気の影響を受けやすい場所は、エポキシ系接着剤を使います。

学びなおし **5** 施工

壁・天井工事

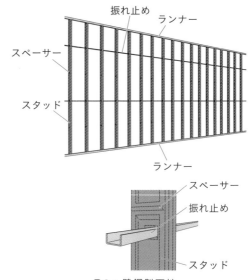

図2：壁鋼製下地

- **壁の鋼製下地**（図2）：壁の鋼製下地は壁上下につけるランナーとその間のスタッド、スペーサー、振れ止め、ライトゲージでできています。ランナーは900mmピッチで打ち込みピンで床などに固定、スペーサーはスタッドのねじれ防止に600mmピッチで設置します。スタッドはボード2枚張りの時は450mmピッチ、1枚張りのときは300mmピッチで施工します。

- **天井鋼製下地**（図3）：吊りボルト・ハンガー・クリップ、野縁・野縁受けで構成されます。吊りボルトや野縁受けは900mmピッチとし、壁際からは150mm以内に配置します。野縁は300mmピッチで設置します。

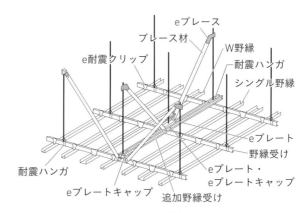

図3：天井鋼製下地

- **石こうボード張り**：テーパー付きの石こうボードを用い、継目にはジョイントセメントを塗付け、目地なしの突き付けとします。

- **直張り（GL）工法**：接着剤の間隔は、ボードの周辺部で150mm～200mmです。コンクリート下地に石こうボードを直張りする場合、石こうボードの直張り用接着剤の乾燥期間は、ボード仕上材に通気性がある場合は7日以上とします。通気性がない場合は20日以上確保します。

一問一答で理解度チェック

1 軽量鉄骨天井下地の吊りボルトの間隔については900mm程度とし、天井の周辺部については端から150mm以内に配置した。

答え

ナナメ読みでおさらい

設備工事は大きく分けて、給排水工事、電気工事、空調工事があります。他にも消防設備などいろいろありますが、確実におさえておきたいのは給排水工事と電気工事です。ここでは給排水工事を中心に説明し、その他の設備工事にも触れていきます。

きくりん先生のつまずき解消のコツ・やさしい解説
設備がちゃんと稼働するには適切な条件をクリアし、定期的にメンテナンスができてはじめて使えます。細かなルールを理解しましょう。

じっくり理解

給排水工事

- **給水工事**：給水管の地中埋設深さは300mm以上、車両通路では600mm以上、寒冷地では凍結深度以上確保します。給水管と排水管を平行して埋設する場合は、水平間隔を500mm以上確保し、給水管が排水管の上側になるように配置します。交差する場合も給水管が上なのは変わりありません。給水管の保温材は、厚さ20mm以上にしてください。受水槽は6面点検ができるように、上部は1m以上、周囲は60cm以上のスペースを確保しましょう（図1）。

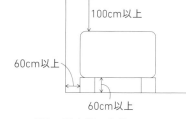

図1：受水槽の点検スペース

- **排水工事**：排水工事は給水工事と同じくらい大切です。適切に排水できなければ不衛生な環境ができあがります。ゆえに、排水工事では悪臭や害虫の侵入を防ぐために、トラップを設けます（図2）。トラップは、封水深さを5～

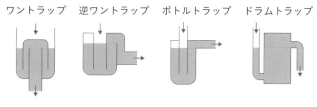

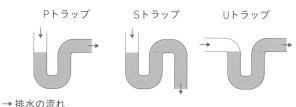

→ 排水の流れ

図2：トラップの種類

学びなおし 5
施工

10cm（図3）、かつ二重トラップとならないようにしましょう（図4）。通気管はトラップの封水を保護するために設けます。立て管に向かって上がり勾配で設置します。通気管がないとトラップの水を排水の時に引き込んで破封してしまうからです。

器具からの排水

→ 器具排水管へ

封水深

図3：封水深さ

- 雨水立て管は、汚水排水管もしくは通気管と兼用や連結してはいけません。雨水ますには、泥がつまらないように、深さ15センチ以上の泥だめを設置しましょう。排水横管の勾配は、管径によって変わります。細いものほど勾配は急になるので注意してください。

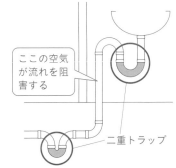

ここの空気が流れを阻害する

二重トラップ

図4：二重トラップ

電気その他設備

- **電気設備**：電気のスイッチボックスは、メタルラスに接しないように絶縁します。屋内の電気配線は、弱電流電線、水道管、ガス管などに接触しないように離して設置します。

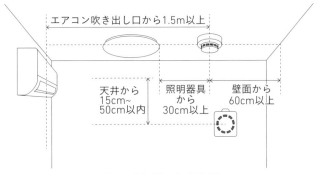

エアコン吹き出し口から1.5m以上

天井から15cm〜50cm以内

照明器具から30cm以上

壁面から60cm以上

図5：感知器の取付位置

- **火災報知設備**：自動火災報知設備の熱式スポット型感知器は、下端が天井面から30cm以内に取り付けます。一方で、プロパンガスのガス漏れ検知器は、上端が床面から30cm以内の位置に取り付けます。煙感知器は壁・梁から0.6m以上離し、天井が2.3mより低い居室では出入口付近に設置します（図5）。
- **換気設備**：換気ダクトは建物内から外に向かっての外勾配にします。雨水などが入ってこないようにするためです。
- **エレベーターシャフト**：エレベーターに必要な配管以外は、設けてはいけません。メンテナンスが簡単にできず、メンテナンスをするにしても危険だからです。

一 問 一 答 で 理 解 度 チ ェ ッ ク

1　自動火災報知設備の煙感知器の設置において、H＝2.1mの天井高さの居室では、居室のどの位置に設けても良い。

答え

重要なお金の話、積算 工事費の構成を理解して、 積算の決まりを理解しよう

積算は工事の金額を算出するのに大事な工程です。積算の金額が変われば、工事費も変わります。まずは工事費がどのように作り上げられているのかを理解しましょう。

じっくり理解

工事費の用語と構成（図1）

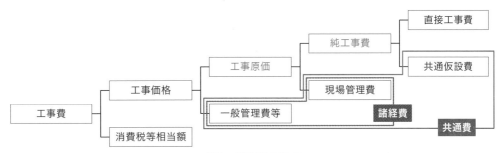

図1：工事費の構成

- **工事費**：工事価格+消費税等
- **工事価格**：工事原価+一般管理費等
- **工事原価**：純工事費+現場管理費
- **純工事費**：直接工事費+共通仮設費
- **諸経費**：現場経費+一般管理費等
- **共通費**：共通仮設費+諸経費
- **現場管理費**：現場の管理に要する費用
- **直接工事費**：建築物を造るために直接必要な費用
- **共通仮設費**：現場事務所の設置や光熱・用水等に要する費用
- **直接仮設費**：直接工事に必要な、やりかたや足場などの費用
- **複合単価**：複数の費用を合わせた単価
- **歩掛り**：単位工事量の施工に必要な数量

積算の注意点

- **コンクリートの数量**：設計図書の寸法により算出します。1カ所あたり0.5m²以下の開口部はないものとして計算しません。
- **型枠の数量**：接合部の面積が1m²以下の場合は無視します。
- **木材量**：設計図書の寸法に切り無駄等を加えた所要数量です（図2）。
- **造作材の所要数量**：仕上げ寸法に削り代などを見込んで計算します。

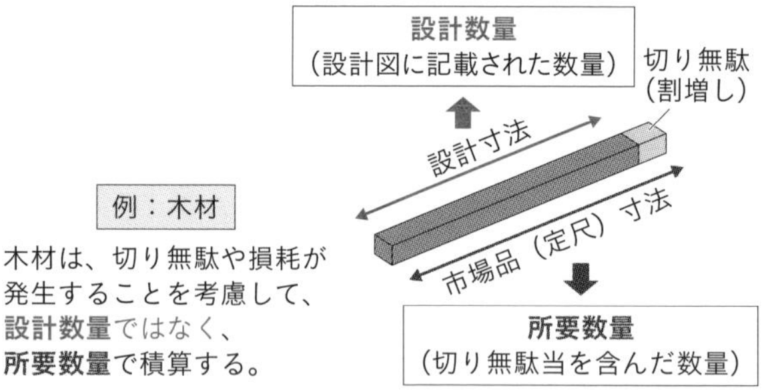

例：木材

木材は、切り無駄や損耗が発生することを考慮して、設計数量ではなく、**所要数量**で積算する。

設計数量（設計図に記載された数量）

切り無駄（割増し）

設計寸法

市場品（定尺）寸法

所要数量（切り無駄当を含んだ数量）

図2：設計数量と所要数量（学びなおし1 10時間目図1再掲）

工事	部位等		割増率
鉄筋	一般		4%
	山留壁（地中連続壁）・杭		3%
鉄骨	鋼材	形鋼・鋼管・平鋼	5%
		広幅平鋼・鋼板（切板）	3%
	ボルト	ボルト類	4%
		アンカーボルト類	0%

表1：鉄筋と鉄骨の割増率

- **鉄筋の所要数量**：設計数量の4%増しでカウントします（表1）。
- **アンカーボルト類**：設計図書から算出される設計数量（正味の数量）です（表1）。
- **溶接の数量**：溶接部の種類、断面形状ごとに長さを求め、隅肉溶接脚長6mmに換算した延べ長さを数量とします。
- **やり方の数量**：建物の建築面積で計算します。延床面積ではありません。
- **シート防水の数量**：シートの重ね代の面積を加えません。
- **土工事における土砂量**：地山数量であって、掘削による増加や締固めによる減少は考慮しません。

一問一答で理解度チェック

1 工事原価は、純工事費と共通仮設費を合わせたものである。

答え

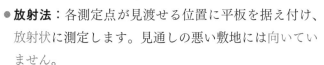

24
時間目

施工の基本中の基本、測量
正しく位置を測定しないと
建物は造れない

ナナメ読みでおさらい

測量は工事の基本です。正しく位置を測定しなければ、正しい位置に建物は造れません。ここでは、測量の基本的な用語を覚え、平板測量や水準測量の意味を理解しましょう。

じっくり理解

平板測量

アリダードや巻尺などを使って距離や方向を測定し、現場で地形を用紙上に作図する測量方法です。長所は測量しながら同時に作図ができるので、効率が良く欠測がない点です。短所は精度が高くない点です。放射法と進測法の2種類があります。

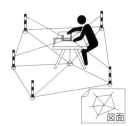

図1：放射法

● **放射法**：各測定点が見渡せる位置に平板を据え付け、放射状に測定します。見通しの悪い敷地には向いていません。

● **進測法**：順番に各測定点を求めていく方法です。誤差がわかるので、精度の確認と誤差の修正ができます。

● **誤差の求め方**：誤差は測定する距離に比例すると考えます。たとえば、100m測定して1cmの誤差が生じたとすれば、50mの地点では0.5cmの誤差が生じています。このように比例で考えて誤差を求めます。

水準測量

レベルや標尺（箱尺）を使って地盤の高低差を測定する測量方法です。高低差は後視から前視を引いて求めます。

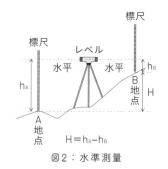

図2：水準測量

$$H = h_A - h_B$$

学びなおし
5

施工

測量用語

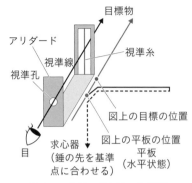

図3：アリダードを使った測量

● **アリダード**：測点の方向を定める器具です。定規を備えています。平板測量に使います。

● **巻尺**：距離を測定する器具です。

● **磁針箱**：磁北を求めます。真北ではありません。

● **整準**：図板を水平に設置することを言います。

● **求心器**：下げ振りと組み合わせて、測点と図板上の点を鉛直上一致させる器具です。

● **求心水準測量**：測点と図板上の点を鉛直上一致させることです。

● **レベル**：望遠鏡により水平線を視準する事ができます。水準測量に使います。

● **標尺**：目盛の付いた大きな定規です。

● **トランシット**：角度を測定する機械、三角測量やトラバース測量に使います。

● **プラニメーター**：図面上の図形の面積を計測する機器です。

● **ポール**：直径3cmの棒です。測点上に鉛直に立てて目標とします。

25
時間目
工事契約、設計図書
困った時の原点

ナナメ読みでおさらい

工事の契約や設計図書は、困った時に立ち返る原点です。工事の契約内容によって、工事の内容は変わりますし、設計図書の内容によって施工内容も変わります。ここでは工事契約に必要な知識を身に着け、設計図書の優先順位を覚えましょう。

じっくり理解

工事契約の重要事項

● **契約書類**：建築主（施主）と施工者（請負業者）が工事契約を行う時に必要な書類です。工事請負契約書、工事請負契約約款、設計図書（設計図・仕様書）、施工計画書があります。

● **工事契約書**：契約書には次のような内容を記載する事が必要で、当事者捺印の上、各自1通ずつ保有します。
　①工事内容（工事名・工事場所など）
　②着手時期及び完成の時期
　③請負代金の支払い時期及び支払い方法
　④契約に関する紛争の解決方法
　⑤天災その他不可抗力による損害の負担について・建設業法・工事請負契約約款：契約の内容を細部まで規定したものです。一般には旧四会連合協定のものが使用されています。

● **瑕疵担保期間**：鉄筋コンクリート造は10年、木造は5年です。

● **火災保険**：請負者は、請負工事中の出来高部分と現場に搬入した材料などに、火災保険をかけます。

● **一括下請負の禁止**：請負者は、発注者の書面による承諾を得なければ、請け負った工事を一括して第三者に請け負わせてはいけません。

● **現場代理人・監理技術者等の兼任**：現場代理人、監理技術者、または主任技術者お

主任技術者
・すべての工事現場に配置が必要
・工事現場の管理・監督が仕事

監理技術者
・請負金額4500万円以上の工事現場で主任技術者に代えて配置が必要
・主任技術者の管理・監督が仕事

現場代理人
・公共工事や大規模な民間工事で配置が必要
・工事に関する最終判断や請負金額の請求などが仕事

表1：主任技術者・監理技術者・現場代理人の違い

学びなおし **5**

施工

よび専門技術者は、これを兼ねることができます（表1、図1、2）。

- **現場代理人の権限**：現場代理人は、契約の履行に関し、工事現場の運営、取締りを行うほか、契約にもとづく請負者の権限を行使する事ができますが、請負代金の変更や工期の変更などに関しては除かれています。
- **設備などの品質**：請負者は、工事材料・建築設備の機器の品質が設計図書に明示されていない場合は、中等の品質を有するものとすることができます。
- **工事中の建物の使用**：契約書及び設計図書に、工事中における契約の目的物の部分使用についての定めがない場合、発注者は、請負者の書面による同意がなければ、部分使用をすることはできません。

図1：監理技術者の兼任

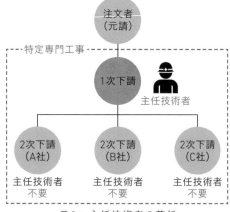
図2：主任技術者の兼任

設計図書

- **設計図書**：設計図書には、設計図、仕様書、現場説明書、質問回答書が含まれます。設計図とは、配置図、平面図、立面図、断面図、詳細図などです。仕様書とは、材料の種類、品質、使用箇所、施工順序、材料の試験検査方法などです。

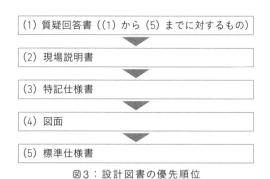

(1) 質疑回答書（（1）から（5）までに対するもの）
↓
(2) 現場説明書
↓
(3) 特記仕様書
↓
(4) 図面
↓
(5) 標準仕様書

図3：設計図書の優先順位

- **設計図書の優先順位**：設計図書の内容で、矛盾やくい違いがある場合は、次のような優先順位とします（図3）。

一 問 一 答 で 理 解 度 チェック

1 設計図書間に相違がある場合の優先順位は、①質問回答書、②特記仕様書、③現場説明書、④図面、⑤標準仕様書である。

答え

索　引

● 著者紹介

菊地 重信（きくりん）
東北大学大学院工学研究科卒業後、大手ゼネコンへ入社、一級建築
士、一級建築施工管理技士他様々な建築系資格を取得。
一級建築士試験で苦労した経験を活かし、一級建築士試験を攻略す
るブログ、一級建築士への道（月12万PV)運営（PV数は刊行時点
の値）。
https://ikkyuukentikushi.com/

ブックデザイン	MOAI（岩永香穂）
DTP	株式会社明昌堂

建築士教科書
学びなおしの1級建築士 ［学科試験］

2023年12月20日 初版第1刷発行

著　者	菊地 重信（きくりん）
発行人	佐々木 幹夫
発行所	株式会社 翔泳社（https://www.shoeisha.co.jp）
印刷・製本	株式会社 ワコー

ISBN978-4-7981-7941-4　　　　　　　　　Printed in Japan